License to Travel

A Cultural History of the Passport

旅行許可證

Patrick Bixby
派屈克·畢克斯拜
↓
著

張毓如
↓
譯

人類何時需要批准才能移動？

法老時代、中國漢朝到現代國家，一部關於護照的全球文化史

加州大學出版社和加州大學新聞基金會衷心感謝
康斯坦絲和威廉・威西歷史及音樂捐贈基金的慷慨支持。

獻給妮可

目次

PART 2
我們所知道的護照的出現
THE ADVENT OF THE PASSPORT AS WE KNOW IT

PART 3
我們所知道的護照
THE PASSPORT AS WE KNOW IT

編按：本書隨頁註皆為中文版編註，以數字註號表示的為原文參考資料，收錄於書末。

致謝
Acknowledgments

開始構思這本書時，我們活在一個不同的世界，那裡沒有人聽過新冠病毒，沒有人預想過，即將到來的大流行竟然讓所有人措手不及。但當我以牌桌和折疊椅匆忙布置了居家辦公室，坐下來寫出幾頁文字時，卻已經生活在新的現實中：世界各地的民族國家*開始關閉邊界，限制內部流動，並要求訪客和返國公民進行隔離。幾乎在所有地方，緊急措施都大大減緩曾經定義全球互聯時代的流動和移民的加速步伐。人們的集體行動自由普遍受到根本的限制。

許多想去旅行的人連續幾個月都被迫關在家裡，在對前往遙遠目的地的念頭與對感染和強制隔離的恐懼之間搖擺不定；還有些人被困在遠方，因為旅行禁令或取消的航班而無法和親人相聚。當然，限制行動自由對那些必須越過邊界才有機會生存的移民、難民和其他弱勢群體造

* 作者使用民族國家（nation-state）一詞，指（相對於早期的城邦國家）以民族主義為根基所建立起來的國家，在現今的國際社會已成主流，為求閱讀順暢，後文皆簡稱為「國家」。

成更可怕的後果。所有在地球上漫遊的人都必須持有護照，儘管一般要求對其中一些人的影響與對其他人的影響截然不同。在新冠肺炎大流行期間，旅行證件似乎每天都具有新的含義，因為護照效力排名開始出現變化，因為出現疫苗護照提案，因為護照申請人在收到證件的過程中經歷長時間的耽誤。

這個全球幾乎停止流動的時刻是一段奇怪的時光，讓人開始思考旅行證件的悠久歷史。撰寫本書中的漫遊者故事，重溫他們跨越國界和跨越文化的經歷，同時卻不得不待在原地，實在稱得上怪異。但這也是完美的時機，讓人以好奇的態度，詳述這些關於旅行和流動、遷移及混亂的故事。我希望讀者在悠遊本書時能了解我所說的感受，無論他們閱讀的場所是在某個安靜、靜止的空間，或者更好的是，在狹窄的客機艙內滑翔到高空，在高速火車中看著向後衝去的陌生風景，或在某處的公共汽車後座一路顛簸。

儘管病毒造成人們有形的孤立，但這本書無法靠我獨力完成。首先，我必須感謝加州大學出版社執行編輯尼爾斯．胡珀，感謝他對我的提議直接給予熱情回應，並且不懈地鼓勵我將這個計畫變成一本書（並提供開放的溝通管道）。這個過程中不可或缺的，還有出色的編輯助理娜雅．普利亞姆．柯林斯和出色的文字編輯安妮．坎萊特，他們清晰一致的指引讓這個獨特的計畫得以付梓。

一路上還有很多人陪伴著我。我要感謝史蒂文・貝施洛斯歡迎我參加為學術界以外的觀眾舉辦的極具啟發性的寫作研討會，這是他在亞利桑納州立大學的敘事故事講述計畫的一部分。在那裡，我有幸遇到了克里斯多福・薛伯格，他身為作家和編輯的專業建議對本書的出版至關重要。在接下來的這段時間裡，我也有幸結識了李奧・貝爾薩尼和山姆・傑拉奇，他們恰好搬到鳳凰城，在新冠肺炎大流行的陰霾降臨之際為此處增添光彩。我在撰寫本文時，收到了來自全國乃至大洋彼岸朋友寶貴的回饋和支持，其中包括道格拉斯・艾特金森、布里・比爾、安妮・柯爾賓、荷西・法蘭西斯柯・費爾南德斯、尚恩・甘迺迪、詹姆斯・麥克諾頓、洛伊絲・奧佛貝克、馬克・奎格利、讓－米歇爾・拉巴特、艾瑞克・韋特海默和費格爾・惠蘭；以及離家較近的克里斯多夫・漢隆、莎朗・柯希、理查・勒曼、安妮卡・曼、麥特・西蒙頓、麥可・史坦克里夫、邦妮・溫策爾。這個計畫讓我比以往任何時候都更加感激能夠成為亞利桑納州立大學跨學科學術單位的一員，讓我得以拜訪那些對古代歷史或十八世紀文學或其他任何事物都比我了解得多的同事。我特別感謝亞瑟・薩巴蒂尼的善意貢獻，他讓我在創作過程中沉迷於他的想法，他善於召喚晦澀的細節和令人驚訝的軼事的天賦從未失敗。

我還要特別感謝娜迪亞・洛爾、克勞蒂亞・維勒加斯－席爾瓦和薩利姆・賈西姆，慷慨地與我分享自己的護照故事。我們範圍遍及美國、歐洲、拉丁美洲和中東的談話，比我在歷史檔案中學到的任何知識，都更讓我對護照擁有情感上的共鳴。儘管如此，本書還極大受益於許多檔案管理員的周到幫助，其中包括埃默里大學斯史都華．A．羅斯圖書館的瑞秋．德茲勒和凱莉．欣茨，以及牛津大學新學院的珍妮佛．索普。在這本書臨近製作時，我也受益於這些頁面中討論的一些藝術家和活動家的慷慨（和提供精美照片），包括安托萬．卡薩、卡盧姆．克萊頓－狄克森、蘇珊．羅伯森和海蓮娜．瓦德曼。

一如既往，我最大的感激之情要歸於家人，無論遠近，包括我的岳母傑莉．理查森；我的姨媽南西．福斯特；許多畢克斯比家人在聆聽我以護照為主題的胡言亂語後，給予堅定的鼓勵，忍受我總是心不在焉，甚至答應有一天會讀這本書：我的父親，派屈克；我的兄弟布萊恩；我的孩子（有段時間也是我居家工作的夥伴）克萊兒和歐文；最重要的是，我二十多年來的旅伴，妮可。

導論：「我所擁有最珍貴的書」
Introduction: “The Most Precious Book I Possess”

一本小書，裡面有三十多頁厚紙，封面是粒狀的硬紙板，上面印著國家的名字、標誌，以及護照的英文「passport」或是在其他語言中的對應詞。根據發行國的不同，護照可能是紅色、綠色、藍色或黑色，但根據近一個世紀前首次制定的國際標準，其尺寸始終易於一手掌握，內頁一定會有一頁個人資料頁，其中包含序列碼、持有人的照片以及一系列個人詳細資訊。當護照邊角明顯磨損時，頁面起皺和髒汙時，裝飾著五顏六色的入境印章和搶手的簽證時，這份證件就成為在世界中漫遊者的護身符和生活故事的概要，無論他們是握有特權的遊客，或是絕望的移民。護照擁有一種奇怪的力量，可以準確地控制我們能去哪裡，不能去哪裡。護照可以提供安全通向遠方新生活的保證；可以使人們逃離危險、限制或只是平凡的熟悉環境；可以讓人快速來到隊伍最前頭，或者在海關的小房間裡受到不必要的審查。護照讓我們得以跨越各種邊界——地理上的，但也包括文化、語言、經濟、法律——去尋找在國內無法實現的事物，然後安全返國。

在《跨越這條線》（二〇〇二）一書中，薩爾曼・魯西迪（他是全球移民和說故事大師）不帶諷刺地聲稱，「我所擁有最珍貴的書是我的護照。」[1]他承認，儘管針對一個看似平凡無奇的物件下如此斷言顯得很誇張，但對他來說一點也不為過。是的，做為不可或缺的旅行證件，護照具有實用功能（絕不能弄丟）；是的，我們可能不是特別喜歡護照裡的照片（如果可以請忽略）；是的，我們可能會自滿地認為，護照會達成任務，並讓我們通過邊境管制官員（或現在的護照自動通關櫃臺）的檢查。但如果確實加以關注，護照就會開始接受更多的心理投資，承擔更多的情感重量，在此過程中成為「珍貴」的物件，而不僅具有實際或物質價值。魯西迪之所以會這麼說，主要是因為了解，並非所有護照都能如此輕鬆或不引人注目地完成工作。這位小說家講述了關於他的第一本護照的生動記憶，這是他在一九六〇年代攜帶的一本印度護照，從其頁面可以了解，持有人所能造訪的國家少得可憐。當他十幾歲拿到英國護照時，感覺世界彷彿突然向他敞開大門，很快地，這本「小書」把他從家鄉帶到劍橋大學受教育，並踏入倫敦的文學圈。這本小書也極其直接與簡潔地講述他分裂的英印身分的故事；這本小書伴隨這位流浪作家環遊世界；這本小書在要求持有者行動自由的同時，針對他的生活可能發生的事情，宣告一系列的承諾。

因此，護照是最私人的文物，然而，正如魯西迪的故事所展示的，這本小書只有在對照於更廣大的國家和帝國歷史，才具有其私人的價值。他擁有印度護照的原因是，他一九四七年六月出生後僅幾個月，印度就脫離英國獨立，並停止使用英屬印度護照。幾乎同時，次大陸的分裂和巴基斯坦這個新國家的建立，在魯西迪和他的大家庭多數成員之間劃出一條國際邊界。很快地，邊境兩邊的家人若想團聚都需要護照。但幾十年來，管轄範圍更廣泛的地緣政治秩序並不允許印度新主權領土的護照持有人大量進入，即使在今天，其他國家對印度公民的免簽證入境也遠少於對大多數西方國家的公民。

可以肯定的是，護照與國家的興起和國際關係的演變密切相關，因此不斷涉入公民身分、全球移民、尋求庇護、國家安全及相關考量的規範中。它賦予個人官方身分，並推進國家在監測和控制某些民族和人口移動的努力。這就是護照不斷得到的悖論：儘管它承諾獨立和移動、冒險和機會、逃難和避風港，但表面上確保國土安全和跨國境交通管制的護照，卻也是政府監視和國家權力的重要工具。換句話說，它在個人和政治之間的連結中占據了一席之地。

這種獨特的定位意味著，護照這樣的小書有能力講述歷史檔案中其他證件幾乎不曾講述的故事：護照提供人們流離失所的有形紀錄，為個人回憶錄和旅行故事補充說明，但也總是捲入更廣大的文化和政治歷史潮流中。魯西迪早期的護照講述的是關於他的身分認同，以及形塑過程中不可避免發生的種種，兩者之間的關係。多年後，他的英國護照還訴說他如何躲避伊朗最高領導人對他提出的伊斯蘭教令，對方在《魔鬼詩篇》（一九八九）出版後要求處決魯西迪*；以及在對追殺令的恐懼消退之後，與他有關的全球名人、學術任命、知名朋友和世界各地的文化交流的故事。

護照因此詳述了一個看來真實的規則，那就是我們必須「屬於」一個地方，並且只能在「得到允許」時進入其他地方。護照講述關於這個時代一些最重要想法的故事，例如「現代性」、「民族」、「全球化」，儘管它們所說的故事比這些崇高的抽象概念所暗示的更貼近個人。它們提醒我們，在歷史的某個時刻，人

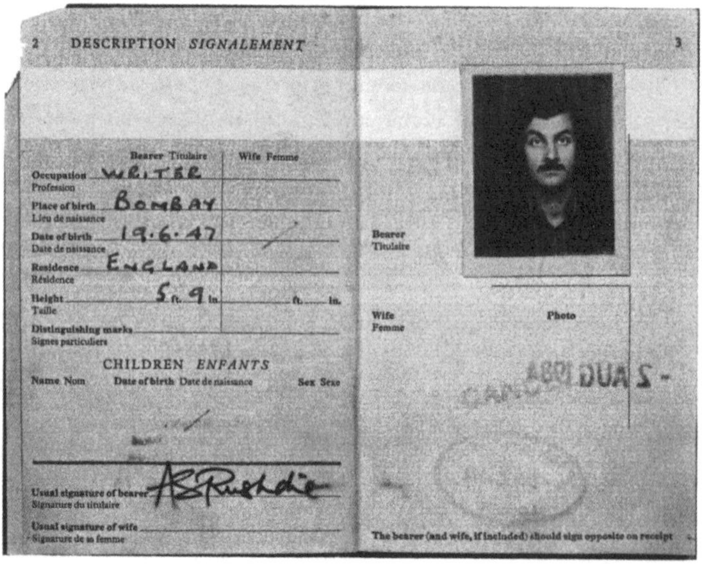

魯西迪的護照照片頁，一九七四年。

圖片由埃默里大學史都華・A・羅斯圖書館（Stuart A. Rose Library）提供，經女王陛下護照署（Her Majesty's Passport Office）許可。

類開始依賴國家做為身分和保護的來源，而在這個快速全球旅行和即時電子通訊的時代，這種依賴只會變得更加難以擺脫。正如我們將看到的，仔細觀察這些珍貴的物件——仔細閱讀這些小書——可以幫助我們更加理解，在這個日益「全球化」的時代中與移動和遷移相關的情感和想像。

十八世紀現代領土型國家的興起，為國際邊界的劃定和控制提供新的動力，同時也為追蹤和管理其公民的移動提供新的方法。一個不管多麼日薄西山的國家只要還在，它仍然是這個流動性和連動性漸增的世界的一員，而在這個世界中，護照在促進人民和資本跨境流動方面，扮演著至關重要的角色。九一一恐怖攻擊事件導致世界各國政府強化邊界管理，透過訓練有素的安全人員加強對乘客的篩檢、提高身分識別要求及其他新的監視技術。此後的幾年裡，本土主義和民粹主義運動也有所抬頭，對新來移民表現出仇外態度，並呼籲採取旅行禁令和邊境牆等反動措施。但這一切都未能阻止人們移動。聯合國世界旅遊組織估計，二〇一九年有十五億國際遊客造訪，比二〇〇〇年的六億八千一百萬人次增長兩倍多，比一九五〇年全球旅行開始從二戰破壞中恢復過來的二千五百萬人次增長六十倍，或許是最能說明全球移動力的統計數據。

*《魔鬼詩篇》被指褻瀆伊斯蘭教及其先知穆罕默德，引發穆斯林眾怒，追殺令使魯西迪隱居三十多年才重返公眾視線。二〇二二年八月，魯西迪在紐約一場活動遇刺，傷勢嚴重，導致一眼失明，一手功能受損。

儘管難以收集關於無證件移民的可靠統計數據，但大多數指數也標誌出過去二十年「非正規」移民的急劇上升，至二〇一九年達到約二億六千萬人次。在人類歷史上，從未有如此多的人有能力或不得不跨越這些人為的界線；在國家的歷史上，這些路線從未像現在如此具有穿透性。就連全球性的疫情也無法長時間減緩全球移動力的步伐。

你現在手裡拿著的那本有分量的小書，說的就是那些橫跨邊疆、國界、分界線的人，以及他們賴以實現這一次次跨越的證件。當魯西迪反思這個主題時，他指出穿越邊境的原型意義，並引用波斯神話中的一個例子：神鳥西摩格召集地球上的鳥類，到他在戛弗山上的家中參加會議，然而那些有羽毛的朋友中僅有少數鼓足勇氣飛行千萬里。牠們跨越各處鴻溝的旅程，不是出於某種基本需要，而是出於宗教奉獻和神聖義務。這個故事以寓言的方式表達出魯西迪在人們的本質深處發現的某樣特質，那就是他在哥倫布航行大西洋尋找新世界，以及尼爾．阿姆斯壯大步踏上月球表面時（後者似乎較沒爭議）看到的衝動。這個將在接下來的章節中反覆看到的衝動，可以在下列人士身上看見：無論是馬可波羅穿越絲綢之路抵達遠方；菲利普．西德尼爵士開創壯遊的傳統；瑪麗．多茲追求超越社會期望和性別規範限制的生活；或詹姆斯．喬伊斯、葛楚．史坦、薇拉．凱瑟、朗斯頓．休斯、馬克．夏卡爾、保羅．羅伯遜、漢娜．鄂蘭、艾未未、伊隆．馬斯克、亞辛．貝、莎拉．艾哈邁德，以及許多在上個世紀穿越國家的邊界，在世界上尋找新存在方式的先驅者。他們的旅程不僅是跨越地理邊界的實質移動，也是在隱喻上跨越其他邊界的移動，在家鄉與外地、熟悉與陌生、歸屬與排斥、相同與差異、自我與他人之間移動。他們的旅程使他們必須超越那些宣示出生地或公民權利而來的限制，也因此帶來各式各樣的混亂和危險。

護照之所以具有重要意義，主要是因為它是現代跨境儀式中的關鍵道具。魯西迪寫道：「在邊境，自由受到剝奪——希望只是暫時——我們進入受到控制的世界。即使是最自由的自由社會，在邊緣也不自由，事物和人出去，其他人和事物進來，只有正確的事物和人才能進出。」[2]在這裡，我們必須表明身分：手持的證件宣稱我們的姓名和國籍、出生日期和出生地；邊境管制官員詢問我們的活動和意圖、資源和目的地，以補足細節。官員檢查我們遞過去的證件，仔細審視照片，看著持有人的臉，詢問幾個問題。他所代表的國家提供一種德希達稱之為「有條件的」好客形式，製造出與我們是誰和我們來自哪裡有關的審問、緊張和戲劇性。在這種情況下，如果按照慣例行事，並盡可能坦率地表明身分，才算明智：沒有理由在戲劇性中加入政治觀點、俏皮話、煽動性的諷刺，或其他任何可能引起注意的元素。但在這種情況下，我們也有可能感覺到自己與家庭和自身的疏離：我是否那麼容易被歸結為一組日期、地名和個人經歷？我對自己的身分有任何所有權嗎？我是不是有點讓人害怕？我有什麼好害怕的嗎？很明顯，護照檢查儀式出現在上個世紀幾乎所有主要的旅行文學作品中——從羅勃．拜倫的《前進阿姆河之鄉》（一九三七）到保羅．索魯的《大鐵路市集》（一九七五），布魯斯．查特文的《巴塔哥尼亞高原上》（一九七七）、皮可．艾爾的《全球靈魂》（二〇〇一），以及伊莉莎白．吉兒伯特的《享受吧！一個人的旅行》（二〇〇六）——是任何跨國境旅行中不可避免且往往焦慮的插曲。在一個領域與另一個領域的間隙中，護照承諾保護我們免受傷害，並陪伴我們到另一邊。

◆ ◆ ◆

魯西迪在《約瑟夫．安東》（二〇一二）這本記述自己為了躲避伊斯蘭教令的日子所寫的回憶錄中，講述了護照儀式出差錯的故事。一九九三年，一個炎熱、空氣又不流通的日子，準備參加文學活動的小說家和他的同伴（暨未來的妻子）伊莉莎白．韋斯特，在抵達智利聖地牙哥的貝尼特斯國際機場後不久，遭到當地警察包圍，旅行證件被拿走，並被帶到附近的執法機關接受訊問。當時智利安全部隊仍受到殘暴的奧古斯托．皮諾切特的控制。魯西迪受到拘留的原因是，安全部隊內部意見分歧，針對該將他交給對他發出死刑令的國家，或是該讓他受到他甚至不是公民的國家的保護，而起了爭論。作家和同伴在有武裝警衛看管的小房間裡被關了幾小時，雖然一再要求對方歸還護照，但是說西班牙語的警衛絲毫不為所動。當警衛不見蹤影時，可怕的情勢一度變得滑稽，魯西迪決定在聖地牙哥的街道上「散散步」，然而一名英語翻譯員很快地找到他，恭敬但堅持地要求他回到看守室。[3]一直到英國大使館的一名工作人員趕來接回這位世界知名作家及其同伴，並將他們交給城裡的東道主時，情況才解除。

這個涉及魯西迪的「珍貴書籍」的插曲，可以被視為近來一個相當極端的例子，美國文學學者保羅．福塞爾稱之為「護照麻煩事」（借用英國小說家和旅行作家諾曼．道格拉斯的話）。[4]對於福塞爾來說，「在邊境出示護照的那一刻，這個現代人如此熟悉的焦慮儀式」，標誌著第一次世界大戰後不久出現的一種新體驗，當時要求出示護照首次變得標準化和普遍化。福塞爾在其經典的研究《出國：英國文學在戰爭中旅行》中，指出D．H．勞倫斯寫的簡短回憶錄中有關「護照麻煩事」的一個生動例子，其中描述他與「半紳士和債務人」莫里斯．馬格努斯長達一年的關係。一九一六年，在遇到這位英國小說家之前，這位生活多姿多彩的美國人為逃債加入法國外籍軍團，結果又逃離了軍團，並最終因為他在戰後的財務不法行為與義大利當局發生衝突。一九二〇年春天，勞倫斯陪同馬格努斯乘坐輪船從義大利前往馬爾他，在那裡目睹美國人在排隊接受護照檢查時的驚恐。流氓馬格努斯設法騙得了歐洲各地的高級飯店房間和頭等車廂，但被官僚作風弄到神經衰弱。然而，當他一通過「檢查」——「是的，他通過了。他再一次自由了」——他的恐懼得以平息，再次變得「相當出色和活潑」。

福塞爾將馬爾他港口的護照「儀式」描述為「貶低」版本的神話之旅，要跨越這個將家與廣闊世界分開的門檻：「對於英雄來說，這是勝利的時刻。對於現代旅人來說，卻是屈辱的時刻，提醒著自己，他只是國家的產物，是其王國可取代的一部分。」[5] 在這方面，學者認為，對於「現代旅人」來說，回家更糟糕，必須忍受海關和移民官員為了比對是否為政治異議人士、逃犯和其他國家罪犯而翻閱登記冊時，短暫沒收護照，交叉核對姓名。

好萊塢第一次將注意力轉向邊境控制儀式時，非常重視這種貶低，將新的護照制度當作笑料，從而用歡笑消除焦慮（假使不能完全減輕的話）。由馬克思兄弟* 主演的第三部劇情片《胡鬧》（一九三一）中，四位手足躲在一艘駛過大西洋前往美國的遠洋客輪上。漫長的海上航行讓他們有足夠時間達成最受歡迎的搞笑：侮辱船長，折磨乘客，在船上總是肆無忌憚。當船最終抵達紐約，乘客排隊接受護照檢查和簽證蓋章時，這些滑稽動作達到高潮：因為沒有旅行證件，兄弟們訴諸誤導和賄賂來擾亂國家官僚機構的運作。但是當最初的嘗試失敗時，他們轉向瘋狂的詭計。每位手足輪流嘗試假裝自己是付費乘客——標誌性的法國藝人莫里斯・雪佛萊，他們在前往美國的途中不知何故拿走了他的護照。

可想而知，隨著四兄弟一一擠到櫃臺前，負責檢查護照的移民官既不相信他們與護照照片的相似之處，在他們試圖演唱雪佛萊的熱門歌曲〈你為我帶來了新的愛〉時也不買帳。當哈波

（眼神狂野，留著一頭金色鬈髮，與雪佛萊平靜的五官和光滑的黑髮迥異）登上護照檢查櫃臺，昂首闊步地走來走去，快活地搖晃他的手杖，然後跳下時，情勢變得瘋狂且荒謬。當一名軍官試圖制止他時，他跳下來，瘋狂地向四處扔出公文。另一名移民官要他出示護照，這位偷渡者不知何故從他寬鬆的外套深處拿出硬紙板、洗衣板，最後才是雪佛萊的護照。由於啞巴的哈波不能唱雪佛萊的歌，他轉而用綁在背上的留聲機進行對嘴，然而隨著機器的運轉和唱片的放慢，這場裝模作樣完全崩壞。哈波隨後與軍官進行一場短暫的摔跤，直到他對其中一人施展頭部固定術，敲下他的軍帽，然後在他的光頭蓋上簽證印章才結束。

在海關和移民局排長龍等待——在甘迺迪機場、巴黎戴高樂機場、杜拜國際機場或其他任何地方——又被時差弄得頭暈目眩時，我們可能曾幻想以類似的方式擾亂流程。這一幕的喜劇恰恰在於顯示護照控制過程的高度有序結構與馬克思兄弟肆無忌憚的行為之間的不協調，他們將這種現代儀式變成反儀式，對它加以仿作、嘲弄和徹頭徹尾地嘲笑。儘管如此，馬克思兄弟做的所有「胡鬧」，確實相當嚴肅地批評電影製作時已經普及全世界的護照制度。在對邊境控

* 馬克思兄弟（Marx Brothers）為親兄弟共五人的一隊猶太裔美國喜劇演員。後文兄弟之中的哈波以多道具的視覺表演為風格，在多數電影中都扮演無聲角色。《胡鬧》（*Monkey Business*）一片在中國譯為《惡作劇》，在香港譯為《一堂共慶》，由甘默．馬克思除外的四位兄弟主演。

制儀式的嘉年華狂歡式的重新想像中，該場景表現了對國家行政程序的抗議，該程序不僅要求知道我們的身分，還需要規範我們的移動和遷移。即便只是暫時的，馬克思兄弟令人瞠目結舌的反抗仍震撼了國家這艘大船，他們的滑稽橋段破壞了官僚程序，讓我們嘲笑其權力對偶發事件的不可控和有限性。

然而，我們也可能在上面的情節中感覺到，護照儀式可能不僅僅是種麻煩事。福塞爾沒有告訴我們，勞倫斯在馬爾他目睹的那一幕大大地改變整個事件的基調：馬格努斯在義大利因欺詐而面臨刑事起訴，並因其同性戀傾向而受到大量迫害，後來選擇攝入氫氰酸自殺，而非接受引渡。他是絕望的逃亡者，受兩個主權力量的擺布。但是，像任何護照持有人一樣，當他從一個國家的領土轉移到另一個國家時，面臨了特定壓力，要求他表明個人和國家身分，敞開自己供人檢視和審訊。我們在邊境都很脆弱，對一些人尤為如此。馬格努斯所感受到的焦慮體現許多面臨過境儀式的旅人的心情，因為無論持有何種個人主權意識，都會面對這種直白的國家主權主張。我們要答覆官僚程序，這些程序通常看來平凡或乏味，但可能因為護照持有人被認為是安全或危險、合法或非法、可自由通行或被拘留和驅逐出境，而升級為緊張的戲劇（或悲劇、喜劇，或悲喜劇）。與這部戲劇相關的情緒，無論是焦慮、擔心、絕望或解脫，甚至是感激，都與護照息息相關。

儘管福塞爾並未評論馬爾他事件的生死攸關意義，但仍然得出結論，「支持護照成為制度的戰時氣氛永遠不會消失」，這不僅表明「人類被政府視為個人單位」，且我們遭逢的歷史變遷遠遠超出我們所能控制。[6]這種由第一次世界大戰國家的可怕衝突引起的脆弱感和偶然性，在受該衝突啟發的偉大小說作品，海明威的《戰地春夢》（一九二九）中招然若揭。小說的情節圍繞著年輕的美國主人公佛德列克能否與他懷孕的英國愛人凱薩琳一起逃離毀滅和流血的義大利戰役。當這對戀人制定計畫逃往中立國瑞士時，都被問到：「你有護照，對吧？」[7]在戰爭期間，護照已成為各國識別本國公民身分，將間諜、破壞者和其他潛在威脅拒於門外的關鍵方式。對於這對戀人來說，這份證件代表了機會（但也是潛在的障礙），讓人得以擺脫可怕的衝突世界，正如佛德列克的經典台詞告訴我們的，它已經準備好「毫無偏見地殺死非常好、非常溫柔、非常勇敢的人。」[8]

換句話說，讓他們得以向戰爭告別的可能性取決於護照。當佛德列克和凱薩琳試圖划船穿過馬焦雷湖到達另一邊的瑞士海岸以逃離戰爭時，遇到武裝士兵，並被帶至海關。海關官員要求這對戀人出示護照，並問了一連串聽起來可能仍然熟悉的問題：「你的國籍是什麼？」、「你為什麼來這裡？」、「你在義大利做什麼？」、「你為什麼離開那裡？」[9]……中立國並不歡迎他們。眾所周知，國家的熱情好客總是有條件的，即使在和平時期，也只有在要求客人保證其身分真實並證明其意圖時才接待。在海明威的小說中，官員最終允許這對戀人進入瑞士，但要求他們放棄護照，持臨時簽證，並且在瑞士期間，無論到哪裡都要向警方報備。儘管佛德列克和凱薩琳已經越過邊境並逃離戰爭，但這些要求中仍有一些不祥之兆：他們的無護照身分以及證件所提供的保護受到剝奪，預示著他們在強大國家的束縛及其內部衝突中無法逃脫的命運。

《戰地春夢》讓我們清楚地看到，在個人欲望和國家權力的交會點上，護照的角色變得多麼重要。幾年後，格雷安．葛林的小說《密使》（一九三九）寫出了深刻的洞察，認知到護照也已然成為指明個人的要件——以官方的名稱指定個人的身分——即使在第二次世界大戰前夕隱密的諜報領域亦然。葛林書中的主角（書中僅稱之為D）試圖在穿越英吉利海峽後下船，但因為他的面容似乎與護照上的照片不符，遭到多佛的警察拘留。在西班牙歷劫多年，包括入獄、在空襲中瀕臨死亡、妻子遭到謀殺，連D都快認不得自己的面容：「他已經好幾年都不曾想過要看一眼自己的護照。他看到一張陌生人的臉，一個比他年輕得多，而且顯然比他幸福得多的人。」[10]他被帶到一旁接受官員的詢問和挑釁，用唯一可用的反光表面——保護著「愛德華七世為特快列車『亞歷山德拉號』命名時的照片」的玻璃——審視自己的臉，他不得不承認官員的懷疑並非沒有道理。[11]護照上的照片比它應該代表的這個幾乎匿名的本人看起來更合法。此外，正如英國文學學者萊奧．梅勒所指出的，D忍不住將自己與玻璃保護的照片中大英帝國的兩大象徵物——皇室和科技——相比，而感到自己根本不夠格。突然，面對這些形形色色的圖像，他發現他的身分已不受他控制，只能依賴證件：「他手中的物品將他變成了一樣物品。」[12]

那些要求，包括為了檢查而說明自己，和一張陌生的照片及標準化的描述做比對，被問及出身和目的，在在讓人產生一種任由無名官員和專橫政府擺布的感覺。魯西迪並提到，在他躲避伊斯蘭教令期間，他如何閱讀《密使》，並驚歎於從這個簡單工具開始所取得的經濟效果：「一個人看起來和其護照照片不相像，就足以讓葛林想像出一個不確定、甚至是險惡的世界。」[13]《胡鬧》中的護照場景以狂暴、顛倒的方式，讓我們注意到護照在證明其持有人身分方面的力量。為了安全通過國界，旅行者不僅要證明他們所持證件的真實性，還要證明自己與這些證件的共同點——即使馬克思兄弟瘋狂地努力，加上偽裝和欺騙，也無法做到。事實上，他們的喧鬧行為也可以看作是，對有能力「召喚出一個不確定、甚至是險惡的世界」的護照檢查儀式，所產生的焦慮和疏離感的瘋狂反應。在交出證件的一刻，即使非常短暫，我們也會對護照檢查官員謹慎地微笑，並希望順利通關。

◆ ◆ ◆

也許不應該感到驚訝的是，跨越邊境和護照檢查將成為好萊塢電影中常見的橋段——而且通常表現得極為戲劇化。這一點在有關美國公民試圖逃避海外恐怖的流氓政權的電影中表現得最為明顯。以一九七八年上映、表現得極為淋漓盡致的電影《午夜快車》為例。該電影講述一位美國大學生比利．海斯（布瑞德．戴維斯飾演）於一九七〇年試圖從伊斯坦堡機場走私幾公斤大麻的「真實」故事。魯莽的小伙子到了護照檢查站，驚慌失措，汗流浹背，唯一的配樂是他急促的心跳；嚴厲的移民官慢慢地吸了一口菸，檢查護照，然後斜睨海斯一眼。這名年輕人成功通過檢查站，但在幾分鐘後試圖登機時被拘留。電影的其餘部分強調出護照儀式的利害關係，因為海斯在土耳其監獄中遭受（大部分是虛構的）如同人間煉獄般的身體折磨和剝奪。

接下來從麻煩事變成噩夢。二〇一二年，班．亞佛列克自導自演的電影《亞果出任務》中也出現類似的場景。該電影改編自所謂的「加拿大計畫」的故事——即一九七九年伊朗革命達到高潮後不久，從德黑蘭營救六名美國大使館工作人員的一次祕密任務。這一次，焦慮的護照場景在影片結尾上演，工作人員試圖冒充曾在伊朗為類似《星際大戰》的科幻電影尋找拍攝地點的加拿大電影製片人（使用偽造的加拿大護照）。當美國人接近機場檢查站時，可以聽到電影的緊張配樂，並看到擔心目光的特寫鏡頭。儘管護照檢查人員將工作人員攔下，並帶入密室訊問，他們還是成功利用《綜藝》雜誌和虛構電影中的一些分鏡腳本來證實自己的身分，從而順利登機。《亞果出任務》以經典的好萊塢風格達到戲劇性的高潮，官員發現錯誤，並試圖追趕正在滑行、準備將美國人帶到安全之處的噴射客機。儘管這場千鈞一髮的逃脫傳達出結束和解脫的感覺，但也再次提醒我們護照儀式的危險。

在這些電影中，我們看到的邊境充滿壓力和監視（以及對海外美國人的仇視心理），而非移動和遷徙。在這些地方，身體因為維持秩序技術的強化而受到約束，只能用珍貴的旅行證件得到保護。就算不能相信好萊塢對文化的敏感或對歷史的準確認識，《午夜快車》和《亞果出任務》也確實善加利用與這些證件密切相關的希望和恐懼。雖然護照問題可能不會總是讓旅行者在黑暗的牢房裡等待某種古老但總是有創意的酷刑，但它們確實可能將旅行者困在現代的煉獄，看不到任何逃生的機會。從這個意義上說，做為邊境的機場成了中間地帶，旅客在這裡被從自己國家的法律保護移交給外國政府的保護（然後在之後再次返回），但只有在過程順利時才是如此。史蒂芬・史匹柏於二〇〇四年發行的電影《航站情緣》展示出失敗時會發生的情況，是護照持有人的新噩夢。這部電影部分改編自伊朗難民邁爾漢・卡里米・納賽里的真實故事，他從一九八八年護照失竊後，在戴高樂機場一號航廈待了超過十八年。湯姆・漢克飾演維克多・納沃斯基，他來自虛構的東歐國家克拉科齊亞，所持有的護照因該國政府垮台而失效，受困於甘迺迪機場。因此，他是在邊境請求受到款待的所謂「外國人」。

即使讓有「美國爸爸」形象的湯姆・漢克扮演納沃斯基這個角色，並為他提供一個虛構的家園，會減少這部電影的政治評論，也將調性修改為具有感傷色彩，《航站情緣》仍然試圖對當前世界秩序中不受歡迎客人的命運做出論述。影片開場時，警犬巡邏隊穿過行李提取區，身穿制服的特務重新整理護照檢查通道，並在警衛櫃臺後面就位。機場於九一一事件後設置的這些國家安全場景，很快就因為剛下飛機的人潮湧入行李提取區，排隊等候護照檢查，而受到擾亂。當納沃斯基站在檢查護照的官員面前時，一個國家好客的局限性立即顯現。在簡短的「歡迎」之後，他收到標準的詢問，包括「你來訪的目的？來工作或旅遊？」但當納沃斯基（用為他的角色而設計的仿冒保加利亞語）咕噥著什麼時，很明顯的，這位外國人，或說是客人，不理解他受到審問的語

在電影《航站情緣》中，維克多．納沃斯基（湯姆．漢克飾演）不情願地交出他的護照。

安布林娛樂（Amblin Entertainment）。

言。更糟糕的是，當官員將他的護照掃描到電腦網路時，會出現特別標示。也就是說，該證件已在提供給美國執法單位的跨部門邊境檢查系統（IBIS）中被標記出與犯罪歷史、恐怖分子和其他安全問題有關。一隊美國海關及邊境保衛局官員迅速出現，護送納沃斯基到傳說中的密室，一頭霧水的克拉科齊亞人受到進一步審訊：「你到底來美國做什麼，先生？納沃斯基？你在紐約有認識的人嗎？」[14]

納沃斯基不像電影《神鬼認證》（二〇〇四）中的傑森．包恩，是精明的前中央情報局刺殺探員。該電影中的主人公為了潛入那不勒斯國際機場的密室，故意用被註記的護照觸發系統警示，以便竊聽美國中情局的通訊。這種對於常見邊境控制場景的反轉（猶如某種動作片版本的《胡鬧》），表達出小蝦米想透過護照制度反過來抵抗國家權力控制的幻想。但這只是一種幻想，尤其是美國人的幻想，儘管這種流氓個人主義風格似乎是想表現出「反恐戰爭」中特有的問題。

福塞爾認為也屬於「護照麻煩事」的護照申辦單位，已經進化成一個國家安全數據庫網絡，很可能在不久的將來，可以將所有護照納入一個互通的數位檔案庫中，當護照持有人在全球移動時，檔案庫系統能夠完全掌握其行蹤。護照不再是獨立的物件，所有重要資訊都清楚地註記在頁面上；相反地，它愈來愈成為一個與網路相連的物件，透過微晶片和天線連接到資料庫，可能帶來與個人隱私、資訊安全、盜用身分相關的擔憂。同時，對旅行者的身體進行分類的技術也愈來愈複雜，從主觀描述和不規則照片發展到電子指紋、視網膜掃描、臉部識別和其他生物特徵的資料收集。這些在邊境的新協議所產生的反烏托邦影響衍生出許多焦慮，也顯著增強了用於監控個人旅行者的國家權力工具。義大利哲學家喬治．阿岡本將這些協議視為一個標誌，表明在九一一事件之後，我們進入國家控制和管理我們身體的「新生命政治時代」，現在愈來愈常成為未走法律程序武力的犧牲品：因為緊急狀況而發起的新安全範例已經成為常規的治理手段。二〇〇四年，也就是《航站情緣》和《神鬼認證》發行的同年，阿岡本對他稱之為「生命政治紋身」的要求——即持簽證進入美國的人必須將指紋和照片存檔——提出抗議，寧可拒絕紐約大學的教職，也不願服從新措施。[15]

納沃斯基想做的只是到這座城市觀光：就像他用背誦來的幾句短語所說的，參加「大蘋果之旅」，其中包括「布魯克林大橋、帝國大廈、百老匯表演《貓》」。但堅定的海關暨邊境保衛局官員瑟曼（貝瑞．夏巴卡．亨利飾演）已經要求納沃斯基放棄他的回程機票和護照。這個場景最初有搏君一笑的意味，但隨著劇情的展開，逐漸變得酸楚（一個女人在背景中的尖叫提醒我們，機場密室是危險的地方），並在官員伸出手從納沃斯基那裡收取護照時達到高潮。納沃斯基誤認為那是好客之舉，試圖和對方握手。當瑟曼糾正他並指著證件說：「納沃斯基先生，護照。」旅行者不情願地把它遞給官員，而官員不得不用力將這本珍貴的小本子從對方手中奪走。[16]鏡頭立即切換到特寫，瑟曼將酒紅色的克拉科齊亞護照放入由國家當局保管的塑料證件夾裡。納沃斯基現在被標記為「不可接受」（unacceptable），事後被告知他是一個「無所屬公民」（a "citizen of nowhere"），沒有「資格獲得庇護、難民身分、臨時保護身分、人道主義假釋或非移民工作旅行或外交簽證，」儘管他仍然無法聽懂他被告知的這些內容。沒有有效的護照，沒有公認的身分，也沒有正常運作的祖國能尋求幫助，他將永遠被困在這方邊境之中——這裡沒有住民，也沒有出路。

◆◆◆

魯西迪的大部分作品都關注遷移的快樂和痛苦，旅行和移民的變革性影響，以及在邊境遭遇敞開好客和防禦敵對的經歷。毫無疑問，在他的小說中，穿越邊境最奇特的例子可以在《魔鬼詩篇》的開篇中找到：故事的主角吉百列和薩拉丁搭乘的客機在飛往倫敦希思羅機場的途中遭到劫持並爆炸，因此從高處墜落到英吉利海峽。這是一個關於過境的現代神話。當他們在大氣中翻滾時，有如「從一隻鸛鳥無意間張開的嘴喙中掉出來」，每個角色都經歷一次奇蹟般的重生：知名而華麗的寶萊塢明星吉本列在去倫敦拜訪一位情人的路上，變成與他同名的大天使；而薩拉丁這個印度出生，英國長大的配音演員正要從孟買的一場演出下戲回家，變形成一個有角有蹄的惡魔。[17]同樣神奇的是，薩拉丁抓住吉百列，後者開始唱歌並揮動手臂，彷彿它們是天使的翅膀，從而減緩他們的下降速度，並讓他們在英吉利海峽中軟著陸。最終，兩人在白雪皚皚的英國海灘上被沖上岸，成為這架命運多舛的航班上唯二倖存的乘客。

當然，這還不是全部。這部小說的背景設定在柴契爾時代的仇外氣氛下，不久之後的一九八一年，《英國國籍法》規定只有英國公民才有權住在英國，將前英國殖民地居民推向未知的命運。因此，一隊警察和移民官員很快就逮捕薩拉丁，要求他提供護照，甚至對他奇蹟般生存的說法嗤之以鼻。薩拉丁藉由一次神奇的邊境穿越，避開了希思洛機場的護照檢查，然而，即使在這些奇幻的情況下，護照從麻煩事變成噩夢，仍然是故事的部分情節。

人類是怎麼走到這裡的？世界怎麼走到今天這一步，如此普遍要求入境時出示護照？人們如何跨越地理和文化界限？後果是什麼？使用護照的人通常不情願被其定義，但人們的情感和想像受到它什麼影響？這些證件如何影響我們對家鄉和離鄉、旅行和遷移、歸屬和錯置、公民取得和排除、國家衝突和國際合作的看法？關於在護照漫長的歷史過程中個人與政治的不安交集，護照能告訴我們什麼？這些珍貴的小本子，在我們跨越國界時緊貼著脆弱的身體，帶著我們的親密故事，然而，這些故事證明我們在更大敘事中的地位。這些小本子講述了那一個個或許安息已久的人有過的抱負、不安、迂迴的遷徙；它們讓引導這些遷移的權利和特權、限制和壓力有了物質形式。但是，即使護照及其各種前身顯示我們來自哪裡，它也讓人得以一瞥我們要去哪裡，而隨著國際旅行和全球移民的步伐持續加快，將我們帶向更多關於我們在世界上定位的緊迫問題。因此，研究護照的文化歷史，就是得考慮與移動期望、情感結構、國家權力工具的關鍵事物，而這些跡象在今天可能比以往任何時候都更強烈地影響著我們。因此，且讓我們一起踏上旅程，跨越邊境。

PART 1

我們所知道的護照史前史

A PREHISTORY OF THE PASSPORT AS WE KNOW IT

CHAPTER 1

古代身體，古代公民
Ancient Bodies, Ancient Citizens

一九七六年九月二十六日下午，一架載有埃及統治者的法國軍用運輸機，在從開羅起飛五小時後降落在巴黎郊外的勒布爾熱機場。為表彰這位旅行者的王室地位，法國大學署署長愛麗絲・索尼埃－塞特前去與他會面，他並獲得空軍分隊和共和國衛隊的全套軍禮接待，後者身著紅羽騎兵頭盔和白色皮革的全套制服。埃及君主來到法國，預計將在人類博物館的無菌室中停留幾個月，在那裡他將接受一系列旨在減緩屍體腐化的科學測試和先進治療。這位君主就是第十九王朝的法老拉美西斯二世，他的靈魂在他來到法國逗留的三千年前就已經進入來世。拉美西斯二世十幾歲即登上王位，並統治超過六十年，被銘記為埃及歷史上最強大的統治者之一，尤其是因為他領導在敘利亞、努比亞、利比亞和鄰近地區的一系列軍事行動，有助於將影響力擴展到整個地區。但是，儘管拉美西斯二世有著輝煌的功績，許多關於他死後前往法國的旅行紀錄都集中在一個似乎與其王室地位和木乃伊狀態完全不相符的細節上：據報導，這位長眠已久的法老於一九七六年初秋抵達法國時，持有最近簽發的埃及護照。

毫無疑問，埃及統治者的到來是敏感的國際關係問題。法國總統瓦萊里．季斯卡．德斯坦於一九七五年十二月對埃及進行國是訪問期間，提議轉移法老的木乃伊，當時他正在就國際軍售和法國產業進入埃及經濟市場的議題，與埃及總統安瓦爾．沙達特尋求共識。繼埃及和以色列當時剛簽署的「西奈臨時協定」承諾各國以和平方式解決衝突之後，法國的訪問還旨在讓石油資源豐富的阿拉伯國家與一些西歐國家十二月底將在巴黎舉行的會議，獲得成功對話的基礎。最初，德斯坦建議將拉美西斯二世的木乃伊移到巴黎，就他的統治時期在巴黎大皇宮博物館作主題展。但是，「出於考量埃及對此的敏感度」，他後來放棄該計畫，轉而支持這項考古工作，以保護「埃及光榮的過去」。他知道法國研究古埃及的學者已經在開羅與埃及專家合作，在那裡發現近一個世紀前被挖掘出來的木乃伊出現驚人的惡化狀態。或許有點傲慢，這位法國總統表示，讓木乃伊在人類博物館的實驗室「無菌環境中接受治療」將「非常有用」，那裡的專家「特別針對這些治療受過訓練」。[1]

美國一位研究古埃及的競爭對手學者聲稱，惡化的診斷只是讓這尊受人景仰的遺物出國旅行的藉口，《紐約時報》暗示，這具木乃伊可能只是患有「外交炎」。[2]儘管如此，這位已故的埃及君主在抵達法國後，經受無數科學分析，然後接受根除昆蟲、真菌、細菌的強化治療，《世界報》極其油嘴滑舌地報導說，這肯定會讓他「重獲新生」。[3]

在這種情況下，拉美西斯二世的木乃伊遺骸需要護照才能跨國旅行就更令人好奇。今天，無論是用英語、法語還是阿拉伯語搜尋，都可以在網際網路的每個角落找到關於「持有護照的木乃伊」的故事。正如預期的，這些故事發布在主談超自然和「奇怪但真實」的歷史的網站上，儘管它們在看似更可靠或至少更有信譽的網站上，例如history.com（歷史網）和nationalgeographic.com（國家地理網站）也一樣刊載了。Facebook、Twitter、Instagram上也廣為傳播此事。話雖如此，各個來源對於為何需要護照的假定差異很大：我們得知，國際法不允許在沒有適當身分證明的情況下運輸人類遺骸；法國法律規定任何進入該國的人，無論是生是死，都必須攜帶護照；埃及法律要求，即使是已故的人也必須持有適當的證件才能離開國境；埃及官員認為，這些證件將在國外為法老提供法律保護，確保他在適當的時候安全回家。也就是說，即使是已故君主的遺體，也需要有效護照提供保護。鑑於歐洲人在該地區掠奪的悠久歷史——可以追溯到拿破崙入侵，以及在十八世紀末「發現」古代法老時代的埃及——最後一個理由既非無端，也不是沒有根據。可以肯定的是，整個十九世紀，殖民時期的基礎設施加速了法國古物服務機構以及歐洲和北美的博物館移走無數考古寶藏的腳步。

然而，儘管鬧得沸沸揚揚，拉美西斯二世的護照並不存在於任何古物檔案裡。關於一九七六年木乃伊轉移的報導並未提及護照，在開羅埃及博物館或巴黎人類博物館的紀錄中也找不到此類證件。然而，網友已從該證件的幾個廣為流傳的「模擬」版本得到了滿足，其中一張是將博物館目錄上拉美西斯木乃伊化的恐怖面容照，合成到圖庫裡一張近代埃及護照的個人資料頁上，並詳細填寫欄位資訊：「出生日期：西元前一三〇三年，日期不詳；國籍：埃及；性別：男性；發照日期：一九七四年三月九日；效期截止日期：一九八一年三月九日；職業：國王（歿）。」[4]

但這些幫法老王合成護照的創作者漏掉更多「可信」造假細節的機會，因

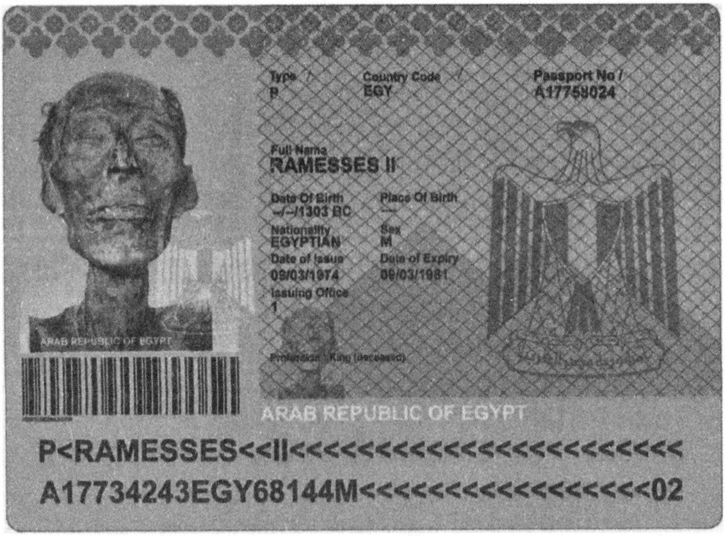

二〇二〇年拉美西斯二世護照的「藝術家創作」。

圖片由HeritageDaily授權提供。

為在巴黎進行的檢查成功地確定法老的一些生理細節：他的身高約五英尺七英寸，有著白皙的皮膚和（令許多人驚訝的）紅頭髮，這一特徵讓人們聯想到古埃及宗教中的神祇賽特。即使稱不上是徹頭徹尾的騙局，「有護照的木乃伊」的故事至少已經成為集體虛假記憶的一個例子，或者在網路的其他角落被稱為「集體記憶偏誤效應」。拉美西斯二世的幻影護照可能不在任何官方檔案中，但它仍然像是一種幽靈般的存在，使歷史檔案受這些記憶堆疊所擾亂，因後者有能力產生替代的敘述。

因此，持有護照的木乃伊案提供一個線索，讓我們了解集體情緒如何依附在這些小本子上，並喚起對死者旅行證件的共同迷戀。古代法老的假護照可以用來證明國家官僚機構或國際法有其荒謬之處，或者更巧妙地證明國際關係的持續差異和殖民剝削的殘酷歷史所產生的焦慮。模擬的護照以自己的方式，也喚起人們對那些放置在木乃伊上或用繃帶包裹，以在前往冥界途中保護死者的護身符的記憶。在另一方面，現代護照及其許多前身是歷史檔案的重要組成部分，讓我們得以與死者近距離接觸，從而激發歷史學家讓他們「復活」的願望。然而，這些容易遭到遺忘的證件也證明記憶的脆弱，我們試圖保護它免受健忘和遺忘的威脅，免受死亡本身的威脅。它們被收集和解釋；它們是會被遺失或保存之物，被用以分類、儲存、配置資訊之物；是的，它們很容易偽造。它們有助於講述攜帶它們的人的故事，也講述其所代表和促進的國際關係，甚至，就像在這個持有護照的木乃伊的奇怪幻想中，講述一位已故君主的屍體及政治陰謀的冗長來世中所含的暗示。

◆◆◆

大多數護照的歷史，無論是基於國際法的學術論文，還是供人線上瀏覽的新聞文章，都在西方傳統的基礎文本——《聖經》——中找到最早提到旅行證件的出處，甚至可以稱這些旅行證件為原始護照。在對於出處的渴望之下，這些敘述指向《舊約》——準確地說是尼希米記第一章第七節至第九節（西元前四四五年左右）——描述皇家斟酒人尼希米要求波斯的亞達薛西一世給予「安全通行證」，以便他可以前往猶地亞，協助重建耶路撒冷的城牆。

追求著同樣的懷舊衝動，可以在拉美西斯二世的世界中找到另一個潛在的出處，甚至可以追溯到大法老統治之前的幾代人。因為埃及文化檔案中保存著可以說是迄今為止最古老的國際關係文獻，可以追溯到西元前十四世紀中葉。一八八七年，一位埃及當地女性在法老阿肯那頓的古宮殿遺址首次發現所謂的阿瑪納石碑或阿瑪納書信。西方考古學家很快就蜂擁而至，其中包括開路先鋒英國埃及古物學家弗林德斯．皮特里，他在隨後的十年中發現更多的泥板。三百八十二塊泥板的高度從五至八英寸（十二點五至二十公分），寬度從三至四英寸（七點五至十公分）

不等，上面有蘆葦桿筆所刻寫下的楔形文字，成功地將訊息傳達了超過三千年。這些泥板包括大量用阿卡德語（當時的地區通用語）寫成的外交信函，由地中海東部盆地周圍其他國家的統治者寄給阿肯那頓法老。通信涉及商業交易和禮物交換、戰略事務和聯盟的形成，以及王朝事務和外交程序，特別是各個王國貴族之間的聯姻安排。雖然這些書信對聖經研究非常重要，在《舊約》出現之前提供對迦南人文化的洞察，但直到最近人們才熱中於從其中研究早期「國家」的興起，即在行政上井然有序的社群，以及早期的國際（或更恰當地說，州際）關係。此外，這些被當成寶庫的泥板喚起德希達所謂的「檔案熱」的強烈焦慮，即保存記憶、收集和分類所有人類經驗遺留的強烈願望，以及一再想要返回據稱或假定的出處的衝動。然而，大多數國際關係史仍然沒有提及古代近東，更不用說提供任何詳細討論。

或許更令人驚訝的是，我們認為，阿瑪納書信，包括一份文件（歸檔編碼為EA30），可以被確定為最早存在的安全通行證，可說是現代護照的前身，讓持有證件的人得以安全通過簽發主權國家的土地——有時甚至到達更遠的地方。這封信撰寫的形式為米坦尼*的圖什拉塔國王的命令：

* 美索不達米亞的古老國家，由胡里安人在大約公元前一五五〇年建立，整體歷史不明，多藉由鄰國所述拼湊。

這個訊息要給所有迦南國王，我兄弟（埃及國王）的臣民。在此，（米坦尼的）國王（言道）：我把我的使者阿奇亞派到我的兄弟埃及國王那裡，如惡魔般地執行一項緊急任務（以最快的速度前行）。沒有人可以拘留他。將他安全帶入埃及！（在那裡）他們應該把他帶到埃及邊境官員那裡。任何人都不應以任何理由對他出手。[5]

像阿奇亞這樣的皇家特使，是在青銅時代晚期協調橫跨東地中海發展起來的複雜政治聯盟和經濟事務的重

在阿瑪納發現的一個楔形文字泥板。
圖片由大都會藝術博物館（Metropolitan Museum of Art）提供。

要手段。這些關係的維持取決於信使在整個地區自由移動的能力，不僅是調解外交交流，還包括運送貨物、進行交易、護送皇室新娘、擔任線人甚至間諜。當然，這是一項艱鉅有時甚至危險的職業。信使的陸路旅行，通常是獨自一人，但偶爾會在大篷車中使用騾子運送禮物和其他貨物，在阿瑪納書信時代，尤其是在酷熱的夏季，旅行非常緩慢。海上旅行並沒有快多少，並且受到驟起的風以及暴風雨和海盜的危害。數百年前在埃及中王國時期寫成的一本教義書《行業諷刺》，以可笑的宿命論描寫出這一職業的負擔：「信使把財產轉移給孩子後出發到國外，畏懼遇到獅子和亞洲人。」[6]

處於危險之中的阿奇亞所攜帶的泥板無法抵禦貪婪的猛獸，以及不受主權控制、威脅著該地區的遊蕩土匪。儘管如此，可以將其所傳達的訊息視為主權權威尋求馴服暴力，並在與其他主權或國家的關係中維護秩序的早期範例。這樣的文件可以使皇家特使免於沿途王國的強盜和官員的襲擊、搶劫和納稅要求。當然，如果當地統治者的衛兵、士兵或使者提出質疑，可以立刻出示文件。另外，也可以防止信使在抵達時被國王派出的手下攔路或以其他方式虐待。

當然，我們只能推測阿奇亞對這塊小泥板可能抱持的情感和個人意義，象徵著他的君主圖什拉塔國王的保護能力。但是，如果從遙遠的過去尋找現代的痕跡，就可以想像這塊泥板對他的意義：相較於任何武器或盔甲，甚至其他信使或商人的車隊或騾子，這封信更保障他的人身安全。因為，憑藉泥板表面的一系列標記，近乎神奇地體現並動用了國王的權威，在信使踏上前往異國他鄉的艱辛旅程中提供保護。阿奇亞有沒有把它貼身放在隨身攜帶對人身安全最重要的行李中呢？感覺到危險的存在時，他是否把手伸進包袱，緊張地用手指撫摸楔形文字，尋求安慰呢？當他在一個酷熱難耐的早晨出發時，是否感到一陣恐慌？這一小塊黏土上依附著什麼感情？同樣的，由於我們只能想像，也許會將對現代護照的一些焦慮投射到古代信使身上，但毫無疑問，除了其外交目的之外，泥板還發揮某種護身符的作用：被認為可以保護一個人免於麻煩或傷害，彷彿施了某種強大的魔法。我們知道，金屬、石頭、玻璃、黏土製成的護身符，在古代近東宗教信仰中扮演著重要的角色，關乎活人和木乃伊的安全，但這些護身符中很少能像EA30一樣，擁有額外的修辭和政治力量。

根據慣例，古代通行證上的訊息是為了命令另一個主權國家的代表，讓這個信使自由通過他們的土地：「這個訊息要給所有迦南國王，我兄弟（埃及國王）的臣民。在此（米坦尼的）國王（言道）：我把使者阿奇亞派到這裡」從這個意義上說，這個早期旅行證件上的楔形文字銘文發揮著英國語言哲學家約翰・朗肖・奧斯丁所謂的「表述行為」（performative）的作用——即做某事而不僅僅是說某事的訊息。當國王說：「任何人都不得拘留他。把他安全帶入埃及！」他表述一項行為，即發下命令。類似的語言在三千年後的當代美國護照中仍然存在，儘管已經演變成稍微溫和的懇求：「美利堅合眾國國務卿特此請求所有相關人士允許此處所指的美國公民／國民，得以毫不拖延或阻礙地通過，並在需要時提供所有合法的援助和保護。」根據奧斯丁的說法，這樣的訊息不能以對錯論之，而是以其結果「滿意」（成功）或「不滿意」（不成功）論之，這取決於其他人的表現是否配合這個主權權威字面上的斷言。從這層意義上說，正如其他理論家所認為的，複製此滿意度的行為表現，甚至可視為此種主權權力的有效展現。[7]

更重要的是，楔形文字板（早期的斡旋技術）上的訊息擴展了國王的權威，超越他的聲音、實際存在、主權領域，甚至可能超越他生命的盡頭，只要能以物質形式存在即可。阿奇亞抵達後，可能會受到熱情款待、得到豐盛的宴會、舒適的住宿，也許是送他禮物和更多給圖什拉塔國王的回禮；如果抵達他的目的地，護照上的命令不成功（不滿意），可能會遭到搶劫、監禁，甚至謀殺。

各個統治者經常在阿瑪納書信中進行這樣的主權權威問題談判。但是，人們認為，古代近東國王之間決定統治關係的體系由諸神所管轄，因此諸神是這些問題的最終仲裁者。由於這種神聖的管轄權力，學者爭論著，與像EA 30這樣的證件有關的規則，是否應該從宗教信仰的角度來考量，或更確切地說，視為國際法的最早形式，因為在古代近東，這兩個領域幾乎沒有區別。[8]正如法律學者雷蒙．維斯布魯克所強調的，參與其中的每個人都崇拜神，並相信神參與了人們的事務。這意味著，宗教的任命權不僅僅在各個領域建立王權，安排整個地區的政治版圖，還影響這些社會從自然狀態走向法治狀態的整體變遷。然而，在阿肯那頓統治期間，埃及見證早期國際關係形式的出現，以及一些激進但通常轉瞬即逝的社會和文化變革：藝術和建築風格的翻新，首都遷到位於阿瑪納的新址，以及世界有史以來最先創立一神教的國家，信奉太陽神阿頓。這些轉變一直是後人不斷猜測的話題。西格蒙德．佛洛伊德在最後一本書《摩西與一神教》（一九三九）中，部分根據來自阿瑪納書信的證據，大膽提出阿頓實際上是聖經先知的原始神，因此是猶太教和基督教神學的基礎。

我們不應該忘記，在阿肯那頓統治近一千年後，尼希米記中提到的安全通行證與阿瑪納泥板中的書信具有相似的功能。舊約中提到的證件——稱為halmi（埃蘭語*，意指「封緘證件」）或miyatukka（古波斯語），早在西元前六世紀，就是穿越波斯阿契美尼德帝國皇家道路所需的旅行許可證（以及各種古代餐券）。必須出示證件是法國的伊朗學家皮耶．布里安所稱的「一個像未來羅馬帝國一樣龐大的國家」，從上埃及延伸到中亞，從多瑙河到印度河，所必備的重要行政功能。[9]在所謂的波斯波利斯政府管理檔案（在阿契美尼德帝國的典禮首都†發現的黏土泥板）中曾多次提及halmi，雖然有一份來自古埃及的特殊埃蘭語莎草紙（公元前五世紀的阿契美尼德總督阿耳薩墨斯給他的管家內蒂霍爾的一封信）讓歷史學家能夠非常精確地重建其用途。一般來說，這些證件會註明大篷車中的旅行者人數、要走的路線，以及沿途應提供的口糧。在西元前五世紀和六世紀期間，皇家道路在每個省分被劃分為幾個驛站，沿途設有倉庫和郵政中繼站；在抵達每個驛站時，商隊領隊必須出示一份封緘證件，讓旅行者有權獲得證件上規定的確切數量的食物。例如，阿耳薩墨斯在他的信中宣稱：「請注意！（我的）一位名叫內蒂霍爾的官員要去埃及。一定要從我在你們各省的財產中，供應食物給他……每天兩份白色的粗磨穀粉……三份次等的粗磨穀粉、兩份葡萄酒或啤酒、一隻羊，並根據他的馬匹（數量）提供乾草。」[10]當然，除了指定菜單外，封緘證件也允許內蒂霍爾及其同伴繼續旅程的下個階段。

尼希米記所述說的，不僅僅是這些實際問題。身為阿契美尼德帝國第六位君主亞達薛西王宮廷的高級官員，尼希米流亡在外，他非常驚恐地得知耶路撒冷的城牆已被推倒，該城的猶太住民陷入巨大的危險之中。經過幾天的禁食和祈禱，沮喪的以色列人來到亞達薛西面前，國王詢問他擔心的原因以及可以做些什麼來減輕這種擔心。尼希米立即提出旅行證件的要求，以及懇求當他返回時可以取得重建耶路撒冷所需的材料：

* 埃蘭語（Elamite），一種已經滅絕的語言，由西亞古國埃蘭所使用，也曾經是波斯帝國的官方語言。

† 波斯波利斯（Persepolis）為古波斯帝國一個重要的文化和典禮中心，雖也具行政功能，但主要用於舉辦象徵帝國光榮和合法性的盛大活動，因而被稱為典禮首都。

我又對王說：「王若喜歡，求王賜我詔書，通知大河西的省長准我經過，直到猶地亞；並賜詔書，通知管理國王森林的亞薩，使他給我木料，做屬殿營樓之門的横梁和城牆，與我自己的房屋使用。」（尼希米記第二章第七至八節）

這個請求最特別的地方可能是，尼希米在請求之前花了很長的時間向上帝禱告，為以色列人的罪發自內心地悔改，希望祂可以在亞達薛西面前給予流亡者恩惠。值得注意的事實是，這位以色列人並沒有直接向上帝祈求安全通過「大河西」（即幼發拉底河以西），而是尋求阿契美尼德君主的幫助，以確保獲得一封表達世俗權威的安全通行信。顯然，這就是四面楚歌的猶地亞所在的阿瓦爾納赫拉省（「大河西」）中，亞達薛西王的封緘證件所代表的言辭和政治力量。

尼希米記也表現出環繞著安全通行證的情感能量。聖經文本的歷史極其複雜，有時甚至只是來自推測：它的章節被視為獨立的作品流傳，在西元前四百年左右與其他素材結合形成以斯拉－尼希米記，在希臘化時代接受另外的編輯，偶然地在九世紀後分裂成單獨的拉丁文譯本，最終成為十三世紀巴黎聖經*的標準版本，在近三百年後成為希伯來聖經的標準版本。但人們普遍認為，以栩栩如生的第一人稱語調呈現行動的早期和後期章節是基於一位名叫尼希米的歷史人物的回憶錄。不可否認的是，當敘述者講述自己的故事時，他提供了文本讓人全神貫注的即時感。正如他所說，當他向亞達薛西提出請求時，「我非常害怕。」以色列人喊道：「讓王永生」，並在與阿契美尼德君主提出請求前，最後一次「向天神祈禱」。當尼希米的護照申請獲得批准時，過度勞累的他明顯鬆了一口氣，認為這是「我神施恩之手幫助我」的標誌。

◆ ◆ ◆

對於學者和記者來說，旅行證件的早期參考資料很重要，對於聖經的讀者來說，絕望流放者的情感流露引人入勝，然而尼希米記對於護照的歷史而言或許更重要，因為它顯示出古代公民身分的概念。在本書的開頭，大多數以色列人是阿契美尼德帝國的臣民，分散在遠離家鄉的土地上，但是繼續共同的身分和與猶地亞有所聯繫。當然，正是這種聯繫驅使尼希米回到他祖先的城市，希望重建城牆，恢復社區從前的完整性。隨著這項工作在後面的章節中進行，他面臨著強大的對手，並目睹耶路撒冷人民之間出現新的分歧。但尼希米擔任省長後不久，大膽地發起一系列社會和禮拜儀式的改革，旨在團結社區，並保護其免受內部和外部敵人的侵害。他計畫對耶路撒冷居民進行人口普查，並建立家譜登記冊，其中包括那些從巴比倫被囚禁返回該

* 巴黎聖經（Paris Bibles），泛指十三世紀的拉丁文通俗聖經抄本，與現代聖經的順序相似。在那之前，聖經的順序沒有單一結構且常分成多卷。

城的家庭成員的名字。在正義感的驅使下，尼希米還協助和他一樣的改革家以斯拉努力透過頒布猶太律法《妥拉》的教義來修補社區，這些教義在以色列人之間形成具有約束力的協議：這部律法書成為這塊土地的法律。因此，在該書的章節中，兩人致力於建立一種基於頌揚共同連結和承認共同法律的公民形式，但正如許多人所指出的，這一概念也基於將城市外的其他人排除在外。

一直到現在，具影響力的公眾人物都利用這種不適宜的沙文主義來宣傳他們自己的公民觀念。就在二〇一七年一月二十日，唐納．川普就職典禮前幾小時，激動的美國南部浸信會牧師羅伯特．傑夫瑞斯在華盛頓特區的聖公會聖約翰座堂（一個國家歷史地標，後來因為揮舞聖經的總統提供媒體拍照機會，而產生一張相當臭名昭著的照片）佈道，他提及尼希米記，確認「上帝不反對建造牆！」傑夫瑞斯直接對坐在前排的川普講話，熱情地召喚這位聖經人物：「當我想起你，當選的總統川普，我就想起幾千年前上帝在以色列揀選的另一位偉大領袖。」[11]這位以孩子般笑容著稱的牧師接著高興地宣布，重建耶路撒冷社區的第一步是讓尼希米在城市周圍重建「長城」，根據傑夫瑞斯的說法，尼希米之所以成功，是因為他拒絕向批評者低頭，也不願讓本國公民的反對加以阻止。

誠然，公民的觀念經常強調這種排除的邏輯，只要這個概念的意義來自於不享有相同權利和特權的內團體和外團體、公民和外國人之間的對立。如果公民的歷史典型發源於古希臘的地中海，很大程度上是因為那裡出現「城邦」的概念，有助於定義可得利益者及其家鄉城市之間的連結——排除被認為不適合參政的婦女、奴隸、外國人和其他屬於下層地位的人。近年來，阿岡本著眼於現代政治形勢，呼籲關注古希臘對政治參與的「政治生命」（bios）與純粹身體或生物存在的「自然生命或裸命」（zoē，bare life）之間的區別，後者在任何嚴格意義上都被認為被排除在城邦之外。事實上，對於阿岡本來說，排除裸命對於將城邦建立為一個適當的政治空間至關重要，然而，儘管存在這種排斥，城邦仍然格外對裸命行使權力，基於將其轉化為政治生命的長遠潛力。那些被納入城邦公民的人享有某些權利，例如擁有土地和擔任政治職務，儘管他們也肩負著公民責任，包括參與集會和在戰時保衛城邦。

由於這些原因，古希臘的公民身分受到嚴格監管。城邦只在少數情況下授予外人公民身分，可能是因為其寶貴的才能或金融資產使社區受益。與鄰近的城邦相比，雅典在授予公民身分上更加嚴格，並且在西元前五世紀中葉（幾乎與尼希米記中描述的事件同時），城邦通過一項措施，限制只有父母都是雅典人的自由人民擁有公民身分，其他居民一律被視為「非法」。

幾代之後，當柏拉圖在《理想國》一書（約公元前三七五年）提出他所設想的理想城邦時，他堅持認為公民身分應該可以繼承。此外，他還設想一個兼容並蓄的階級結構，其中有貿易商、商人、水手、士兵和哲學王*的統治精英，而這樣的結構將確實藉由允許每個群體各自努力以促進正義，而不會干擾其他人。但是，惡名昭彰且相當反覆無常的是，他的論點將（所有人中的）大多數詩人和藝術家排除在理想城邦之外，因為他們的作品，如其在虛幻意象中所提供的，有可能激發將普通公民和統治者自制力壓垮的激情。此處值得一提的還有，這位具有極權主義傾向的哲學家，在他的理想共和國中禁止所有公民出於私人原因到城邦之外旅行，所有四十歲以下的人也絕對不能離開城邦，即使是為了從事先驅或大使的公共事業，更別提出國有極大的教育功能。

但實際上，大多數希臘公民可以在沒有安全通行證或其他類似證件的情況下自由地環遊地中海。然而也有例外。一九七一年的古雅典阿哥拉市集發掘出土了許多赤陶令牌。美國古典主義者約翰·克羅爾認為這些令牌是西元前四世紀，官方信使和個人從雅典跨越整個區域被派往軍隊的「象徵」、「證件」或「通行證」。在阿哥拉（古雅典城市中心用於舉辦市集、宗教遊行、軍事演習和其他公共集會的開放空間）發現的二十五個令牌由精美的雅典風格陶土製成，並壓製雕刻印記，上面通常有來自駐紮在雅典領土周圍的軍事指揮官的世俗體†文字。這種世俗體是古老的居住證明，表明指揮官的雅典公民身分，而在許多情況下，指揮官的軍事頭銜，例如「薩摩斯將軍尼科泰萊斯」，表明他的權威遠遠超過城邦。[12]由於陶土令牌顯然是大量生產和分發的，因此克羅爾得出結論，它們一定在此一時期的雅典軍事管理中扮演著不可或缺的角色。對阿哥拉令牌進行研究的最有趣的其中一方面，是將其做為護照的功能與術語 σύμβολον（symbolen，令牌）加以連結。這個詞的類似用法可以在阿里斯托芬的喜劇《鳥》（西元前四一四年）中找到。劇中一位中年的前雅典人闖入新成立的鳥城「雲杜鵑之地」與彩虹女神對質：「你持有任何官方授予的令牌嗎？」在戰術家埃涅阿斯的《如何在圍城下生存》（西元前四世紀）中，概述保護圍城內市民的最有效方法：「不允許任何公民或移民在沒有（令牌）的情況下從海路離開。」可以肯定的是，在西元前四世紀的雅典，許多城邦機構將稱為令牌的物件用於各種管理目的。希臘詞 *symbolon*，由 *σύν* 或 *syn*（「一起」）和 *βάλλω* 或 *bállō*（「我扔、放」）組合而成，最初源自一種常見的商業慣例：透過將某樣耐用的物品一分為二來確認契約，因此雙方可以各自保留一半。日後若有必要，任何一方都可以透過將物品的一半與另一方放在一起來確認彼此的身分：因此，*symbolon* 最初的含義類似於「用於比較以確定真實性的標記」，並且從此演變成更一般意義上的「令牌」、「憑證」或「暗號」，最終也包括「票證」、「許可證」或「特許」。當然，

* 哲學王（philosopher-kings），又譯哲學家皇帝，為柏拉圖提出的一種理想統治者，愛智慧、有智慧、可靠，並願意過一種簡樸的生活。

† 世俗體（demotic），用作行政、法律、商業文字的古埃及文字，有別於當時的僧侶體和聖書體。

這個詞也提供象徵，在我們熟悉的意義上，表明或代表別的東西。

正是在同樣的背景下，西元前四世紀的雅典，亞里斯多德發展出極有影響力的寫作理論，認為*symbolon*不是對某物的「表示」或「模仿」，而恰恰是「一個令牌或標記，直接對應於與之相關的另一個此類物件」。正如英國語言學家羅伊．哈里斯所強調的那樣，「它因此構成互補配對的一半，兩者之間的『象徵性』連結是透過協議建立的，並透過它們之間的某種物質上的連結表現出來。」[13]對令牌概念來說關鍵的是，無論我們心中想的是「象徵」還是「通行證」，即使它是以有形的物品、實體的物件形式表現，其功能完全取決於相關各方的共同協議。它的使用取決於適當的情況。令牌要達到其目的，無論是在城邦還是在其領土的偏遠地區，都必須對其意義有著相同的理解。唯有如此，令牌才能成功（滿意地）完成其任務；唯有如此，正如我們將在接下來的章節中一再看到的，通行證才具有一系列超乎尋常的象徵意義。

一些古希臘人有點打著如意算盤，試圖將他們的「通行證」的領土範圍和象徵價值擴大到任何想像可及的程度：酒神和奧菲斯宗教的成員使用護照以便從生者的領域通往受祝福死者的領域，也就是極樂世界。與其雄心勃勃的目的相稱，他們使用的不是實用的陶土令牌，而是金子打造的薄板或「葉子」，上面刻有死者的名字和如何駕馭危險來世的說明。通常，這些銘文似乎也是為了讓死者放心，他們的神祕教派成員會保證他們有趟愉快的旅程。在使用希臘語的地中海地區發現了大約四十塊板子（有時在德語中統稱為Totenpässe，意為「死者的通行證」），放置在死者附近的墳墓中或在脖子附近的盒子中當作護身符，而時間可追溯到西元前三世紀和四世紀。因此，就像他們埃及前輩的護身符一樣，這些金牌承諾在這些希臘新成員的身體消亡後，保護他們流動的靈魂。這些板子的流行表明在這樣的承諾中可以找到安慰，即使它們並不能保證返回的通道。

◆ ◆ ◆

古羅馬在授予公民身分方面通常比古希臘自由，因為羅馬法律容納非羅馬公民的個人，包括婦女、被解放的奴隸，甚至遠在城市之外的羅馬附庸國居民，從而擴大城邦的範圍。幾乎任何人都可能成為羅馬公民這一事實，意味著不同社區的人可以認同羅馬，即使他們不是該城市的本地人，甚至不是本地人的後裔。但古羅馬人與古希臘人一樣，公民身分仍舊包含特權和責任，包括投票權、競選公職權、結婚權、持有財產權和得到法律審判的權利，以及兵役和納稅的責任。然而，這並非指所有公民都享有同樣的保護。儘管羅馬法提供其公民一系列的潛在權利，但只有「羅馬人」被認為是完全的羅馬公民，並受到羅馬法的完全庇護。而且只有在這個群體中所謂「擁有最佳權利的公民」享有選舉權，並能夠競選公職。在某些特殊情況下，公民身分也可能被暫時或永久撤銷。例如，羅馬法可以將罪犯定為*homo sacer*，意即同時為「神聖的人」和「被詛咒的人」[*]，認可其為不受法律保護的人。根據神聖法律的法令，這些人不能拿來獻祭，但可以殺害他們而不被城市法律貼上謀殺的標籤。阿岡本認為這些「被詛咒的人」等同於「裸命」，被禁止與合法公民一起居住在這座城市。相反地，他被流放到羅馬社會的最邊緣，存在於法律與暴力、規範與例外、包容與排斥之間一個奇怪（因而對哲學家來說非常重要）的區域。

古羅馬法下最臭名昭著的流亡事例也包括偉大的政治家、演說家、倡導者（也許還有世界上最偉大的拉丁作家）馬庫斯．圖利烏斯．西塞羅。身為反叛的詩人和可靠的哲學王的混合體，西塞羅也是有影響力的政治思想家，在《論共和國》和《論義務》等論文中可以他看出深受柏拉圖影響。這兩篇文本都考量與憲法理論和「正義義務」相關的公民身分問題，並已成為共和主義和世界主義（cosmopolitanism，另一個源自古希臘的詞，結合*kosmos*：「世界」或「宇宙」和*politês*：「城市裡的一分子」或「公民」）不同傳統的基礎。身為政治人物，西塞羅在西元前六三年意圖推翻羅馬共和國的陰謀失利上發揮關鍵作用，當時他剷除五名策畫所謂的卡提利納陰謀的貴族，並使得他們獲罪迅速遭到處決。西塞羅因為上述事蹟，最初被譽為國家之父，儘管他的職業生涯始於所謂的「新人」（*novus homo*），也就是家族中第一個在羅馬元老院任職的人。然而，在短短幾年內，他的政治對手克洛迪烏斯在參議院提出一項法案，禁止未經適當審判就處決羅馬公民，追溯譴責西塞羅的行為，並迅速將他驅逐出境。雪上加霜的是，就在這位政治家離開義大利半島的那天，克洛狄烏斯提出另一項法案——一種古老的民事沒收條款，另外加上限制令，強制沒收西塞羅的所有財產，並禁止他在羅馬方圓四百英里內出現。

一年半之內，政治風向再次發生變化，西塞羅得以回歸故土，並收回財產。但他又回到政治漩渦中，羅馬幾位強大將領之間的激烈競爭，最終迫使這位政治家在西元前四九年再次離開這座城市，趕在凱撒軍隊來到之前逃往希臘，加入龐貝的軍隊。

這種離開最近激發古典主義者T．科瑞．布倫南（他也以身為檸檬頭和其他樂團的吉他手

* *homo sacer*，羅馬法的法學用語，用以指稱罪過嚴重而被驅逐的人，因其生命被視為毫無價值，而無法用於獻祭，但也正是因其生命毫無價值，而可被任何人剝奪。在早期的羅馬宗教中，*sacer* 表示與普通社會「分離」的任何事物，因而出現此二種地位恰恰兩極的意思。另有一中譯為「牲人」，考量其不可用於獻祭的定義，避免文意混淆，此處未選用。阿岡本將 *homo sacer* 延伸用於現代法學和哲學，開展了歷時二十年的系列寫作計畫。阿岡本另一重要研究概念為「例外狀態」（state of exception），指一種特殊政治狀態，正常的法律和秩序被暫時擱置，以應對突發的危機或緊急情況。他關注的重點是，這種狀態常常會擴大並永久化，需要加以監督和限制，以避免對個人自由和公民權利的濫用。此概念本書後文亦會提及。

聞名）和邢義田的一種另類歷史思想實驗，他們將敘事從地中海世界轉移到遙遠的古代中國，他們問道：「如果，（西塞羅）並非回到羅馬，而是選擇另一條道路，即向東通往漢朝帝國的道路，他是否能說服強大的軍團轉而對抗凱撒？」布倫南和邢義田認為，這個概念並非完全不合情理。如果流放者如此處置，「他將毫不費力地在西里西亞找到嚮導」，他曾在那裡擔任總督，小亞細亞甚至離羅馬更近。實際上，西元前四九年西塞羅離開羅馬時，絲綢之路上的交通已經往來近一個世紀，產生一種不僅基於紡織品貿易、也基於交換商業和治理概念的早期全球化形式。想想西塞羅，這位世界主義的早期支持者——他認為，自己不僅對羅馬同胞、也對更廣大的人類共和國負有義務——在這樣的旅程中會如何行進，十分有趣。在此過程中，他可能尋求過哪些交流、協議或效忠於誰？

思考他的旅行證件將發揮的作用也很有趣。布倫南和邢義田設想這位羅馬政治家穿越漢帝國的邊疆，在前往首都長安的途中，穿越絲綢之路上無數的村莊、城鎮、草原、沙漠，歷時數月甚至數年：

> 然後，他將必須通過邊境管制站，可能是敦煌附近的玉門關這個軍事要塞，那裡有令人印象深刻的土牆，遠處有烽火台。他在那裡得到前往長安的旅行證件……這個稱為「傳」

的旅行證件是一塊木板，上面記載他的姓名、出生地或籍貫、工作職稱，以及他的膚色、身高和其他身體特徵。他的旅行證件包括他的財產清單、同行成員的姓名，以及他隨身攜帶的武器、車輛、馬匹。西塞羅的說服力透過口譯員，它還可能讓他得以自由通過後續檢查站，或取得免費食宿。[14]

對於古典主義者來說，這個場景是一個更大的想像敘事的一部分，暗示著西塞羅參與中國反對凱撒的陰謀，但我們可以停留在他虛構的旅行證件的含義上。在羅馬共和國晚期，信使或其他低階旅行者可能會帶著其贊助人的印章或標記，以確保能安全通過，但是幾乎可以肯定西塞羅會在沒有這種物件的幫助下四處走動。在這位曾經有權勢的元老院議員被逐出城邦後，這種特權無疑會減少。當他向東進入漢帝國的行政區域時，會遇到複雜的官僚機構。這些官僚機構管理著諸如傳之類的證件，而在絲綢之路上錯綜複雜的交通管制系統中，這些證件至關重要。

傳為護照的文化史增添重要的層面，在本書的後半部會再次提到，因為它讓檔案和身體、證件、旅行者比以往任何時候都更加緊密地聯繫在一起。由於在漢代（西元前二〇二年至西元二二〇年）大量使用證件和完整的紀錄保存，這些古代護照的用途和意義得以重建。上個世紀以來，發現一系列散布在居延、建水邊防線上的古碉樓遺址，為考古學家和歷史學家提供三萬多條竹簡和木製文獻。其中包括獲准通過檢查站的人的詳細登記冊——可以說是古老的資料庫，以及顯然已在檢查站出示、但隨後被沒收或被旅行者以其他方式放棄的木製護照。這些是旅行證件，因此，預示著護照悖論的另一面，較為慘淡的一面，因為它們的目的不是保護或驅策持有人脆弱的身體，而是跟蹤和控制其移動。

也許最引人注目的是，傳和登記冊都包含與個人旅行者身分相關的資訊，如布倫南和邢義田所指出的，包括他們的姓名、頭銜、身高、膚色、年齡和其他個人資料。紀錄還表明，借用或偽造通行證會導致持證人受罰。因此，持證人的身體描述，顯然在保證可以依賴證件和更廣泛的交通管制系統來監控漢帝國的人員流動上，發揮關鍵作用。在這方面，通行證預示著大約二千年後出現的現代旅行證件。他們已經提出一些問題，例如如何透過關注特定的身體特徵，「從身體上讀取身分」，旅行證件如何管理流動人口，甚至某些狡猾的人可能如何尋求規避這種控制，儘管風險極高。[15]如果傳本身還不能被理解為身分證明證件，能夠驗證個人和合法身分的牢固特徵，它們仍然讓我們能夠一瞥即將發生的事：在一個旨在限制行動自由的更大官僚登記和控制系統中，它們用於定位旅行者。

CHAPTER 2

偉大的君主，偉大的旅客
Great Sovereigns, Grand Tourists

我們之所以知道馬可波羅的旅程，幾乎完全是由於他在一二九五年從中國返回義大利不久，因為威尼斯軍隊和熱那亞的衝突意外遭到監禁（如果真有其事）。在那幾個月期間，為了打發獄中時光，他向獄友講述在東方旅行的奢華故事，而對方恰好是義大利浪漫主義作家魯斯蒂謙．達．比薩。這位作家（許多人認為是寫手）隨後將這些故事與其他故事相結合，包括他自己的亞瑟王傳奇故事和其他最近從中國回來的報導，創作了我們所知的巨作《馬可波羅遊記》。該文本迅速以各種翻譯版本在歐洲流傳，很快地就在西方理解遠東上發揮至關重要的作用。儘管馬可波羅經常被認為是第一個沿著絲綢之路冒險的歐洲人，但來自該大陸的其他冒險家也曾進入蒙古帝國，包括魯不魯乞和若望．柏郎嘉賓*在內的少數人甚至留下旅程的描述。

* 魯不魯乞為法國人，若望．柏郎嘉賓為義大利人，兩人皆為天主教方濟各會傳教士。

但沒有人像馬可波羅旅行的範圍如此廣大，他離開威尼斯大約二十四年，穿越中國、印度、日本和其他遙遠的領域。也沒有人製作出如此引人入勝、有趣且廣為流傳的旅行報導。這一切都曾發生，馬可波羅踏上旅程，並活著講述這個故事，很大程度上要歸功於一些相當了不起的旅行證件。

廣闊的絲綢之路在漫長的歷史過程中，曾引發各種努力來控制、保護並促進人員和貨物的流動（更不用說思想和其他傳染病），這些努力預示著當代管理全球化流動的技術。在十三世紀，經過多年的破壞，成吉思汗企圖重建貿易路線，並將其置於統一的政治管理之下，這有助於建立西臨黑海、東臨太平洋的蒙古帝國。在這裡，沿著商隊走過的看似無邊無際的道路網絡，旅行證件的使用再次站穩腳跟。為管理所謂的蒙古治世，追隨成吉思汗的幾位大汗經常提供使節和其他官員經久耐用的木、銅、銀或金製的牌子，提供旅行者穿越蒙古土地的安全通道，以及向沿途人口索取各種商品和服務的權利。鑑於這些利益，蒙古的地方政府濫用權限，發布允許虐待和剝削路邊居民的非官方通行牌。但可汗官方頒發的金牌很特別：它們聲稱，此君主授權之物的持有者，得橫越其領土，並得進入絲綢之路沿途涵蓋的其他司法管轄區。毫無疑問，收到這種牌子的最知名人士就是富有冒險精神的威尼斯商人馬可波羅，儘管他甚至不是第一個被授予此影響深遠特權的威尼斯人：一二六六年，成吉思汗的孫子，知名的忽必烈曾贈送金牌給他的父親尼科洛和叔叔馬菲奧，讓他們得以從大都（今北京）長途跋涉回家。

身為最早一批穿越絲綢之路的歐洲人，波羅兄弟受到大汗的極大好奇和慷慨對待，大可汗已經熟悉「拉丁人」，但希望獲得有關西方政治和宗教事務的更多知識，尤其是天主教會。

忽必烈推測，他有可能受用於羅馬教會的智慧和權威，來平息自己龐大帝國的動亂，於是派遣波羅兄弟和一名使者向教皇提出請求：他應該派遣一百名教士，「以清楚的理由表明基督教比他自己的宗教更好」，另外加上帶回「從耶路撒冷耶穌聖陵上方長明燈中提取的聖油。」[1] 為了在這段馬拉松式的歸途中保護這對兄弟，蒙古君主給予這隊義大利商人一塊長約二十五公分，寬約七．五公分的金牌，上面刻著一道令人生畏的命令，大致翻譯為：「奉永世的蒼天之力，以可汗的名字為聖，不尊者死。」正如《馬可波羅遊記》所明確指出的，一個在陌生土地上的陌生人很可能會誤入歧途，導致監禁、奴役或立即處決。忽必烈提供的金牌不僅在一二七〇年左右保護波羅兄弟返回威尼斯的旅程，從而使他們第二次、也是更為著名的遠東之旅成為可能，這次與十幾歲的馬可一起；但再多得到兩面金牌，三位波羅家人得以離開大可汗如世外桃源般的宮廷，護送闊闊真公主至波斯*成婚，最後在一二九五年永遠返歸威尼斯。

在他們的歸途中，在蒙古帝國中東地區的波斯統治者（以及忽必烈的侄孫）乞合都送給這些威尼斯人更多金牌，波羅兄弟在那裡停留了數月：

他給了身為大汗使者的他們四面金牌，每塊長一腕尺，寬五指，重三或四馬克。其中兩個帶有矛隼的標誌，一個是獅子的標誌，一個沒有圖案。這些金牌上刻的銘文寫著：永世蒼天在上，大汗尊名永垂，違其令者處死抄家。[2]

忽必烈提供這些金牌，表現出他和家人對波羅家極大的信心甚至感情，允許他們以受信任的使者這樣的外交身分旅行。然而，這些金牌雖然令人印象深刻，卻也顯示在蒙古帝國遙遠的領土中，其所代表的權威有著局限，因為在成吉思汗統治兩代之後，王朝的實力日益受到威脅。安全通行證的權力與頒發它們的主權者的權力成正比，即使通行證正是透過在遙遠

「大汗送給波羅兄弟金牌。來自十四世紀的縮影」，載於《馬可波羅之書》，由亨利．尤爾爵士上校翻譯和編輯。
圖片由Archive.org提供。

的領土上主張或重申君王權威，擴大權力範圍，但是他們斷言的命令並不能保證成功。馬可波羅告訴我們，這些金牌還賦予波羅家在旅途中的幾個地點擁有護送馬匹和騎兵的權利，「這是必要的預防措施，因為乞合並非合法的統治者，當地居民可能會騷擾他們，而他們若隸屬於居民愛戴的君主之下，便不會遭遇此事。」[3]

自十三世紀後期首次出版以來，書中故事的真實性就一直受到質疑，這種懷疑在隨後的幾個世紀大幅增加，部分原因是該文本以大約一百五十種不可靠的版本存在於數十種語言中，而原稿早已遺失。毫無疑問，馬可波羅和魯斯蒂謙都試圖讓故事的某些元素變得活躍，同時也無需懷疑的是，多年來不同版本的重製和翻譯錯誤，導致了遺漏，也增加了錯誤。

在此，金牌再次發揮重要作用。一三二四年，從東方歸來近三十年的馬可波羅躺在病床上，親朋好友同聚一堂，向他表達最後的敬意，希望他能針對大家認為的誇大傳奇故事和過度的謊言說出真相。按照慣例，一位牧師也被召喚到床邊，但他沒有接受最後的懺悔，而是擔任公證人的角色，在一張大約六十五公分乘以二十五公分的羊皮紙上抄寫最後的遺囑和遺言。二〇一八年，義大利歷史學家團隊完成為期三年對馬可波羅遺囑的研究，由威尼斯的聖馬可國家圖書

* 波斯當時稱伊兒汗國，為蒙古四大汗國之一。

館出版一本關於遺贈的學術著作，其中包括近七百張羊皮紙的複製品。在遺贈中，這位旅行商人將大量財富分配給威尼斯的行會和宗教機構，以及他的幾位女兒，這在父系時代可說少見。這部著作為波羅在東方的旅程提供見證，還列出韃靼騎士的銀腰帶、蒙古女士在閱兵時戴的金色頭飾、忽必烈為確保他安全回家而贈送給他的金牌等物品。（他從未帶回像義大利麵和冰淇淋這些易腐爛的食物，人們經常誤傳是他將這些食物引入西方。）學者還發現馬可的叔叔馬菲奧的遺囑，其中明確地交代了「來自偉大韃靼王的三塊金牌」的處置。[4]雖然研究人員並未找到這些金牌，但歷史學家和考古學家在中國發現其他與他們描述相匹配的牌子，其中並記錄蒙古貴族和官員在整個蒙古帝國時期的使用（和濫用）情形。

關於馬可和馬菲奧擁有的金牌，其中最引人注目的事實是，旅行者持有它們很長的時間。當然，這些珍貴的金牌具有可觀的經濟價值，但它們對波羅家的意義肯定更大——說到這裡，我們可能會感覺到護照一直到今天仍然重要的一項特徵。就像他們收藏的銀腰帶或金色頭飾一樣，這些金牌是紀念品，是他們旅行的實質紀錄，比他們離家萬里的經歷所收集的任何故事都更堅固、更具體。無論是為了向懷疑的人證明他們的可信度，也就是說，證明他們確實如他們自稱的，是了不起的冒險家；或者在更安靜、沉澱的時刻回憶過去的許多冒險，在絲綢之路上的所見所聞；或者也許是想起這些金牌提供的特權，維護他們的移動和安全，而這樣的支持來自一個幾乎統領大半已知世界的帝國，甚至神聖的當權者，波羅叔侄一直保留著他們的金色護照，直到生命的盡頭。

除了對波羅家的個人價值之外，這些金牌還擁有其世界歷史意義。如果沒有它們，兩位叔叔可能永遠無法在返家的旅途中倖存，並帶上年輕的馬可，連同教皇的訊息和大量的聖燈油，返回忽必烈的朝廷。二十四年後，成熟的馬可或許永遠無法完成回家的旅程，向魯斯蒂謙講述他的故事，並激發了隨後的探索時代。事實上，哥倫布在前往新大陸的航行中攜帶了一本《馬可波羅遊記》，並標注大量注釋：據傳他將這本書視為護身符，以及前往東方的指南，然而，這本書卻誤導了他的航程。*

◆ ◆ ◆

中世紀晚期，隨著封建國家制度逐漸演變為一個個主權國家，議會開始在一系列法律和外交問題上與君主協商，發放像通行牌之類的安全通行證（儘管形式不是珍貴的金牌）成為歐洲的普遍做法。加拿大政治學家馬克・B・薩爾特甚至提出，這一時期的「移動控制」表明，「主

* 哥倫布抵達美洲時以為自己到了亞洲。

權國家開始成為國際參與者，而國家的形成產生安全的國內空間，國境之外則是危險的國際空間」。[5] 十三世紀末的中世紀法國所興起的「安全通行」（sauf-conduit）這個用語，則是用來描述允許在不被拘留或逮捕的情況下往返於特定地點。到十三世紀末，就在《馬可波羅遊記》出版之前，這個詞語出現在介紹英格蘭歷史的《葛萊賽斯特的詩韻版編年史》一書中，被引進了中世紀的英國。該書並在一種現在已經過時的意義上介紹「conduct / condyt」（通行）這個詞：即「提供引導或運輸；有專人被任命在旅途中安全地引導一個人；護送，護航。」[6]

直到十四世紀末的法國和十五世紀初的英國，該用語才被用於官方證件，到那時，英國君主為進出其主權領域的人提供安全通行證已成為慣例。暴虐的理查二世和他篡位的堂兄亨利四世簽署證件，授予各個領主、其旅行團和「如必要的馬匹等物」旅行許可，通常「附帶條件是團體中任何人都不得規避英國法律。」但直到一四一四年，在亨利五世登基後不久，一項議會法案才將這種做法編入法典，並授予君主權力，可以將這些證件發給他想要的任何人，無論是英國臣民還是外國國民。該法案還重申，持有安全通行證的人受到國王個人權威的保護，因此主張唯有君主才有權力動用武力：任何透過殺戮、搶劫或其他「掠奪」通行證持有人而侵犯主權的行為，就成為對王室的叛國行為，可判處死刑。[7]

根據歷史記載，亨利五世經常無情地平息內部緊張局勢，以便能在英格蘭實施統一君主制，對推動國外戰役亦不乏勇氣或野心，意欲將權力擴展到法國，登上統一兩國的寶座。他在英格蘭故事中的傳奇地位，很大程度上歸功於莎士比亞在其歷史劇中對君主的描繪，尤其是同名的《亨利五世》(約一五九九年)——最特別的或許是第四幕中，年輕君主於一四一五年阿金科特戰役前夕所發表知名的聖克里斯賓節演說。儘管《亨利五世》在將近兩個世紀後寫成，但普遍認為，這段激動人心的演說為後人對亨利五世和所有強大中世紀君主的領導風格提供了重要的理解，他們不僅僅是透過神所賦予的權利統治國家，也運用了其性格的力量和信念的強度。亨利五世在得知姑丈威斯摩蘭伯爵希望再派一萬名「今天在英格蘭閒著的人們」，來面對龐大的法國軍隊後，亨利的回應給予他所召集的士兵榮耀——「我們少數人，我們這少數快樂的人，我們這支兄弟的隊伍」——不加進更多人稀釋會更強大。更有甚之，他的大膽聲明還沒完，這位國王答應提供有效的文件讓任何不想留下作戰的人得以返家：

> 不，說真話，姑丈，別希望從英格蘭多來一個人。天哪，我不願錯過這麼大的榮譽，因為我認為，多一個人，從我那兒可就多分去一份最美妙的希望。啊，威斯摩蘭，別希望再多一個人吧！你還不如把這樣的話曉諭全軍：如果有誰沒勇氣打這一仗，就隨他掉隊，我們發給他通行證（*passport*）*，並且把沿途所需的旅費放進他的錢袋。我們不願跟這麼個人

死在一塊兒——他竟然害怕跟我們大夥兒一起死。

讓我們在這些提到「通行證／*pastport*」的地方暫停一下。莎士比亞在撰寫《亨利五世》時，大量借鑒霍林斯赫德的《英格蘭、蘇格蘭和愛爾蘭編年史》（一五七七）和其他都鐸王朝的歷史（以及其他關於君主的近期戲劇），但在這些歷史資料中都找不到這個詞，可說是該劇中不合時代之詞（尤其考量到亨利五世致力推動英語做為官方語言）。「通行證」的早期用字passeport，為passer（通過）和port（海港或海港）的組合，直到劇中事件發生幾年後，即一四二〇年路易十一統治時期，才出現在法語中，做為商品自由流通的憑證，且直到一四六四年才用於表示保證個人自由移動的文件。這個詞在十五世紀末以pasportis的形式進入英語，出現在《蘇格蘭御璽登記冊》中，但直到更晚的時候，即約翰．巴雷特的《英語、拉丁語、法語的三語辭典》（一五七四）一書中，才出現了莎士比亞所使用的拼法，也就是對我們現在仍算熟悉的拼法。在這兩個文本中，它都與安全通行證同義：「saufconductis or pasportis」和「a Pasport or saulfe conduct to passe」。[8]

從亨利五世的台詞中可以清楚地看出，即使在外國領土上，護照也是主權工具，可以非常恰當地用來從英勇的英國人行列中驅逐懦夫。但就像劇中的許多台詞一樣，這些台詞是雙面刃。一方面，正如序言所言，它們表明一位君主確實是「所有基督教國王的鏡子」，以一種具有超凡魅力的修辭能量帶領他的部下（和英國人民），將他們凝聚成不可戰勝的同志情誼（想要了解這種能力，可以參考肯尼斯・布萊納於一九八九年改編的電影《亨利五世》）。因為亨利五世自發地向任何可能離開其隊伍的人提供護照，表現他的仁慈，也表明他對戰爭的信心，同時也有助於增強眼前留下之士兵的勇氣和承諾。另一方面，他的聲明提供了一個不祥的預兆，雖然頗具諷刺意味，預言這位效率驚人的國王戰士會下令在違反軍法的情況下，先發制人地殺死法國戰俘。在提到護照時，亨利五世展現出一種主權權威感，當他宣稱他的王朝主張時，大膽甚至厚臉皮地延伸到外國領土：也就是說，在法國的戰場上（更甚於在英國的王位上），行使絕對的權力，而這種權力自身就存在腐敗的風險。

莎士比亞的劇本寫於伊莉莎白一世女王統治的最後幾年，不僅被解讀為對有力統治者（無論是國王或是女王）品質的案例研究，也被認為是對在任君主刻意發出的一封信。與亨利五世一樣，伊莉莎白一世統治的王國飽受內部嚴重分歧的威脅，需要君主採取精明和勇敢的行動，尤其是在公眾形象上塑造耀眼的國家榮譽象徵。然而，到了十六世紀末，君主要求臣服的權力

* pastport／passeport／passport／pasportis，皆為歷史上出現過的拼法，此非誤植。後文的 sauffconductis 和 saulfe conduct，則為現代的 safe conduct（安全通行）。

變得更加受限，伊莉莎白不得不依靠與難以捉摸的議會合作，以在財政上獲得支援來治理國家。也是在所謂的「童貞女王」*統治期間，具影響力的法學家艾德蒙．普勞登回顧性地闡明英國君主的基本二元性：「自然的身體」，他的（或現在她的）身體或生物自我，隨著年齡老去、受苦，並最終死亡；以及「政治的身體」，一種不朽甚至是神祕的力量，將主權者及其臣民以共同的責任聯合起來，同時在所有事務上治理國家。[9]

身為國家元首，伊莉莎白仍然有權發布安全通行證，由英國樞密院管理，以保護國內空間免受外國威脅，並在外交事務、間諜活動以及必要時提供軍事援助活動。正如後來的《蘇格蘭御璽登記冊》所證明的那樣，她經常收到表妹蘇格蘭瑪麗女王的請求，要求獲得通行證，允許蘇格蘭貴族成員及其隨行人員穿越英格蘭進行外交事務。與此同時，無論是出於公務還是出於不那麼受人尊敬的原因，英國女王的臣民無論何時想要離開英國領土，都必須向伊莉莎白及其議會尋求「旅行許可」。事實上，因為素行不端或公開不服從而失去君主好感的宮廷成員經常要求獲得出國旅行許可，以相對優雅的方式，透過自願（或者至少是主動加諸於自己的）的流放來避免君主的憤怒。

但此類許可證並非都是為了拯救王國免受外部威脅，或在冒犯王室後挽回面子而簽發。在伊莉莎白時代，早在現代旅遊業出現之前，就在某些特殊情況下簽發證件，允許出於教育或更廣泛的文化目的前往歐洲大陸。一九六六年，學者偶然發現刻有伊莉莎白女王王室印章的旅行許可證，日期顯示為一五七二年五月二十五日。當時鳥類學家暨英國文學學者暨牛津大學研究員約翰．巴克斯頓和同時身兼醫生、醫學院高級職員及牛津大學藏書家協會聯合創始人的同事本特．尤爾－詹森，在米迦勒學期†結束時，正在牛津新學院圖書館檢查一本書。他們不經意發現一份被放在一堆證件中的褪色旅行證件，是為數不多留存至今的旅行證件，夾雜在一堆有「英國國王、女王、貴族和其他知名人士簽名」的文件之中。[10]該證件包括一塊大約二十五乘以三十公分的布，上面有伊莉莎白本人的粗體親筆簽名，主文是一位皇家秘書優雅的筆跡寫著各種十六世紀的法律術語（實際上就是從前的安全通行信）：

伊莉莎白承蒙上帝的恩典。她是英國、法國、愛爾蘭的女王，信仰的捍衛者等。致所有維護和平的正義之士：市長、警長、法警、警察。在此問候審計、稽核、搜索者，以及所有其他或官員部長和地主。在此通知，我們已獲得許可通過這些地點，授權我們值得信賴的菲利普．西德尼紳士離開此地或英格蘭王國，進入海的那一端，還有為了他在接下來的

* 伊莉莎白一世終生未婚，遂得此稱號。
† 米迦勒學期（Michaelmas term），指英國和愛爾蘭一些大學的秋季第一學期。

> 兩年留在英國以外的地方掌握外語知識，並在他離開王國的當下立即生效。因此，我們將命令你和每一個人，安靜地任由他從身邊經過，不造成任何麻煩，他會帶著三名僕人、馬匹或嚮導，以及不超過一百英磅的現金，外加所有人的行李和必需品。[11]

西德尼後來成為文藝復興時期的模範人物——軍人、政治家、學者、詩人——但他獲得皇家發給的許可時還不到十八歲，當時才從就讀三年的牛津大學基督堂學院離開（但是沒有獲得學位，這在和他地位相仿的年輕人中很常見）。現在，在一五七二年春天，英國和法國之間一項新的和平條約，使他有機會首次穿越英吉利海峽，並環遊歐洲大陸。

因此，巴克斯頓和尤爾－詹森發現的許可證對文學史具有不小的意義，因為這份許可使西德尼很快成為英國最風度翩翩的文人，在歐洲最受推崇的文化機構中繼續學業。換句話說，這份證件是年輕人追求文藝復興人文主義理想的一張門票：透過整合他在各地學習到的各種形式的知識，發展幾乎無限制的人類所能，無論是否跨越學科界限或國界。這份許可證目前的狀況表明主人善加利用，因為它已經折疊了好幾次，折疊的邊緣磨損，並可以從墨水中的汙點和布的變色判斷出，在旅途中顯然曾受風吹雨淋。事實上，雖然該證件允許西德尼「在接下來的兩年留在英國以外的地方」，但他旅行多國，並經常在沿途參訪的城市逗留數月，整整三年後，才回到自己的祖國。如果說這樣的旅行對於十六世紀後期的英國人來說仍舊不尋常，那麼在十七和十八世紀，對於貴族青年來說，這種旅行則變得愈來愈流行，所謂的壯遊變成職業上的儀式，做為外交服務或公職人員職涯的準備。然而，對於其他人來說，這種旅行的主要價值在於審美教育，或者至少增加鑑賞力，藉由參觀知名博物館、建築奇蹟、莊嚴的圖書館來達成。

從這個意義上說，西德尼在一五七二年踏上的旅程是壯遊傳統的重要先驅（甚至是典範）。當然，他的第一站是巴黎，在那裡有幸結

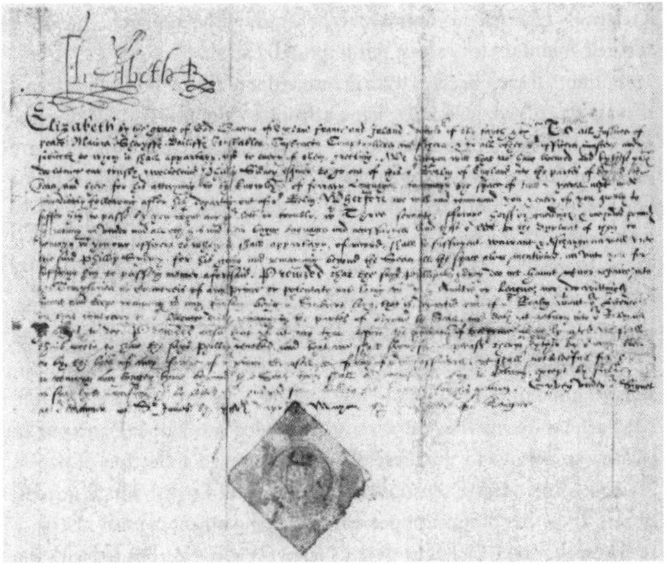

菲利普·西德尼提供的旅行許可證，由伊莉莎白一世於一五七二年簽署。

經牛津新學院院長和學者同意使用。（New College Archives, Oxford, NCA 9382, f. 40 © Courtesy of the Warden and Scholars of New College, Oxford）

識許多知名的新教藝術家和知識分子，雖然也目睹了惡名昭彰的聖巴托羅繆節對法國胡格諾派的大屠殺。這位年輕人繼續穿越史特拉斯堡和法蘭克福，然後造訪維也納幾個月，接著歷經匈牙利和義大利的長途旅行，最終落腳威尼斯，沉浸在這座城市的社會和文化生活中。在前往熱那亞省和佛羅倫斯的旅行之間，西德尼還在著名的帕多瓦大學自學很長時間，遵守了旅行許可證規定的課程——「掌握外語知識」——同時也在許多其他領域尋求課堂外的學術成就。在此期間，正如巴克斯頓在其著作《菲利普・西德尼爵士和英格蘭文藝復興時期》所表明的，這位年輕人以「『永不停止的行動』將西塞羅的作品先翻譯成法語，再從法語翻譯成英語，最後又翻回拉丁語」[12]西德尼同時研究威尼斯的政府和憲法、有關歐洲政治和外交的論文、義大利知名政治家的書信，以及有關天文學、幾何學、義大利詩歌的書籍。幾年後，這門跨學科研究速成課程，加上他早期在希臘和羅馬經典方面的教育，將產生第一個以英語寫成的十四行組詩《愛星者與星》（一五九一），以及《為詩道歉》（一五九五），該書綜合文藝復興人文主義的許多主題，是英語文學批評的第一座里程碑。

從這些著作中可以知道，西德尼讓旅行許可證在他相當非凡的教育中所扮演的角色發揮得淋漓盡致。《為詩道歉》寫於一五八〇年代，但直到幾年後他於三十一歲英年早逝後才出版，該書包含passport一詞的第一個比喻用法——做為「一種品質、才能或屬性等，賦予一個人或事物進入某種狀態、地位、社會領域等的權利、特權或機會。」西德尼犀利地主張，許多學科依靠詩歌語言來吸引聽眾並成功地傳達訊息，他聲稱「如果沒有一本偉大的詩歌護照，無論是哲學家還是歷史學家，都無法進入大眾評論的大門。」[13]

◆ ◆ ◆

到十八世紀中葉，壯遊已成為高度例行化的活動，擁有完善的路線和齊全的文獻。與此同時，管理現代國家的迫切需要導致整個歐洲當局更嚴格地規範個人在其境內和跨境的移動，通常使用旅行證件做為執法手段。逐漸地，在一六四八年西發里亞和約*之後，這些現代國家同時也聲稱擁有主權，可以標記出在其境內擁有和不擁有合法地位的人。儘管如此，護照標準仍未建立，因此旅行證件的形式可以是政府簽發的安全通行證，或是某位高階級人士的半正式信函，然而它們幾乎總是一張大紙，帶有浮水印和證明其真實性的印章。與今天不同的是，這些旅行證件通常是在旅行者抵達外國時發給他們的，只是有時價格很高。在壯遊中穿越法國和義

* 西發里亞和約（Treaty of Westphalia），又譯威斯特法利亞條約，指一六四八年五月至十月間在西發里亞地區內簽訂的一系列條約，標誌著歐洲一系列宗教戰爭的結束。此條約是以外交會議訂立和約的先例。奠基於各個主權國家共存的概念，新的政治系統遂在歐洲中部形成，其後逐漸流行成為國際法和世界秩序的中心原則。

大利的英國人經常抱怨那些拖延進度的證件要求，認為不過是官僚主義造成的麻煩，甚至是敲詐勒索的手段。這一系列情況在勞倫斯・斯特恩針對壯遊所寫的偉大諷刺作品《感傷旅行》（一七六八）產生有趣的影響。在書中，相當倒霉但仍然充滿活力的主人公帕森・約里克從英格蘭向南進行一次失敗的旅行。做為對托比亞斯・司摩利特完全不帶感情色彩的著作《穿越法國和義大利的旅行》（一七六六）的巧妙回應。斯特恩的小說淡化了傳統壯遊敘事中強調社會地位差異、專業發展、經典教育的目標，而傾向於關注其主人公的道德情感，即使約里克無數的浪漫調情一再阻礙他（和我們）的道德教化。

約里克心不在焉的天性在小說一開始就已清楚呈現。我們可以看到，他忘記法國和英國交戰的小細節，在離開倫敦之前並未拿到通行證。在一些偶然的小欺騙的幫助下抵達巴黎後，他很快從旅館老闆那裡得知，警方曾經詢問他和他的通行證。直到那時，這位總是心不在焉的牧師才意識到他在沒有恰當證件的情況下走了這麼遠。長期以來，護照控制一直是舊制度法國這樣的專制國家治理的重要特徵，到十八世紀中葉實施新措施後，所有進出該國的旅客都必須持有正確的證件。英法七年戰爭帶來的緊急狀態，只是更加推動了這些措施。儘管如此，再加上巴黎旅館老闆的告誡，約里克仍然無動於衷，他相信「法國國王有著善良的靈魂，不會傷害任何人」。已經支付一個月房租的牧師拒絕「為世界上所有的法國國王提前一天」離開住處。與此同時，旅館老闆擔心，這位對主權當局態度冷淡的外國旅行者「明天早上肯定會被送到巴士底監獄」，因為「沒有人和法國國王作對。」[14]約里克或許盲目地相信君主的仁慈，但專制國家及其護照控制威脅著，要在一切真正開始之前縮短他在歐洲大陸的逗留，讓他來不及展開他的道德教化軼事。

幸運的是，正如丹麥文學學者傑斯柏．古爾達爾所指出，專制國家渴望控制十八世紀中期在法國展開的「威權願望」，在執行法律上可說是心有餘而力不足。[15]《感傷旅行》中就以詼諧的方式說明，足智多謀（或至少幸運）的外國遊客很容易從一位有著優越地位的恩人那裡獲得旅行證件，但那位恩人並未碰巧和他的政府一樣有著威權願望。約里克最終同意去取得護照後，頗為不情願地從巴黎前往凡爾賽宮，以便尋求法國外交部長舒瓦蘇爾公爵的幫助。但當他發現部長沒有空時，選擇拜訪一位對「英國書籍和英國男人」有著高度評價而聞名的伯爵。最終，經過一番波折，約里克獲准進入伯爵的客廳，並在桌上發現一整套莎士比亞的作品。牧師接著向這位貴族講述他的困境，這位貴族友好地回應，之後說：「非常有禮貌，他非常感謝莎士比亞讓他認識我。」[16]伯爵不知何故誤以為牧師與《哈姆雷特》（一五九九）其中的角色同名，非常樂意提供護照，「發給所有副州長、州長和城市首長、軍隊的將軍、執法人員和所有司法官員，讓約里克這位國王的弄臣和他的行李，安靜地旅行。」[17]這個場景（以及在整個護照取得大失敗這件事情上）對推進牧師旅行的故事沒有什麼幫助，但它確實在很大程度上諷刺了延誤、麻煩，甚至與護照控制緊急系統相關的荒謬。也許最重要，當然也最有趣的是，儘管專制國家如此渴切希望，但是旅行證件完全不能當作身分證明，以任何安全或客觀的方式將個人和文書工作加以聯繫。

足智多謀的班傑明．富蘭克林擔任美國第一任駐法大使期間，與其相關的軼事證明實際上多麼便利就能獲得這樣一份證件。正如媒體歷史學家克雷格．羅伯遜在他對美國護照的研究中所講述的，富蘭克林需要某種官方的方式來保護另一位代表法蘭西斯．達納從法國到荷蘭的外交工作。因此，在一七八〇年夏末，這位具代表性的美國博學家（他的職業生涯始於在費城經營一家印刷店）就在巴黎自己印了一張「護照」。這份用法語寫成的單頁證件包含來自美國代表的一個相當試探性的呼籲：達納的旅程不會受到阻礙，而是應該獲得支援和協助，「我們也會在類似情況下對所有推薦給我們的人那麼做。」[18]加上富蘭克林的簽名，和落在底部邊緣的紅色公章封蠟，這張不起眼的紙成為有史以來第一批簽發的美國護照，比華盛頓特區的國務院開始生產任何類似的證件早了近十年。

約里克和富蘭克林的故事，一個虛構，一個真實，顯示出十八世紀下半葉歐洲和北美一連串更廣泛的關注，對個人自由和行動自由的新呼聲對上了現代國家所強加的收緊安全措施。因為護照管制侵犯自由旅行的基本人權，法國革命的擁護者將內部護照管制列為舊制度中特別嚴重的權力濫用，並呼籲加以廢除。正如美國社會學家約翰·托爾培所指出的，法國專制君主制消亡後不久起草的一七九一年憲法，第一項權利所保護的，就是「四處走動、留下和離開」的自由。[19]憲法以啟蒙時代價值的典範聲明《人民和公民權利宣言》（簡稱《人權宣言》）為首，尋求這些權利在世俗自然法則的基礎，認為它們在所有時空都普遍有效。該宣言第四條宣布：「每個人行使自然權利的界限只有在保證社會其他成員享有同樣權利的範圍內。這些界限只能由法律來決定。」但正如近代評論家所指出的，宣言中存在著固有的緊張關係，可以從標題清楚地看出，它既認可人生而平等，但又承諾法國公民的權利。因此，這份十分重要的文件所寫下的理想，不僅是剛萌芽的法國民族國家的理想，而且可能又與其主權國家的理念不符。無論如何，具有相當濃厚的歷史諷刺意味的是，護照控制不僅在一七九二年法國大革命陷入恐怖統治時重新實施，而且在「新政權」下得到支持，提供當局更具侵略性的監視和控管技術。

托爾培在其開創性的著作《護照的發明》一開頭就聚焦法國大革命，正是因為它促成「民族國家的誕生」，在全球引發跟進。經歷了十八世紀末的混亂事件之後，新政權需要時間來充分維護其對法國境內和跨境流動的權威。但是，一旦重新啟動這一進程，很快就會發現自由旅行的權利將持續受到限制。此外，托爾培認為，現代護照在十九世紀的出現將成為主權國家「國家性」的一個重要層面，因為該證件合法臣民之歸屬並控制其行動的能力，實為一種主權的反映。《人權宣言》第三條，就像是對第四條先發制人一般，宣稱「任何主權的原則本質上都屬於國家。任何團體、任何個人都不得行使國家未明白授予的權力。國家是體現主權的政治機構。」國家的主權不再以某種神聖的受權賦予君王，而是以人的誕生（裸命）為基礎，進而實現了君主制「臣民」到國家「公民」的轉變。而正如阿岡本所指出的，這種表述中的「權利」，「僅在人是（身分會立即消失的）公民的前提上歸屬於人（的確，他絕不是僅以人的身分存在）。」[20]

不久之後，法國當局創建第一個由國家監督的人口登記制度，以追蹤國家全體國民的出生、死亡、婚姻狀況。很快地，他們將所有在法國旅行的外國人（並非從友好國家來此執行公務，或為自身取得法國公民身分而來之人）置於特別監視之下，如果他們的到訪被判斷為「容易擾亂公共秩序及和平」，則將他們驅逐出境。換言之，《人權宣言》所固有的緊張關係很快就以「有利於國家」（及其國人或歸化居民）之名獲得解決。[21]然而，正如托爾培的認知，護照要能夠可靠地確定公民和非公民、本地人和外國人之間的區別，必須等到拿破崙時代困擾歐洲大陸的許多軍事衝突之後，主權國家建立起國際體系，才能達成。

CHAPTER

3

現代身體，現代公民
Modern Bodies, Modern Citizens

一八一六年秋天，拜倫勳爵喬治．戈登短暫住在威尼斯時，很快地墜入愛河（他一向如此），這次的對象是義大利房東的年輕妻子瑪麗安娜．塞加蒂。相當輕率地（他也總是這樣），這位創作〈她走在美的光影裡〉和〈當我們兩個分開時〉等愛情詩詞的作者，在寫給密友兼知己湯馬斯．摩爾的信中描述他的新情婦：

她有一雙又大又黑的東方眼睛，眼睛裡有一種特殊的神韻，這在歐洲人，甚至在義大利人中，都極為少見。許多土耳其婦女透過在眼皮上抹色來表現自己——但我相信這種藝術在那個國家並不為人所知。這種神韻是她自然產生的——而且還不止於此。簡而言之，我無法描述這種眼睛的效果——至少對我而言。她的五官端正，小巧的嘴有點像鷹，皮膚透明又柔軟，帶著狂熱的色彩。前額非常漂亮：她的頭髮是澤西伯爵夫人*的深色光澤、鬈度和顏色；她的身材輕盈又漂亮……

在信中文字中斷後，他又註記了新的日期繼續寫道：「你或會發現，我宛如護照細節般的描述，已經中斷了好幾天。」[1]我們只能推測可能是什麼分散了詩人的注意力。無論如何，他在終於完成這封信之前，又被一些更誘人的活動打斷將近兩個星期。但可以更加了解，護照在他的詩意想像中所扮演的角色，以及在十九世紀初期數十年廣泛的歐洲文

《拜倫和瑪麗安娜》的細節，一八四〇年。由喬治・佐貝爾根據威廉・德拉蒙德的畫作製作為版畫。由D. W. Kellogg and Co.出版。

化想像中所扮演的角色。這位男性詩人試圖用語言來描繪他的新情婦（無疑也是為了向朋友獻寶），不僅借鑒情詩的男性主義傳統，還借鑒現代國家新興的監視設備所採用的標準化描述。

隨著護照演變成確認穿越領土邊界的旅者身分的手段，它開始採用描述身體的符碼，旨在將個人的獨特外表轉化為一系列可靠的細節。漸漸地，護照持有人進入所謂的「證件領域」，將身體轉錄成「書寫的網絡」，記錄有關自己的具體資訊，並允許國家控制機制在他們身上執行。即使在拜倫流露對他者、異國情調、幾乎無法言喻的東方主義迷戀之際，他也試圖「解讀」身體容易辨認的表象，以描繪並占有他的情婦。就像護照一樣，他的信件試圖將她的外表，包括眼睛、嘴巴、膚色、前額、頭髮，盡可能地接近和清楚地化為語言，以表達一種既親密又具侵略性的靠近。

拜倫寫信給摩爾時，本身已經是經驗豐富的旅者，他在近十年前開始既廣闊又獨特的壯遊，花了數年時間在葡萄牙、西班牙、馬爾他、阿爾巴尼亞、希臘、土耳其漫遊。一八一六年，他逃離英格蘭和與他的愛情醜聞，乘坐一輛幾乎是拿破崙馬車的仿品旅行，並最終在威尼斯定居，在那裡開始一連串新的戀情，並著手關於無賴男子的諷刺史詩《唐・璜》（一八一九－二四）。

* 澤西伯爵夫人（Lady Jersey），本名莎拉・索菲亞・維利爾斯（Sarah Sophia Child Villiers），為活躍於十八世紀的英國貴婦和銀行家。

他的遊歷讓他了解十九世紀早期歐洲對護照的要求，而這首縱橫交錯的長詩記錄這份證件自相矛盾的性質：他提到「護照，或某種其他限制，是為了通往自由」，同時還暗示財富「是無處不在的通行證」。[2]在給摩爾的信中，這位浪漫主義詩人承認通行證是一種強大的新表現形式，即使他試圖逃避其日益常規化和權威化的身體判讀方式。拜倫必須抵抗這些護照客觀性和具體化的描述，儘管顯然不是太有力。但在他對官場的諷刺性看法中，他也承認這些描述並不像依賴它們的當局所聲稱的客觀。「五官端正」或「非常漂亮」的額頭有什麼特別與眾不同的地方嗎？同樣的道理，誰能說到底什麼才是「透明又柔軟」的皮膚，更不用說皮膚可能只是轉瞬即逝的「狂熱的色彩」？做為身分證明證件，護照不可避免地要面對內在的主觀性——甚至可以說是詩意的——任何將身體呈現為文字的努力，以某種方式將身體特徵轉化為合適的語言。

與此同時，由於試圖定義個人身分，或與政府對行動自由的控制進行角力，護照在這一時期的文學中占據更加突出的位置。古爾達爾憑藉著在學術上對這些對抗的持續關注，在司湯達的著作《帕爾瑪修道院》（一八三九）中找到一個關鍵實例。這部小說講述一位理想主義的年輕義大利貴族法布里齊奧．德爾．東戈的故事，他對冒險和浪漫愛情的渴望一再與哈布斯堡帝國擴張的護照制度所設置的限制相抵觸。[3]繼一八一五年的維也納會議之後，哈布斯堡帝國為了在拿破崙戰爭後重組歐洲，將其權力擴展到義大利北部的幾個領地，包括帕爾馬和倫巴第威尼托王國*，拜倫曾於一八一六年造訪該處。在這些領土中，護照系統產生類似於傅柯所指出的圓形監獄在制度設定上的紀律功能†，允許該地區有限的邊境巡防隊透過個體化和監督的策略來調節全體居民的流動。換句話說，這裡的全體居民一個個成為資訊的客體。

在這個緊張的環境設定下，《帕爾瑪修道院》長期以來被視為不僅相當細緻入微地描繪心理，也對深深「嵌入」歷史的個人做出典型的描繪——即在這樣的社會和政治力量之下定義了一個人的歷史時刻。這裡值得一提的是，儘管司湯達是享有盛名的小說家，但他也是幾本旅遊書籍的作者，包括《羅馬、那不勒斯和佛羅倫斯》（一八一七）——這是本名為馬利－亨利．貝爾的司湯達以筆名所寫的第一本書。該書根據他身為熱切的遊客、帝國行政官，以及後來在波旁王朝復辟時期‡被短期流放的經歷而寫成。二十多年後，當他坐下來寫《帕爾瑪修道院》時，

* 倫巴第威尼托王國（the Kingdom of Lombardy-Venetia），為一八一五年根據歐洲列強在維也納會議所作出的協定而建立的王國，由當時的奧地利帝國所控制。其後漸次被割讓給薩丁尼亞王國及後來由薩丁尼亞主導的義大利，此一國家亦不復存在。

† 傅柯（Michel Foucault）一九七五年提出以圓形監獄作為現代紀律社會的隱喻。囚犯被關的牢房圍成一個圓形，監看中心在建物中心。比喻人只要出生到世界上，就活在圓形監獄裡，永遠處在一個被他人觀看的狀態下。

‡ 波旁復辟指時期（Bourbon restoration），指法國一八一四年四月六日拿破崙一世首次遜位，至一八三〇年七月二十九日法國七月革命的歷史時期。

他拾回奧地利統治下在義大利北部的清晰記憶，當時那裡的旅行管制和證件要求大大加強：確實，護照這個詞在小說中出現不下七十次。

法布里齊奧艱困的成年故事始於他從位於科莫湖富麗堂皇的家族莊園，一路向北到滑鐵盧的旅程，他希望在滑鐵盧投入戰爭，以支持兒時的英雄拿破崙。離家是他邁向個人自主漫長而危險的旅程的第一步，唯有依靠他的一位平民朋友、名叫瓦西的氣壓計經銷商借給他的護照才能實現。當時，為了安全通過國際邊界，旅行者必須證明所持有的官方證件的真實性，而非他們自己是否符合這些證件。能以官方可信度證明其身分的是旅行證件（上有持有者身體徵狀的詳細描述），而非現場的本人。借來的證件讓法布里齊奧擺脫保守的父親和地方當局的控制，但這位英俊的年輕人還沒有抵達比利時就已遭到逮捕，部分原因是他的外表與護照中描述的中年商務旅客有著荒謬的不一致。隨之而來的是一系列的逃跑、躲避、拘留和進一步的財務侵吞。不幸的是，對於這個孩子氣的英雄來說，當他終於回到家鄉倫巴第時，他因使用假護照受到奧地利警察部隊的監視，不得已再次離開家鄉，最終落腳帕爾馬。在那裡，哈布斯堡護照系統的嚴格行動管制對法布里齊奧的命運產生決定性的作用：他早先對該制度的冒犯讓他被列入「奧地利黑名單」，迫使他銷毀自己的證件，並不斷在可能被揭露的風險中遷移。[4]

正如我們所見，在這些情況下，護照更加成為識別工具，確定持有人的身分，不僅要證明他們的國籍，還有身體特徵、職業和其他資格。一八一九年八月二十九日，拜倫在波隆納寫的另一封信中寫到此類證件能夠（或者至少是官方假定的能耐）確認持有人的資格，幾乎與《帕爾瑪修道院》所描述該地區的行動同一時期。幾天前，在朋友的推薦下，這位英國詩人向一位中尉買了一匹馬，結果發現這匹可憐的馬罹患嚴重的真菌感染。當拜倫試圖退還這匹馬並要回錢時，他與馬的前主人發生激烈的爭論，經過幾次挑釁，他稱那個人是小偷。這位中尉受到極大的侮辱，於是反駁說自己「是一名軍官和正派人士」，然後「拿出一本由令人欽佩的奧地利軍事領袖和政治家內佩格伯爵將軍簽署的帕爾馬護照」。以證件炫耀這件事進一步激怒拜倫，憤怒的詩人回答道：「既然他自稱軍官，我就當他是；而既然他自稱紳士，他可能要藉由退款來證明這一點：至於他的帕瑪森護照，如果是帕瑪森起司，我應該會更看重一點。」[5]或許並非巧合，拜倫與另一位已婚義大利女子特蕾莎．古喬利的戀情，很快將拜倫拉入地下革命組織燒炭黨的行列，該政黨當時試圖終結奧地利在義大利北部的影響力。

除了娛樂價值之外，帕爾馬護照事件之所以值得一提，是因為它透露了人們認為此類證件具有證明其持有人資格的假定權威，以及拜倫勳爵等人對此類權威的蔑視。在《羅馬、那不勒斯和佛羅倫斯》一書中，司湯達也表達他對護照及其相關儀式的挫折感，包括在取得簽證時宣誓的要求，以及要求查看證件的小官員一絲不苟的無禮態度。在《帕爾瑪修道院》中，當法布里齊奧試圖塑造一個官方自我時——尤其是透過一系列命運多舛的戀情——他反覆使用偷來的、騙得的和其他非法證件，來逃避日益強大的護照系統的控制。

當個這樣的浪漫主義英雄，就是試圖擺脫政治壓迫和其他屈從的力量——或者至少擺脫官僚機構的輕微侮辱。司湯達書中的主人公與一位名叫瑪麗埃塔的女演員談戀愛後，她嫉妒的經紀人暨前情人吉萊蒂試圖拿劍刺他。法布里齊奧在扭打中殺死了吉萊蒂，然後試圖用從死敵手中奪走的護照逃離帕爾瑪。但是這個年輕人很快就開始害怕這份證件會出賣他，因為可以從其中看出一些「實質上的難度」：「法布里齊奧的身高最多是五英尺五英寸，而不是護照上顯示的五英尺十英寸。他還不到二十四歲，看起來比實際年齡還小。吉萊蒂則已經三十九歲。」[6]更不用說年輕的法布里齊奧皮膚光滑，而年長的吉萊蒂則如證件所示，「因為得過天花而有許多坑疤」。[7]正如人們所知，護照是可靠的身分識別形式，這意味著它們包含的資訊無法在不引起邊境官員注意的情況下刪除或以其他方式更改。法布里齊奧在準備離開帕爾馬時反覆閱讀該證件，因此開始對其中差異感到強烈擔憂，因為他別無選擇，只能在奧地利邊境辦事處使用這份護照。

當這位年輕人被要求出示證件並「接受檢查」時，他的運氣必須好到突然出現天外飛來的救星才能逃脫——這種預示著護照焦慮的場景在許多近代小說和電影中都曾描繪。法布里齊奧的思緒因憂慮而紛亂，走進卡薩爾馬喬雷一個骯髒的小站，將護照交給一名「脾氣暴躁」的警官，而對方仔細閱讀整整五分鐘。[8]法布里齊奧內心愈感折磨，開始相信自己隨時會遭到逮捕。但他不知道的是，這位官員恰好是吉萊蒂的朋友，他猜想那位較高的年長男人一定把證件賣給了站在他面前這位較矮的年輕男人。官員不想讓吉萊蒂捲入非法交易，於是權衡出選擇（即使法布里齊奧同時也在權衡自己要戰鬥還是逃跑），使用了另一個詭計：他假裝疲累地走進辦公室後方的房間，並要求同事有空時在護照蓋上簽證。法布里齊奧還沒來得及驚慌地溜走，另一名警官出現了，並彷彿自言自語地低聲說：「好吧，來看看這本護照；讓我在上面草草簽一簽。」他在護照上快速蓋章，揮舞著筆，將驚訝的法布里齊奧送上路，同時「用漫不經心的語氣對年輕人低語：『旅途愉快，先生。』」[9]安全抵達波隆納後，筋疲力盡的法布里齊奧走進聖白托略大殿恢復體力。由於得以不在邊境站被發現，他很快就沉浸在感激之情中，因為他開始將自己的逃脫視為上帝保護的徵兆。然後，在充滿諷刺意味的片刻，法布里齊奧跪倒在地，就像遠早於他在此的尼希米一樣，在「極度激動的狀態」中感謝上帝。[10]

◆ ◆ ◆

十九世紀歐洲的護照制度依賴著易出錯的證件和不公平的執法，為那些希望重塑身分的人提供了一定的機會——不僅僅是為了逃避國家的權威及其邊境控制，也可能是為了跨越其他界限，創造另一種形式的自我。如果在證件簽發後動過手腳不總是會被發現，下定決心的旅行者常可能修飾或操縱輸入護照的身分資訊，因此在旅行中很少會受到質疑。

瑪麗・雪萊所處的時期出色地表現了這一點。她曾在一八一六年夏天和愛人（也是未來的丈夫）沛爾希・畢西・雪萊、繼妹克萊爾・克萊爾蒙特和惡名昭彰的拜倫勳爵一起到瑞士旅行。正是在日內瓦湖畔的一所出租小屋裡，她初次構思出小說《科學怪人》（一八一八）。十多年後，在她的丈夫和拜倫都去世後，雪萊住在英格蘭南部海岸的阿倫德爾。當時她寫信給倫敦的一位演員朋友約翰・霍華德・佩恩，提出讓人意外的「委託」：他可以為她計畫在幾天內從布萊頓跨境到迪耶普的兩位朋友購買護照嗎？正如雪萊所承認的，由於護照辦事處會要求簽發證件時需要本人到場，因此這項任務需要佩恩發揮他的表演才能，扮演其中一位旅行者，並找一位演員朋友扮演另一位。（這裡值得一提的是，雪萊在幾年後首次在英語中提出複合詞 passport-office〔護照辦事處〕：該詞出現在她的原初女權主義小說《洛多爾》（一八三五）中，當時一位失望的情人試圖追蹤過去的情婦，在留存的紀錄中尋找關於她下落的線索。看來那位情婦也逃到了法國。）

一八二七年秋天，在佩恩同意此委託後，雪萊又寄了一封信，詳細描述旅行者的身體狀況，不僅是為了申請護照，也為了化妝、頭髮、服裝所需：「道格拉斯夫人個子矮，比我矮一點——深膚色、漂亮的黑色大眼睛和長度到脖子的鬈曲頭髮……道格拉斯先生的身高和我一樣，纖瘦、深膚色、深色鬈髮——護照必須由肖爾托．道格拉斯夫婦領取。[11]雪萊提供「伊莎貝爾．道格拉斯」和「肖爾托．道格拉斯」兩組簽名，以幫助佩恩和他的同夥偽造護照申請，其中還包括提及他們的旅行同伴，「卡特夫人和她的兩個兒子——一個十歲、一個九歲，外加珀西．雪萊夫人和兒子。」[12]雪萊在與佩恩的通信中沒有提到的是，申請護照的伊莎貝爾．道格拉斯實際上是她的朋友伊莎貝爾．羅賓遜，肖爾托．道格拉斯先生實際上是一位蘇格蘭伯爵的私生女瑪麗．戴安娜．多茲，筆名為大衛．林賽。使用化名——添加在廣受讚譽的戲劇和評論中，以及被認為「非常符合拜倫的東方故事脈絡」——讓多茲和林賽能夠從事擺脫對英格蘭女作家施加的社會規範和專業限制，以追求文學事業。[13]現在，申請的護照將允許多茲和羅賓遜以道格拉斯夫婦的身分，在法國一起開始新生活。

直到一個半世紀後，美國文學學者貝蒂．T．班尼特才揭露這個計謀，在其著作《瑪麗．戴安娜．多茲：紳士與學者》中，找到多茲終其一生為了扮演紳士學者，採用各種男性偽裝的煞費苦心、扭轉和改變個人檔案的努力。檔案欺騙了班尼特，因為雪萊寄給佩恩的信提供另一種解釋，主要是金錢上的解釋，說是旅行者自己沒有保管好護照。那些偽造的簽名，即證件持有人身分的證明，只是證明歷史紀錄的潛在錯誤，讓問題變得複雜。班尼特很快就發現，從多茲寫作生涯的早期階段開始，就能夠藉由「透過郵政寄送的作者問答信和手稿」來「取得獨立於她身體性別的身分」。[14]那份有問題的護照提供更強大的變身手段，因為它提供「證據」，讓國外相信多茲／道格拉斯在英國冒著相當大的風險所採用的男性身分。憑藉國家權威和「官方」語言的力量，將有助於表現出另一種性別認同。此外，該證件將允許道格拉斯穿著陽剛的服裝，留著短髮，以便在法國、德國或義大利中以男性主導的外交使團中謀求職位，在這些地方，外國人經常擔任高級職位（儘管很遺憾的，多茲／道格拉斯在上任之前就已去世）。但由於法蘭西檔案館中沒有任何偽造護照的紀錄，班尼特認為，到一八二七年，在法國領土上的英國臣民不再需要此類的證件。更確切地說，誤導性的信件、演員的召募、護照辦事處的偽裝——簡而言之，整個申請護照的計謀——「不是為了取得跨國旅行的許可；而是為了踏上跨文化、跨性別的旅程。」[15]

因此，在這方面，護照不僅提供對持有人身分的官方證明，使國家當局能夠清楚地辨認出獨特的身體特徵，而且還提供一種對使用者友善的化名方式——或者是對改變自我一種方便的確認形式，可能讓多茲／道格拉斯躲過官方的逼視目光。貝爾在作家和外交官的職業生涯中用了二百多個化名；法布里齊奧和他多份假護照的故事則進一步清楚表現出人對新身分的惶惶不安。古爾達爾在引用讓・史塔羅賓斯基於一九五一年所寫的有力文章〈化名司湯達〉時提出，這些假護照凸顯典型的浪漫主義觀念，即「不真實的外表和真實的內在存有」之間的裂痕，「將『化名』視為表面上符合社會規範，同時保持一定程度之內心自由的方式。」[16]相反地，對於多茲／道格拉斯來說，假護照提供機會，讓她／他在國家的官僚機構某種程度的掩護下，得以活出「真正的內在」。儘管正如班尼特所說，她／他的「生活堅守著自身存在的奧祕和複雜——那往往以秩序和控制的名義被過度簡化之物。」[17]然而，在一層重要的意義上，這種生活只有當多茲／道格拉斯越過這個「／」所定義的邊界，離開她／他在英格蘭的家，並從其性別體現的強制性規範中進入一種刻意的放逐時，才成為可能。

正如多茲／道格拉斯這個案例所表明的，十九世紀的護照申請人幾乎都是男性：當人夫人父帶著妻子、孩子、僕人或受他保護的其他女性旅行時，他們的詳細資訊將被記錄在他的申請中，然後將簽發一張護照以涵蓋整個團體。隨著十九世紀法規的減少，想要獨立旅行的女性——但又想避免花費、不便或對護照進行更嚴格的審查——開始在歐洲大部分地區這樣做。事實上，在一八四八年資產階級革命之後，歐洲所有主要國家都放寬對護照的要求，然而帶著這樣的證件旅行時，政府仍然提供保護和承諾的協助。因此，人們認為應該要攜帶旅行證件，特別是對於獨自旅行或與帶其他女伴同行的女性而言，即使她們聲稱自己不再只屬於家裡（或者就地理而言，在本國的家裡），而是屬於更廣闊的世界。在整個世紀中，社會和經濟自由主義的進步促進人們在歐洲大陸的自由流動，減少來自證件要求和邊境官員的干預（更多的國際旅行者經常將其視為阻礙歐洲文明發展的因素）。在戰爭、流行病、內亂時期雖有例外，但總體趨勢是放寬執法，即便鐵路基礎設施成指數增長，海上旅行的速度和舒適度也提高，使得跨越邊境的人數急遽增加。

◆◆◆

同期，大西洋彼岸的美國尚未建立全面的邊境控制系統，一部分是因為遷移的程度仍然相對較低，另一部分則是因為建立勞動力和在西部邊境定居的需求不斷增加。在南北戰爭前，聯邦政府與各州之間的緊張關係使得這些情況惡化。儘管國務院於一七八九年開始向出國旅行的美國公民發放護照，並與各州和地方政府共同承擔這項業務，直到國會於一八五六年通過一項法案*，政府部門之間對立日益加劇，最終導致內戰。在這段期間，聯邦政府沒有要求旅行者或移民在進入該國時出示護照，也沒有強制公民在離開其領土之前取得旅行證件。儘管如此，國家檔案局仍可見大量護照申請，讓我們得以了解十九世紀到海外旅行的美國人使用的方式和動機。當時簽發護照時人們通常了解，這對跨境旅行並非必要文件，只是為持有人提供一層額外的保護，以防止遇到障礙或不便；護照也是身分證明，用於在國外收取郵件、在社交場合示人，以及用於參訪私人圖書館、博物館、檔案館和其他文化機構。

即使是這種程度輕微的官僚制度約束，也讓一位四處遊歷、頗為暢銷的公海冒險故事作家感到厭煩（並因此拖延或以其他方式推遲申請程序），他正準備帶著最新小說的書稿出發前往倫敦：

紐約，一八四九年十月一日

尊敬的國務卿約翰．M．克萊頓，

因為正要前往歐洲，我向貴司申請護照。隨信附上個人詳細資訊，我相信這樣的資料足夠充分。

因為航班將於八日出發，我希望貴司可以及時將護照寄到以下我的住址：紐約市華爾街十四號。

* 指與蓄奴問題相關的堪薩斯－內布拉斯加法案。

您恭順的僕人
赫曼・梅爾維爾敬上

已經不止一位學者、甚至他的哥哥甘斯沃特，都認定這位即將開始創作《白鯨記》（一八五一）的小說家是頑固的拖延者。[18]儘管如此，當他於一八四九年夏末開始為旅程制定計畫，他立即著手向文學界的朋友索取倫敦和巴黎其他作家和藝術家的介紹信（那些通向文化生活圈聖地的非正式通行證）。他甚至透過一個共同的熟人，要求美國思想家拉爾夫・沃爾多・愛默生寫一封信給蘇格蘭哲人湯瑪斯・卡萊爾。然而，梅爾維爾一直等到十月一日，在他將要出航南安普敦前一週，才匆匆潦草寫下他的護照申請信，儘管這位小說家計畫留在歐洲進行為期數月的（某種意義上的）壯遊，而《白夾克》（一八五〇）一書預期可簽下的英國版權合約應該能夠為這趟旅程提供足夠的資金。

梅爾維爾對申請過程的不耐煩也表現在信中相當引人注目的「個人詳細資訊」：除了他的眼睛（「藍色」）、頭髮（「深棕色」）、嘴巴（「中等」）、鼻子（「中等突出」）、膚色（「白皙」）、年齡（「三十歲」）、前額（「中等」）、下巴（「普通」）、臉（「橢圓形」）之外，梅爾維爾精確地列出他的身高是「五英尺十又八分之一英寸」。儘管人的身體（以及護照申請人的創造力）可能有所變化，但在該世紀期間，北美和歐洲的政府持續依靠對身體特徵的主觀描述做為驗證護照持有人身分的手段。一八五六年，梅爾維爾創作出雄心勃勃且費盡心力的《白鯨記》之後，在身為作家的商業成功中經歷了完全可以預見的低潮。而當時他再次申請護照（再次為歐洲壯遊做準備），下巴變「圓」，但更值得一提的（也許更外顯的），他的身高降低到「五英尺八」又幾分之幾英寸。我們無從得知到底是「又幾分之幾英寸」，因為梅爾維爾顯然急於送出申請，在墨水乾之前就將信折疊起來，從而弄髒零頭的數字，使其難以辨認。實際的護照由梅爾維爾後來手工填寫，他的身高是「五英尺八又四分之三英寸」，也就是說，比七年前矮了一又八分之三。這種奇怪的差異導致許多學術猜測，即在此期間作者可能患有哪些身體疾病，包括一位專家判斷為僵直性脊椎炎，一種罕見的關節炎，導致駝背姿勢。

梅爾維爾在一八五六年記錄的身高可能是對他體格縮水的準確評估，忠實地判讀出身體資訊。但這些測量幾乎就像職業生涯中他在文學市場上的財富一樣起起落落，表明不斷波動的自我形象。由於沒有官方證實梅爾維爾的身體狀態，這些測量結果可說是一種相當含糊的感覺經驗，不過是小說家本人過於偏頗的估量而已。美國國務院規定護照申請中要包括外貌描述的類別，但無法決定申請人如何將他的（或偶爾是她的）外貌轉化為這些類別。那麼，也許這最初是個機會，讓梅爾維爾在旅行中讓他人印象深刻的方式。或者，也許只是因為他申請得太匆忙以及他不重視這個感覺被迫申請的證件，而表現出的一點粗心（儘管精確到八分之一英寸的程度表明並非如此）：每則誇張故事或大魚故事*的敘事者（還有比《白鯨記》的作者更適切的例子嗎？）都知道，魔鬼和可信度都在細節裡。無論如何，只要護照旨在將個人身分的複雜性降低為身體特徵的標準化列表，其中的不一致就讓護照做為身分證件一直存在著問題。

正如多茲／道格拉斯的例子告訴我們的，在此期間，護照做為身分證件（以及旅行證件）的地位變得愈來愈重要。在新興的國家中，個人身分的證件被視為承認和代表的重要基礎，而在這些國家體制下，個人的相遇和社區聯繫不再是建立歸屬感的手段。在這一時期，這一點在美國最為明顯，種族議題（和奴隸制度）意味著公民身分議題（以及在國內領土跨際移動）呈現出全新的性質。國務卿辦公室在一八四九年十月上旬收到梅爾維爾的申請信後，一名辦事員回應，依據簽發護照的新規定，梅爾維爾必須提供公民身分證明。結果，梅爾維爾的弟弟艾倫被找去紐約的律師事務所，發誓據他所知，赫爾曼聲稱的公民身分為真，並以此內容撰寫並簽署切結書。十月四日星期四，對這個過程愈來愈不耐煩的小說家，為切結書寫了一封附信（他寫給「尊敬的國務卿暨種種職銜之約翰．M．克萊頓」），結論相當直截了當，「我星期一出航。我希望能透過回郵收到護照。」當然，如此匆忙完全是梅爾維爾自己延誤的錯，但是由於一些小奇蹟（很可能，只是因為在這時期提交給國務卿的護照申請案件相對少），這位偉大的作家暨拖延者及時取得編號為四〇三三的護照，並趕上了船班。

◆◆◆

相對於梅爾維爾輕鬆地確立自己的公民身分，並因此獲得護照，同時代的法雷迪．道格拉斯的經歷形成鮮明對比。由於美國憲法很大程度地在這個主題上保持緘默，因此在戰前的美國，公民身分具有相當臨時即興的性質，也就是說，只有在需要時才會建立，而個人的權利和特權更常取決於其年齡、性別、種族。有時，自由的有色人種——包括專利持有者、國內護照持有者、持有保護證書的水手——會緊抓確認其公民身分的證件。從這個意義上說，身分的證明證件和登記不僅使個人暴露在官方監視的目光下，而且成為他們在——不再依賴其他驗證手段的——日益複雜的現代社會中，被承認為公民的必要條件。沒有這些證件和證書，自由的有色人種就無法隸屬於任何準備好並能夠保障其權利的社群。這一關鍵作用還意味著，這些證件往往是人類智慧之所在，它們讓國家控制機制與自身對抗，以打造新的身分形式，開闢新的自由空間。

* 因釣魚人慣常吹噓膨脹釣到的魚的尺寸，西方常以大魚故事形容誇張的故事。

一八一八年，原名為法雷迪・奧古斯都・華盛頓・貝利的道格拉斯出生在東岸的馬里蘭州，在朋友的證件和水手制服的幫助下，他於一八三八年擺脫身為奴役的痛苦。即使道格拉斯以編輯、演說家和為廢奴運動發聲而聞名，為了保護那些幫助過他和可能追隨他腳步的人，他隱瞞逃跑的細節。但四十多年後，在《逃脫奴役》（一八八一）一書中，他解釋在奴役的解放運動中，「自由民證」借用所扮演的角色：

在這些證件中，描述了自由民的姓名、年齡、膚色、身高、體型，以及身上的任何傷疤或其他有助於識別的標記。這個手段在某種程度上並不具效果，因為可以找到不止一人來符合相同的一般描述。因此，許多奴隸可以透過扮演一套證件的所有者來逃脫；進行的方式通常如下：一個幾乎或充分滿足證件中描述的奴隸，會借用或租用這些證件，直到藉此逃脫奴隸制度，然後透過郵寄或其他方式，將它們歸還給所有者。該操作對出借人和借用人來說都很危險。如果逃跑者未能寄回證件，將會危及他的恩人，而一旦發現證件落入錯誤的人手中，逃跑者和他的朋友都會陷入危險。因此，這是有色人種自由民一種至高無上的信任行為，為了讓另一個人可以獲得自由，而將自己的自由置於危險之中。然而，這種做法並不少見，而且很少被發現。

由於道格拉斯沒有認識任何在自由民證上的描述特徵與他足夠相似的人，於是求助於「水手身分的保護，這也符合自由民證的發放範圍」，儘管證件中描述的人也不夠像他。[19]道格拉斯帶著證件登上北行的火車，扮演一名水手，在售票員上車收取黑人乘客的票並檢查其證件時，運用他對水手俚語和船舶生活的了解。當驗票流程在道格拉斯面前展開，他雖然內心焦慮不安，但在售票員朝著車尾走來時，他外表上都保持溫和冷靜。

逃跑的奴隸和列車長之間的相遇也許是道格拉斯所有作品中最戲劇性的情節，充滿殘酷和鬥爭、勇氣和決心的場景，見證在奴役下生活和死亡之人的經歷：

「你身上應該有自由民證吧？」（列車長說。）

我回答：「不，先生；我從不隨身攜帶自由民證出海。」

「但你總有東西可以證明你是自由民，對嗎？」

「是的，先生，我有一張印有美國之鷹的證件，它可以帶我環遊世界。」

我說著從水手的深口袋裡拿出海員的保護證件。他只看了一眼證件就感到滿意，收取我的車票，繼續工作。這一刻是我所經歷過最焦慮的時刻。如果售票員仔細看那張紙，一定會發現紙上所描述的是一個長相和我完全不同的人，在那種情況下，他有責任立即逮捕我，然後把我從最近的停靠站送回巴爾的摩……雖然我不是逃跑的殺人犯，我感覺自己也許就像罪犯一樣卑鄙。[20]

以上情況與在這些事件發生幾個月後寫的《帕爾瑪修道院》有著驚人的相似之處——被盜用的護照、不匹配的身體描述，對被發現的恐懼，甚至是官員檢查證件時明顯的隨意——雖然環境和潛在後果顯然有極大不同。虛構的法布里齊奧出生在他能夠享有財富和特權的社會。他的逃亡是一種自我表達和他個人方向錯誤的努力。而道格拉斯出生的社會中，人們會因種族不同而成為受到嚴重壓迫的對象。他的逃亡是為了保護自己和追求自我表達的自由。他個人的解放故事奠基於他在社會中做為一個人的感受，這個社會透過將他貶低為「裸命」的狀態來否定其人格——他的生產和再生產能力受到剝削，被完全排斥在政治代表和公民這樣的身分之外。這樣的敘述始於道格拉斯盜用國家權力的象徵，主張他的行動自由權。

借來的證件幫助道格拉斯抵達紐約，去到麻薩諸塞州的新貝德福，他在那裡宣稱自己是自由民，並從華特·司各特爵士的一首詩借來他日後為人所知的姓氏，以此立足。但在接下來的九年裡，無論道格拉斯結交多少有名或具影響力的朋友，他仍因身為逃亡奴隸、財產被奪而四處奔波，直到他終於能夠購得自己的自由，並結束這種持續不斷的危險。普利茲獎得獎著作《法雷克·道格拉斯：自由的先知》的作者大衛·W·布萊特，最近將逃亡奴隸的艱苦情況和現代的「非法」移民相比：「南北戰爭前的美國，各地陣營都充斥著希望和恐懼，就像今天的約旦難民營、駛離利比亞海岸的擁擠船隻、德國的拘留中心、希思洛機場的邊境巡邏線，或是甘迺迪機場的海關隊伍。」即使是現在，所謂的普遍人權也只屬於國家公民，必須有適當的證件來證實此狀態。道格拉斯躲過美國的「合法」奴役制度，成功地在大西洋上進行為期兩年的巡迴演講，向英格蘭、蘇格蘭、愛爾蘭充滿同情心的聽眾倡導反奴隸制的志向。他在旅途中唯一的通行證是身為演說家日益增長的聲譽，以及後來做為廢奴主義者的論文回憶錄《法雷克·道格拉斯的生平敘事》（一八四五）的成功。然而，正如布萊特所提醒的事實，在此期間，「無論是名聲還是任何保安，都並未保護他免於被重新逮捕，並再次成為奴隸。」[21]

在獲得自由身很久之後，道格拉斯仍然無法獲得美國官方護照。一八五九年，這位激進分子被迫逃離美國，前往加拿大，然後到英國，原因是擔心他因資助廢奴運動家約翰·布朗襲擊哈珀斯渡口而被捕，儘管他最終拒絕參與他認為計畫不周的起義。在英國短暫停留後，他試圖實現「一直以來想要訪問法國的願望」，但發現自己需要護照：當時拿破崙三世的暗殺事件剛發生不久（暗殺者為義大利民族主義者菲利斯·奧西尼，其英國護照為英國激進分子提供），法國政府在實施護照制度上暫時緊縮。[22]為了萬無一失，這位旅行者寫信給美國的駐英國大使，申請必要的證件。但是，正如道格拉斯後來的回憶，「忠於民主黨的傳統，忠於國家的奴隸政策，忠於美國最高法院的決定，也許忠於他自己的小氣度，美國民主黨大使喬治．M．達拉斯先生拒絕發給我護照，基於我不是美國公民。」[23]

兩年前，也就是一八五七年，司各特案*裁定，非裔美國人，無論是自由民還是奴隸，「不會被涵蓋，未來也將不會被涵蓋在憲法中的『公民』一詞下，因此不能主張該文書為美國公民提供和保障的任何權利和特權。」這些權利和特權當然包括擁有美國護照，而達拉斯非常樂意執行此決議。道格拉斯不願捲入與美國大使的爭執，而是寫信給法國駐英國大使，要求獲得訪問法國的許可，並立即得到同意（儘管最後得知他的十歲女兒安妮在美國家中因久病去世，道格拉斯並未按計畫於一八六〇年春天前往法國）。

護照制度的歷史諷刺意味——除了拒絕提供給需要它們的社會邊緣人和流浪者，對於那些認為自己應該可以不用護照就能自由行動的特權階層也帶來不便和煩惱——隨著美國走向南北戰爭，變得更加明顯。美利堅邦聯這個分離的政府於一八六一年成立後不久，設立護照辦公室，並建立內部護照系統，要求士兵和平民在南部各州的哨所、火車站、入境點上出示證件。以色列歷史學家雅兒．史坦赫爾解釋，「戰時護照制度的問題在於，它不僅在理論上，且在實踐中都類似於管理奴隸的方法。」[24]南方被奴役的男女在接受殘忍暴力懲罰甚至死亡時，長期以來都被要求，只要離開農園，就必須攜帶其主人提供的書面通行證。如今，南方白人就像被他們視為財產的奴僕一樣，被迫申請旅行證件，而許多人抱怨，新制度代表「對個人自由」惱人的侵犯，就連負責的官員也不得不這麼承認。此外，白人旅行者攜帶的證件與穿越美利堅邦聯的黑人攜帶的證件非常相似，其中通常不僅包括姓名和目的地，也包括身體描述：身高、髮色、眼珠顏色、膚色、傷疤。因此，正如史坦赫爾諷刺地觀察到的，「境內護照制度使令人不安的事實顯露出來，即戰爭使南方主人失去自身的行動自由和控制其人力財產行動的自由。」[25]

此事讓道格拉斯做出總結才最恰當。一八八六年八月二十四日，為了與第二任妻子度蜜月，這位具代表性的美國人在華盛頓特區完成護照申請，宣誓他「出生在馬里蘭州」，並且是「土生土長的忠誠美國公民……即將出國旅遊。」旅行者的描述都填寫了（「年齡：六十九歲；身材：六英尺……英寸。；前額：中等；眼睛：深色；鼻子：突出；嘴：中等；下巴：蓄鬍；頭髮：灰色；膚色：深色；臉：橢圓形」），並在這些欄位的中間潦草地寫著「妻子」，以表明他的旅件（白人廢奴主義者暨女權主義者海倫．皮茨）的身分。該證件由護照辦事員紐頓．班尼迪克兩次會簽，但證人證詞或確認申請人公民身分的宣誓書看來並不必要。美國憲法第十四次

* 司各特案（Dred Scott case），涉及一名黑人奴役德雷斯．司各特的審理案件，此案因其公然的種族主義，普遍被認為是美國最高法院史上最糟糕的判決。

修正案否決司各特判例，授予所有在美國出生的人（包括前奴隸和美洲原住民）公民身分，距當時已近二十年。更重要的是，這位站在華盛頓特區護照辦公室職員面前高大尊貴的紳士，如今在大西洋兩岸都很知名。道格拉斯為非裔美國人的權利爭取近半個世紀，在過程中曾協助說服亞伯拉罕・林肯，廢除奴隸制度應該是內戰的目標。

事實上，隨著歐洲護照執法力度的減弱，以及十九世紀最後幾十年開始的旅行黃金時代，道格拉斯和皮茨很可能無需護照就能開始旅程。馬克吐溫在其旅行著作《老憨出洋記》（一八六九）中，謙遜地開心講述他靠借來的護照旅行的經歷，護照上的身體描述與他完全不同：當他乘坐一艘退役的內戰船接近塞瓦斯托波爾港時，一想到可能被俄羅斯官員發現並立即處決，就渾身「恐懼和戰慄」。然而，抵達後，他發現「那段時間，我真正的通行證一直無畏地飄浮在頭頂——看哪，那是我們的國旗。他們從不要求另一證明。」[26]對於道格拉斯來說，十多年後，這份證件仍然很重要。在《法雷克・道格拉斯的生平與時代》（一八九二）中，這位偉人明確表示，當他準備在歐洲度蜜月時，仍然痛苦地回憶起多年前達拉斯「因為我不是也不能成為美國公民，拒絕發給我護照。這個人現在已經死了，大多數人都忘了他，我以後也會如此；但我活著看到自己到哪裡都被承認為美國公民。」[27]道格拉斯在一八八六年收到生平的第一本護照，又一次肯定了這種來之不易的地位。

護照是公民身分的象徵，而不是旅行的必需品，這一事實幾乎沒有削弱它賦予道格拉斯的自由感。他在描述自己獲得護照後，感人地寫下長期以來對遊歷四方的渴望：「即使在童年，我也有過奇怪的旅行夢想。我想有一天會看到許多人們曾談論的知名場所，甚至是在我還是奴隸的時候透過閱讀認識的地方。」[28]現在，他在新伴侶的陪伴下，拿著新證件，終於可以開始他的壯遊。道格拉斯在護照申請表上的目的地留下空白，不是因為不會使用證件，而是因為他的行程保持開放。當他再次回憶起多年前他在美國部長的意志下所遭受的失望，寫道：

> 我的滿足感更加強烈，因為我不僅得到許可訪問法國，並在巴黎看到生活的浮光掠影，走在這座壯麗城市的街道上，在她迷人的藝術畫廊中度過數日和數週，也包括將旅行延伸到其他土地，並參觀其他城市。我可以去埃及，站在最高金字塔的頂端，走在孟菲斯古城的廢墟中，凝視法老死去的眼睛，感受三千年前埃及工人打磨的花崗岩墳墓有多麼光滑。[29]

在巴黎和金字塔之間，在近一個世紀後以與拉美西斯二世木乃伊遺骸相反的軌跡，道格拉斯經過第戎、里昂、亞維農及其教皇宮，然後前往馬賽和亞爾的圓形劇場。他繼續向東前往尼斯和熱那亞，然後向南到比薩看斜塔，然後是羅馬，他站在羅馬欣賞天主教會的建築和習俗。

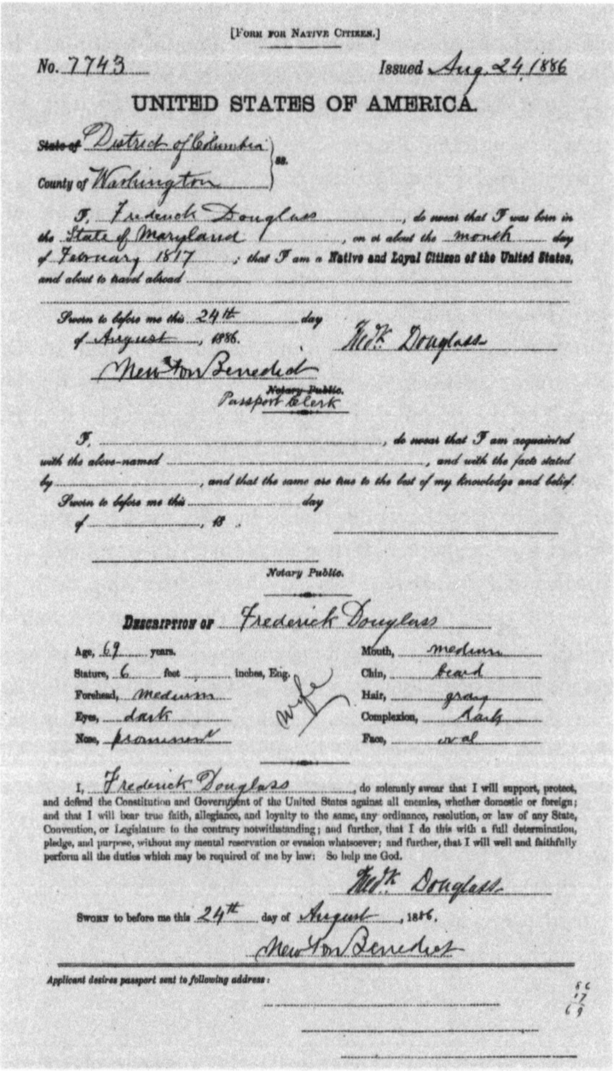

[Form for Native Citizen.]

No. 7743 Issued Aug. 24, 1886

UNITED STATES OF AMERICA.

~~State of~~ District of Columbia
County of Washington } ss.

I, Frederick Douglass, do swear that I was born in the State of Maryland, on or about the month day of February 1817; that I am a Native and Loyal Citizen of the United States, and about to travel abroad

Sworn to before me this 24th day of August, 1886. Fred. Douglass

Newton Benedict
~~Notary Public.~~ Passport Clerk

I, ..., do swear that I am acquainted with the above-named ..., and with the facts stated by ..., and that the same are true to the best of my knowledge and belief.
Sworn to before me this ... day of ..., 18 .

Notary Public.

DESCRIPTION OF Frederick Douglass

Age,	69 years.	Mouth,	medium
Stature,	6 feet ... inches, Eng.	Chin,	beard
Forehead,	medium	Hair,	gray
Eyes,	dark	Complexion,	dark
Nose,	prominent	Face,	oval

I, Frederick Douglass, do solemnly swear that I will support, protect, and defend the Constitution and Government of the United States against all enemies, whether domestic or foreign; and that I will bear true faith, allegiance, and loyalty to the same, any ordinance, resolution, or law of any State, Convention, or Legislature to the contrary notwithstanding; and further, that I do this with a full determination, pledge, and purpose, without any mental reservation or evasion whatsoever; and further, that I will well and faithfully perform all the duties which may be required of me by law: So help me God.

Fred. Douglass

Sworn to before me this 24th day of August, 1886.

Newton Benedict

Applicant desires passport sent to following address:

道格拉斯的護照申請，一八八六年。

圖片由美國國家檔案和記錄管理局（National Archives and Records Administration）提供。

他參觀維蘇威火山和那不勒斯，然後航行通過蘇伊士運河，繼續前往開羅和法老的土地，然後穿越義大利、法國、英國，返回家鄉。他在《法雷克・道格拉斯的生平與時代》中的記敘生動地描繪旅行及其對他的影響。他在城鎮、村莊、葡萄園和農場的安排規劃中思考現代歐洲的文化地理；他思考過去的衝突，無論是精神上還是世俗的，都體現在有圍牆和防禦工事的城鎮、古老的修道院和城堡中；當他向南和向東移動時，他觀察當地人口不斷變化的特徵和膚色；他注意到地中海兩岸人民的共同習俗；他反覆將他在舊世界的所見與他對美國理想、價值觀和抱負的了解進行比較；他反思古埃及文化的奇蹟和現代穆斯林生活的宗教信仰。但道格拉斯再也沒提到他的護照。

PART 2

我們所知道的護照的出現

THE ADVENT OF THE PASSPORT AS WE KNOW IT

CHAPTER

4

現代主義者和激進分子
Modernists and Militants

讓我們從一本充斥著奇怪細節的書中的一個奇怪細節開始這一章，也就是大部頭的現代主義巨著《尤利西斯》（一九二二）：這部小說用七百多頁的篇幅詳細地描述一九〇四年六月十六日在都柏林的一天——所以如果你讀到最後幾行（當然，很少有讀者第一次讀就能讀到最後），可能會驚訝地發現一個把你從愛爾蘭首都抽離的版權頁標記，「寫於的里雅斯特－蘇黎世－巴黎，一九一四－一九二一。」在這條簡短的路線中有種若有似無的酸楚，否則可能會被視為只是在宣傳作者的國際化身分。詹姆斯．喬伊斯在這部傑作上花費七年漫長而動盪的歲月，就像他筆下的英雄荷馬一樣是個流浪者，但是他永遠不會回到他在小說中如此痴迷地描繪的都柏林的家。《尤利西斯》書末列出的外國城市表明它的組成座標，因為這位曾經自願漂泊的流亡者喬伊斯，在第一次世界大戰期間成為不情願的難民，最終在國際村般的城市落腳新家，那就是法國首都。

而僅在這部開創性小說結尾處的姓名和日期中所暗示的細節，是在喬伊斯於一九一五年八月十日從英國駐蘇黎世領事館獲得的護照（記載著國家紀錄和政府官員的權威），當時他剛帶著成家不久的小家庭逃離的里雅斯特。身為忠誠度不明的外國人，喬伊斯一家在義大利退出三國同盟並參戰後，不再受到當時屬於奧匈帝國的港口城市歡迎。在衝突的最初幾週，歐洲的國家重新引入護照管制，以便更能夠規範公民和非公民、國民和外國人等的流動，這些措施被視為對緊急狀態的臨時反應。喬伊斯持有的戰時證件，護照編號五五七，由一張白

喬伊斯家族護照，一九一五年。 圖片由蘇富比提供。

色和粉紅色的雙面紙組成，尺寸約為三十四乘以五十四公分，折出十個區塊*，上面覆蓋著各種彩色墨水的簽證和續簽印章。這本護照不僅講述他多年不安分的遷徙和多產的創造力，他如何努力尋找一個對藝術熱情友好的超然之地，還講述戰時的危險和破壞。隨之而來的是不斷要求登記其家人的個人行蹤，並透過多個國家的各種官僚管理程序確認其國籍身分。

個人自主權與國家主權之間的緊張關係在護照的每個區塊上都體現得淋漓盡致。當然，該證件涵蓋標準的「持有人描述」，包括現在人們所熟悉的類別：年齡（三十三歲）、出生地點和日期（都柏林，一八八二年二月二日）、身高（五英尺十英寸）、前額（普通）、眼睛（藍色）、鼻子（普通），嘴巴（普通），下巴（橢圓形），髮色（深棕色），膚色（白皙），臉（橢圓形）。但在一九一四年八月七日（英國參戰三天後）通過「英國國籍和外國人地位法」後，為了提供保護，護照還需要持有人和持該證件旅行的所有家庭成員的照片。與今天護照中嚴格標準化的照片不同，這些早期的照片仍然為微妙的服裝和其他形式的自我塑造或自我創作提供了空間。上述提的那份護照上有一張喬伊斯的黑白照片，戴著夾鼻眼鏡（在「特殊特徵」的附加描述中，他曾表示「戴眼鏡」），留著整齊的小鬍子，面無表情，或可形容為相當緊繃。如果喬伊斯的這

* 右頁圖片未顯示最左的兩個區塊。

張照片中表現出時髦男子的高調特色，他那難看的軟呢帽則添入了謙遜的元素，更適合他在「持有人描述」中「職業」欄提到的「英語老師」（他一直或試圖透過在的里雅斯特教語言來讓一家人在一起）。不像是一位雄心勃勃、創作一部高度實驗性（而且很快會引起高度爭議）現代主義小說的作者，他這頂帽子意味著平凡，一如他「普通」的前額、鼻子、嘴巴，也許更能避免吸引領事當局或邊防人員的注意力。

無論如何看待這位小說家的護照照片，證件中的性別政治都再清楚不過：丈夫和父親被單獨描繪為一家之主，而妻子和孩子則擠在對面區塊的一張合照中，彷彿是這位即將出發旅行男人的可拆卸配件。合照中的人是諾拉・喬伊斯和她的兩個孩子露西亞和喬治奧，每個人都穿著禮拜日最好的衣服和花哨的帽子；戴著眼鏡的男孩表情平靜，與對面照片中的父親非常神似。證件第一個區塊上的「護照條例」加強這種父權制度安排，該條例規定「已婚婦女被視為其丈夫目前所在國家的臣民。」在此期間，很少有女性能擁有自己的護照，無論如何，已婚婦女不能在丈夫不在場的情況下使用該證件。但是，這本護照是發給「詹姆斯・喬伊斯先生和妻子諾拉・喬伊斯夫人」這一事實表明的遠不止這些，因為強烈不因循守舊的詹姆斯和極度忠誠的諾拉實際上並沒有結婚（直到一九三一年才為確保能得到遺產合法結婚）。與其說喬伊斯的家庭護照是對社會慣例的讓步，不如說是在取得此類旅行證件具有風險的當時，配合官僚制度的便宜行事。這麼做也讓這對多年來一直勉強糊口的夫婦節省購買另一本護照五先令的費用。(這本護照後來在二〇一一年的蘇富比拍賣會上以六萬一千二百五十英鎊的價格售出。)

當然,在一九一五年,護照已不僅僅用來確認個人身分或家庭階級,而是成為民族歸屬的主張,因為自十九世紀末以來不斷高漲的民族主義浪潮,隨著戰爭的憤怒達到頂峰。衝突的每一方都將對方視為對自己文明、正義且無可非議的生活方式的威脅。新的護照制度,以其更具侵略性和更廣泛的證件監視手段,藉由比以往任何時候都更嚴格地劃定國界,為這個「我們」和「他們」的好戰思維時代服務。

又一次,喬伊斯證件講述的故事,其微妙程度遠超出我們對其袖珍尺寸和標準化格式所期望的。這位小說家只是藉由宣誓自己是「英國出生的臣民」和「都柏林人」的身分,就獲得護照。但愛爾蘭民族主義者長期以來一直聲稱,英國的統治損害了愛爾蘭人民的利益,而到了一九一五年夏天,一場以都柏林為中心的武裝起義計畫在進行中。對於英國政府可能在愛爾蘭引入徵兵制,將愛爾蘭年輕人送往戰壕為英國作戰和犧牲的擔憂,也為起義額外增添動力。喬伊斯家族護照所涵蓋的時期,見證了一九一六年的復活節起義、一九一八年愛爾蘭議會的分裂主義形成,以及以一九二一年英愛條約和隨著愛爾蘭自由邦建立而結束的獨立戰爭。事實上,到一九二三年夏天護照最終到期時(經過四次更新),「愛爾蘭」(以及在都柏林出生的任何人)都不能再被視為「英國人」。

喬伊斯在拿到護照十年前第一次來到歐洲大陸，主要是為了逃避他認為以大英帝國主義和愛爾蘭民族主義的名義對愛爾蘭施加的社會和文化限制。在蘇黎世，他不僅找到避難所，避免席捲歐洲的暴力事件，還找到一個藝術和政治圈外人的社群，《尤利西斯》若是錯綜複雜的管弦樂編曲，這個社群便提供了背景音。湯姆．史塔柏於一九七四年的戲劇作品《諧謔》刻畫出這種世界主義的環境，在劇中喬伊斯是聚集在湖邊城市眾多「難民、流放者、間諜、無政府主義者、藝術家和各種激進分子」的其中一位。[1]除了這位愛爾蘭小說家之外，戲劇中的人物還有俄羅斯政治理論家和革命家弗拉迪米爾．列寧和達達主義的羅馬尼亞創始人崔斯坦．查拉。然而史塔柏漏了另一個重要人物，知名的奧地利作家史蒂芬．茨威格，他曾在標誌性的歐蒂安咖啡館*與喬伊斯會面。茨威格持奧地利政府的戰時護照前往蘇黎世，初創了強烈反戰的劇作《耶利米》（一九一七），這本劇作在中立的土地上促成了一種不同民族文化的代理保衛戰。†與此同時，喬伊斯因為持有英國護照，英國領事館不斷給他愈來愈大的壓力，要求他服役。他很快就想出另一種方法來表明他對這項目標的忠誠，儘管這種方法幾乎不能安撫負責其案件的外交人員，後來甚至提供《諧謔》中許多歡樂的來源——他將在蘇黎世協助建立一家表面上投入英國戲劇（和親英國的宣傳）的劇院公司，儘管排定第一部作品是愛爾蘭劇作家奧斯卡．王爾德對英國社會巧妙的諷刺作品《不可兒戲》（一八九五）。

如果喬伊斯來到蘇黎世是為了逃避戰爭那幾年中自相殘殺的政治，如他在一九一八年宣稱的，去尋找一個國家，在那裡他可以成為「反對任何國家」的藝術家，而他的流亡同伴列寧已經抵達這座瑞士城市，為凱旋回歸俄羅斯政壇做好準備。但他們對國家角色和民族主義的影響的態度並沒有人們想像的那麼不同：喬伊斯還在愛爾蘭居住時，就醞釀出社會主義同情心，並且在歐洲大陸居住的頭幾年繼續滋養這種態度。即使他在名義上放棄對社會主義的興趣，他對愛爾蘭歷史變遷的態度，多年來仍繼續受到社會主義思想的影響。與此同時，列寧則提出一種國際社會主義，試圖打破民族障礙，並消除民族差異（他稱之為，以喬伊斯可能會說的一句話，「反動民族主義者的庸俗主義」），以支持將讓各國圍繞共同的目標團結起來的無產階級運動。在瑞士，他和喬伊斯一樣狂熱地寫作，創作出專著《帝國主義是資本主義的最高階段》（一九一七）及數十篇文章和論文，批評資本主義競爭和資產階級國家在挑起世界大戰並延續階級統治

* 歐蒂安咖啡館（Café Odeon），位於蘇黎世河畔，為當時各國知識分子、流亡作家、藝術家經常光顧交流的地方，文化地位類似於巴黎的雙叟咖啡館。

† 《耶利米》與歐洲當時的社會狀況密切相關，也是茨威格第一部與猶太人相關的重要作品。對茨威格來說，猶太民族的離散是幸和不幸的結合。他認為，猶太民族不能只是由一個國家所組成的，而是透過不同猶太文化而鏈結，他們是承載各種文化的世界公民。

中扮演的角色。列寧以化名撰寫這些文本並投入政治生涯（他的本名是弗拉迪米爾・伊里奇・烏里揚諾夫），許多歷史學家認為列寧這個名字來自他流放西伯利亞東部三年後，於一九〇〇年首次逃離俄羅斯時所持有的護照。

一九一七年初，在得知二月革命推翻沙皇尼古拉二世並建立臨時政府後，列寧急切地想回到俄羅斯，擔任布爾什維克的領袖。但戰爭已經封鎖他從瑞士歸國的所有路線。無奈之下，列寧決定最好的行動計畫是取得偽造或失竊的瑞典護照，這將使他能夠向北穿越德國前往瑞典，而不引起不必要的注意。儘管如此，由於他不會說瑞典語，他需要一個面對邊境守衛的策略：列寧因此寫信給斯德哥爾摩的一位同志，要求他找兩個外型很像列寧和他的布爾什維克副官格里戈里・葉夫謝耶維奇・季諾維也夫的瑞典聾啞人，提供他們的護照。無論這個計畫被認為行不通或只是荒謬的主意，列寧和一群異議人士最終是轉而乘坐「密閉」的火車車廂，祕密穿越戰時的德國，將他們帶到彼得格勒（聖彼得堡）的芬蘭站。這位歸國的流亡者將在那裡向他的布爾什維克支持者發表激動人心且很快就惡名昭彰的演講，譴責臨時政府懷有帝國主義的野心，並呼籲忠誠的社會主義者發起一場國際無產階級革命。

然而，列寧仍將不得不使用假護照旅行。一九一七年七月，在士兵、農民、工人發起一連串武裝示威之後，臨時政府開始對布爾什維克進行鎮壓，包括逮捕許多黨內幹事，並公布對列寧的指控。這位布爾什維克領導人因為生命受到威脅，匆忙制定逃脫計畫：他會在半夜潛入森林，來到靠近俄芬邊境的一個小火車站，並偽裝成火車頭的鍋爐工，穿過邊境前往安全藏身處。該計畫需要一本假護照，以假名「康斯坦丁．彼得羅維奇．伊萬諾夫」掩蓋列寧的身分，並且搭配相當有創意的偽裝：一頂假髮和工人帽來掩蓋他眾所皆知的禿頭，並剃去獨特的虬髯。這個計畫讓人想起那年春天他策劃離開蘇黎世時接受的另一個計畫：列寧要求同夥取得前往英國的證件；然後，為了完成這個詭計，他會戴上假髮，將需要的文件帶到伯恩的領事館，在現場拍下隨附的照片。現在，列寧重施故技，找上一位戲劇專家確保戴上合適的假髮，但發現唯一可用的是一頂銀灰色的假髮，使得這位革命者看起來更老。假髮師對客戶的外貌感到沮喪，不願把假髮賣給他。然而，列寧對如此隱藏身分的方式感到滿意（儘管當然不能向假髮師透露他的目的）。效果當然相當驚人。這位喬裝過後革命者的護照照片，是現存唯一一張列寧沒有鬍子的照片，幾乎無法認出他來。照片中的他比起熱情而博學的布爾什維克領袖，更像（僅此一次）他如此熱情擁護的卑微無產階級的其中一員。

護照要求必須附上照片旨在使其成為更強大的國家監視和控制工具。如上所述，戰爭爆發後，對間諜、煽動和破壞活動的擔憂促使許多國家首次要求提供護照持有人的照片。英國在逮捕德國間諜卡爾．漢斯．洛迪（他持美國駐柏林大使館遭竊的美國護照前往英國）之後，迅速採取行動要求所有護照上都要有照片。由於沒有照片可以確認，證件上的身體描述（對護照原主人美國公民查爾斯．A．英格利斯的描述）與這位間諜非常接近，足以欺騙當局。自一八四〇年代，攝影技術發明後不久，就被用來識別罪犯，現在則用於戰爭，因為人們認為這些照片可以在護照和持有人之間建立更可靠的連結。蘇珊．桑塔格和弗里德里希．基特勒等有影響力的媒體理論家強調，攝影圖像曾經獲得一種絕對的信任，因為它們不僅被理解為代表個人，而且還保證其再現：被照亮的身體形象全然印在膠卷上。當然，像列寧這樣扮裝和戴假髮的照片，展示了如何操縱這種對攝影的信仰：只要身體特徵與護照上的照片相匹配，就不會引起當局的懷疑。因此，將照片整合到旅行證件中意味著，這些照片被理解為體現出一種「客觀」（即使不是完全無誤）的身分識別形式。它們甚至可以被理解為將其持有者轉變為一個客體，一個易受象徵性和官僚控制影響的客體。

眾所周知，第一次世界大戰期間在歐洲和北美實施的緊急控制措施在衝突結束後並沒有消失，至今仍以幾乎相同的形式存在。可以肯定的是，無論涉及的國家權力動機如何，護照都將很快成為建立身分和監控個人在全球範圍內移動的主要工具。即使戰後條約正在重新繪製歐洲版圖，英國和德國也迅速擴大控制進出其領土的戰時措施。戰爭結束前不久，《戰時措施法》（又稱《旅行控制法》或《護照法》）的通過，使「任何美國公民在離開或進入美國，或試圖離開或進入美國時，都必須持有有效護照，否則違法」。[2]戰後不久，美國透過延長戰時護照規定，並擴大不允許移民進入的國家名單，為國際移工設置新的障礙。

因此，將緊急狀態延長到和平時期，又為歐洲和北美的政府提供高度的權力，官員毫不猶豫地採取這些措施。例如，在一九一八年十一月停戰後不久，全國種族大會和世界黑人改善協會等組織選舉代表前往巴黎和平會議，希望引起全球關注非裔美國人的困境。[3]但這些團體很快成為軍事情報部門調查的目標，導致國務院拒絕發放護照給所有代表。此後的研究表明，拒絕發放護照正是為了阻止這些組織在會議上提出「黑人議題」，因為如此肯定會羞辱美國總統伍德羅・威爾遜身為全球和平使者的角色。受阻的代表中包括調查記者暨民權領袖艾達・威爾斯－巴內特，她曾在英國巡迴演講，以引起人們對美國私刑的關注。當時是一八九〇年代，出國旅行不需要護照；而現在，因為沒有護照，她不能離開自己的國家。與此同時，《黑人的靈魂》（一九〇三）的作者威廉・愛德華・伯嘉・杜博依斯計畫為全國有色人種促進會的官方雜誌《危機》報導會議，所幸得到美國戰爭部長的黑人事務特別助理、也是美國政府中級別最高的非裔美國人艾米特・史考特最後一刻的及時干預，他才得以取得護照。[4]

威爾遜總統在巴黎和會上提出最重要的建議之一是建立國際聯盟。國聯的第一批行動是在一九二〇年十月舉行巴黎護照和海關手續和聯運票會議。儘管歐洲其他組織一直在譴責戰時護照制度持續存在，並呼籲恢復自由移動，國際聯盟仍透過制定護照證件及其處理的國際標準，大力推動護照制度的制度化。與此同時，一個非正式的現代主義者聯盟在私下往來的信件中抱怨：法國小說家安德烈．紀德向奧地利詩人萊納．瑪利亞．里爾克哀嘆，種種的護照手續[5]讓朋友跨越國界相互拜訪的自主權消失無蹤，四處旅行的美國詩人艾茲拉．龐德也在戰後尋求延展護照期限時抱怨，他「因為護照度過地獄般的時光」。這位固執己見的移居國外人士將這些困難歸咎於威爾遜總統「將所有農奴束縛在土地上」的執念。[6]

國際聯盟並沒有廢除造成令許多人感到煩惱的不便制度——更不用說這個制度還對更新國際關係和恢復經濟實力造成嚴重威脅——反而批准一系列提高其效率的規定。最顯著的一項或許是，為了減輕邊境官員在面對形狀、大小、格式令人眼花撩亂的護照時的負擔，會議首次通過護照手冊的統一準則。根據一九二〇年制定並在一九二六年稍作修改的標準，護照尺寸應為一五．五乘以一〇．五公分，包含三十二頁，其中二十八頁用於簽證印章，四頁用於識別持有人的詳細資訊、發照地點、首次發照日期和其他官方資訊。所有細節都應該用兩種語言書寫——法語和簽發國的國家語言。最後，證件應以卡紙封面裝訂，封面上顯示簽發國的名稱，中間顯示國徽，底部顯示護照字樣。正如美國文學學者布麗奇特．查克所指出，「在規範護照的形式時，國際聯盟有效地規定在下個世紀人們如何以一種國際認可的形式擁有國家身分。」[7]

許多藝術家與知識分子和紀德、里爾克、龐德一樣，對他們在護照中所看到對個人自由的限制深表不滿。這使得指出個人身分和國籍的關係變得緊張而重要，成為保羅．福塞爾所謂「現代情感」的要素，這種情感在戰爭年代出現，並隨著新護照制度的實施而日益加劇。茨威格在回憶錄《昨日世界》（一九四二）的最後一章中，感人地寫出這些發展引起的失落感：

> 一九一四年以前的世界是屬於所有人的。人們想去哪裡就去哪裡，想待多久就待多久，不需要別人的同意和批准。而當我今天告訴年輕人，一九一四年以前，我從歐洲到印度和美國旅行時根本就不用護照，連見都沒見過，他們露出一臉驚詫的樣子，總是讓我感到相當得意。當時的人上下船時，不必接受詢問或質疑，也不必填寫今天所需的眾多證件。現在，由於相互之間那種病態的不信任，邊境已經被海關官員、員警、國民衛隊變成了一道鐵絲網，而在以前，邊境不過是象徵性的邊界，人們可以像穿過格林威治子午線一樣無憂無慮地穿越它們。

對茨威格來說，民族主義瘟疫只在戰爭結束之後才蔓延開來，而仇外心理已經達到流行病的程度，因為全球各國政府及其公民一起對外來者愈來愈多疑：

原先專門發明出來用於對付罪犯的屈辱手段，現在都用在了準備旅行和正在旅行的人身上。出門旅行的人要繳左側、右側和正面的照片，頭髮要剪短，直到露出耳朵；還要留下指紋，起初只需要拇指指紋，後來十指的指紋都要留下。此外，還要出示眾多證明：健康證明、疫苗接種證明、警察認可的良民證、推薦信、邀請信，還必須出示親戚的住址，必須有品行擔保和經濟擔保，必須填寫問卷和表格，一式三份或四份。這一大堆文件之中，你哪怕少了一份，就別想出國了。[8]

茨威格羅列出的尷尬和貶低，證明個人暴露在國家權力的力量之下，後者一步步地削弱自我表達或自我體現的動能。護照照片應這些官僚的合理化要求而生，做為個人身分的官方記錄，而非渲染個人的審美或詮釋藝術。然而，包括喬伊斯、列寧和許多同時期的文化和知識名人的旅行證件，如今提供非凡的檔案，讓我們一窺關於現代或現代主義的感性，儘管他們不願被這些官方記錄定義。如果正如基特勒所聲稱的，「死者的國度與其文化的儲存和散發能力具有相同的維度」*，那麼，隨著現代護照的出現，搭配必要的照片、蓋章頁、識別細節以及茨威格前列的所有相關文檔，這個領域有著大幅擴展。[9]

◆ ◆ ◆

正當現代護照制度對個人的行動施加新的壓力和限制，這些證件也讓在兩次世界大戰期間繼續以茨威格所見證的世界主義精神旅行的人感到腦人。儘管他們縱橫交錯的旅程網絡龐大，但不可否認的，巴黎迅速成為那個時代的藝術家和知識分子最重要的交匯地之一。正如其護照所顯示的，喬伊斯於一九二〇年夏天前往這座城市，因為龐德說服他，法國首都將是這位經濟拮据的小說家安排出版《尤利西斯》的最佳地點。儘管如此，正如護照上的簽證印章所確認的，喬伊斯及家人只計畫在前往倫敦之前在巴黎（下榻「第七區波恩路九號的愛麗舍酒店」）短期停留。他們在法國首都的短期停留最終持續近二十年，直到下一場戰爭的爆發迫使這家人再次離開家園。在那些年裡，一群持護照的藝術家和作家聚集在這個城市，尋找便宜的住宿、美酒以及其他創意人士社群的相伴。當然，關於兩次世界大戰期間在巴黎形成的各種沙龍、小圈子、團體有很多傳說。但是，關於這些流亡者和移民的護照，以及他們所提出關於個人身分、民族歸屬、四海為家之感的問題，仍有一段歷史待寫。接下來是對該敘事的一小則貢獻。雖然可能出人意料，但我們將清楚看到，儘管護照曾經（並將繼續）深深涉入國家的官僚運作中，這些證件仍然可以告訴我們許多關於持有人在專業上及其私密個人的關係。

* 基特勒主張文化記憶是由死者（The dead）——包括已故的作家、哲學家、科學家以及他們的著作、理論、研究成果——傳遞給後代的，它們在社會中持續存在並影響著我們的思想和行為。

以馬克斯・恩斯特和保爾・艾呂雅的故事為例。恩斯特沉浸在戰爭期間西線和東線的士兵經歷中，他回到家鄉繼續之前在科隆的藝術生涯，短暫創立一個達達主義團體，並開始嘗試拼貼畫。這位叛逆的年輕藝術家於一九二一年春天首次在巴黎的無雙畫廊展出拼貼畫作品，但無法參加開幕式，因為與許多在戰後尋求造訪法國的德國人一樣，他在申請必要的簽證時遭到拒絕。那年秋天，他的作品包括一張名為《展覽海報設計》的拼貼畫，其中有一張他自己的護照照片，位於由他作品的複製照片組成的倒方錐形底部。這些包括雕塑、復繪和其他拼貼畫的圖像被一些文字包圍，其中包括：「馬克斯・恩斯特是個騙子、遺產獵人、醜聞傳播者、馬販、誹謗者、拳擊手。」綜上所述，這些複合作品不呈現護照所承諾的身分的永遠一致性，而是一種有趣的多元自我：關於「馬克斯・恩斯特」可能是誰的一系列虛構，而非單一真相。

一九二一年秋天，當艾呂雅和妻子珈拉在科隆拜訪恩斯特，他們還因此建立持久的友誼。多虧這位法國詩人，恩斯特的達達運動兼超現實主義同伴，他終於在隔年艾呂雅把自己的護照寄給他時前往巴黎（他一直渴望在那裡加入另外兩位藝術盟友，查拉和安德烈・布雷頓）。他們的相似之處足以讓恩斯特以艾呂雅的身分越過邊境。手持法國護照，恩斯特為他的收藏增添另一個角色，事實上，在一段時間內，藝術家和詩人幾乎成為雙人組合。他們很快就合作出版一本結合拼貼畫和詩的插圖書《不朽的不幸》（一九二二）；然後，在接下來的兩年裡，恩斯特在巴黎郊區的聖布里斯和歐本的行政區與艾呂雅夫妻建立家庭。這位藝術家白天用超現實主義的壁畫在歐本家的牆壁上創作，晚上則在這對夫婦的床上度過，在珈拉身邊暫時取代保爾的位置，並建立一個相當愜意的三角家庭。

正如在喬伊斯及其家人具啟發性的旅行證件中首次觀察到的，這些生活與藝術、護照與藝術品、正式身分與公眾形象之間的密切關係，在現代主義經典中無處不在。另一個突出的例子可以在史坦的活動和著作中觀察到，在兩次世界大戰期間裡，他幾乎每個星期六晚上都在位於第六區弗勒魯斯街二十七號的著名沙龍接待龐德、T．S．艾略特、海明威、費茲傑羅、理察．賴特、畢卡索、馬諦斯、羅伯遜。史坦和她的伴侶愛麗絲．B．托克拉斯和一小群先進的美國僑民在世紀之交後不久就陸續抵達巴黎，以尋找藝術和文學界中新鮮和令人振奮的事物。史坦為了在寫作上尋求更廣泛的讀者（以及難以捉摸的暢銷機會），在《愛麗絲．B．托克拉斯的自傳》（一九三三）中講述這些年的八卦故事，這本書的敘事方法遠比她以前曾經嘗試的實驗性言語肖像要傳統得多。但「自傳」仍然是個有趣的策略，使用托克拉斯的語氣和多變的善感，將史坦形塑得像是天才中的天才。因此，也許相當諷刺，但這本書可以被看作是建立聲譽的一種延伸練習，滑稽地譏諷生命寫作*的既定慣例，即作品本身通常能明確地讀出，誰才是傳記的主角。

《愛麗絲・B・托克拉斯的自傳》也極其俏皮地以非常不傳統的方式談到歐洲在兩次世界大戰之間的社會環境。它嘲笑真實身分概念的一種方式，是透過不斷依賴國家標籤（總是以小寫字母書寫）來描述史坦、托克拉斯以及幾乎所有來過他們沙龍的人：「許多匈牙利人、相當多德國人、相當多混合國籍的人、少量美國人，幾乎沒有英國人」，諸如此類。[10]就像她的達達主義同行在戰後不久所做的，史坦讓大家注意民族主義的荒謬，人們只因出生在某條國界內，就得為了「祖國」前去殺戮和死亡。或許沒有什麼事比在原先的德國、俄羅斯、奧斯曼帝國、奧匈帝國的土地上劃定新國家疆界的戰後條約更加荒謬。

史坦還藉由讓人們注意最近興起的護照制度，來強調這一切有多麼獨斷：她和托克拉斯在戰前行動自如——「那時我們沒有證件，沒有人有任何證件」——對比兩人在戰爭期間旅行時所面臨官僚的裝模作樣。[11]例如，自傳詳細描述兩人在馬略卡島延長假期後想返回巴黎，與美國駐馬德里領事會面的場景，「他看了我們的護照，打量一會兒，掂量了一下，翻來轉去看了看，最後說他看它們似乎沒問題，但他又怎麼知道呢。」鑑於他的不確定，美國領事將權力下放給助理，而後者又將權力完全交給另一個國家，打發史坦和托克拉斯去見法國領事：「既然妳要去法國，也住在巴黎，如果法國領事說證件沒問題，那我們領事幹嘛要簽字。」[12]當時，兩位旅人對美國領事的失職感到憤怒。但多年後敘述這些事件時，以托克拉斯語氣說話的史坦暗示美國領事的作法，很可能是非官方國際協議的一部分，允許法國領事決定特定護照持有人在他的國家是否受到歡迎。

該自傳以其獨特的生命寫作形式，與史坦和托克拉斯在實際旅行證件中的形象形成鮮明的對比。正如人們所預料的，這本書一開始就詳細介紹其同名人物的起源：「我出生在加州的舊金山，父親有著波蘭人的愛國血統。」[13]回顧托克拉斯（總是和史坦同行）在戰時及戰後不久填寫的各種護照申請，會驚訝地發現他們如何詳實描述這種展示自我的模式。例如，她於一九二一年的申請上寫著：「我在此鄭重宣示，我出生在加州舊金山。一八七七年四月三十日，我的父親費迪南德．托克拉斯出生在波蘭的肯彭。」托克拉斯和史坦此時提交給美國國務院的正式文件可說提供了該自傳的摘要，儘管幾乎完全只提及出生地、居住地、旅行地、相關日期，以及有關其外貌的詳細資訊。另外，可以將證件中的護照照片及其大頭照的品質，與畢卡索在戰前繪製的知名史坦肖像進行比較，或者更好的，與作家坐在她巴黎公寓肖像前的知名照片比較。這些廣為流傳的肖像幫助史坦提升自己身為古怪的現代主義智囊的形象。相比之下，護照申請所記錄的身分與其說是內在本質或個人表達，不如說是由官僚慣例管理、並由國家當局強

* 生命寫作（life writing），一種文體，包括自傳、回憶錄、日記、書信等形式，通常採用第一人稱敘述，並試圖捕捉和傳達作者的內心世界、情感體驗和思想。此處換言之，史坦為托克拉斯寫了一本「偽自傳」。

加的口頭和視覺結構。

即便如此，正如我們從喬伊斯家族的護照中了解的，這些官方證件至少暴露出個人以管理或操弄手段，短暫干預其身分構建的可能性。與此同時，可以將這些證件視為比史坦為職涯而廣泛傳播的圖像和敘述更加私人，正因上頭提供了她不希望人們看到的其個人面向。毫無疑問，這種奇怪的親密感讓這些證件有了吸引力。例如，史坦被迫提供一份宣誓書「解釋何以長期居留外國，並反駁已放棄本國籍的假定」，她作證道：

> 我來到法國是為了完成文學研究並為著作收集材料。一九一七年十一月，我在美國法國傷員基金會開始戰爭救援工作，負責駕駛自家車載這些傷員，直到一九一九年七月。法國政府授予我「法國感恩」獎章。自一九一九年七月起，我又開始寫書。

這篇簡短的回憶錄強調她對同盟國的貢獻（並且直接忽略她與前衛藝術家和其他可疑人士來往的習性），似乎成功取悅其中一位讀者，美國副領事塞夫爾，他提供「官員接受宣誓書的意見」，成為一種官僚的文學批評：「我相信，根據既定規則，所敘述的事實足以使她有權以美國公民的身分獲得保護。」

但是，該部托克拉斯自傳的讀者後來得知，史坦和托克拉斯是在巴黎金字塔街上發現美國法國傷員基金會的一輛汽車，一時興起才加入該組織。他們還會發現，儘管史坦可能是天才，但在她為該組織學開車的時期，曾多次釀出事故，包括沒油而停在香榭麗舍大街上造成人們圍觀。但或許與她們護照申請相關的最顯著發現——以及其中包含在其生命寫作裡的官僚程序——是它們在檔案館中占據的空間量。在鮮少有女性持有自己護照的年代，這些非凡的僑民正在累積自己的大量護照檔案：美國國家檔案館保存了至少八份托克拉斯的美國護照申請，日期在一九〇七年至一九二一年間；還有日期回溯到一八九六年史坦第一次出國旅行的共八份申請，當時她還是麻薩諸塞州劍橋市拉德克利夫學院的學生。每份申請都為他們充滿官僚程序的共同傳記中增添了素材。

所謂失落的一代——戰後聚集在巴黎，受傷和迷失方向但大多年輕而雄心勃勃的一群美國作家——沒有護照就無從「失落」*。一九二一年十二月八日，新婚的海明威乘船前往巴黎，試圖讓自己從菜鳥通訊員（他在護照上寫的是「記者」）轉變為不僅是《多倫多星報》的國際特派員，也自認是一位「真正」的作家。他持核發給他的護照旅行，「由妻子陪同」。約翰・甘迺

* 此採Lost「失落」和「遺失」的雙關。

迪圖書館中保存許多海明威的文稿（這位美國前總統是小說家的忠實粉絲），其中有一張自信年輕人的照片，臉上表情難解，不知何故憤憤不平而嚴厲，但仍保有孩子氣與天真，不過沒有新娘的照片（一張也沒有）。伊麗莎白．海德莉．海明威（婚前姓氏為李察遜）在他的護照自述細節中只得到簡短的提及，儘管她出國到歐洲旅行或返回美國的能力完全取決於這份證件（因此取決於她那位善變新郎的心血來潮）。

那年冬天，海明威來到巴黎，開始寫小說並結識那些對他事業有幫助的人（或者至少一同小酌討論他的作品）；他很快就和史坦、龐德、喬伊斯和其他也持護照的文人結識，儘管海德莉並不總是受歡迎。一九二二年秋天，海明威去君士坦丁堡報導希土戰爭*，又去瑞士報導洛桑和會，過不久便覺得有點孤單和與世隔絕，於是把聯名護照寄給海德莉，以便她能到羅曼地與他會合。[14]海德莉在這趟決定命運的旅程一開始，在離開巴黎火車站之前就弄丟了一只手提箱，裡面裝著所有海明威在法國期間寫的小說手稿（和複寫稿）。他們的夫婦關係勉強度過這個事件，而他們下一本從一九二三年十二月簽發的護照，簡潔地記錄「歐內斯特．米勒．海明威」的家族史，如今他已是「作家」，「由妻子海德莉和年幼的兒子約翰．H陪同」。這一次，檔案中的證件還包括海明威太太一張散漫的照片。海明威臉上掛著的微笑如果不是痛苦，也相當不悅。不幸的是，當海明威在一九二六年初申請他的下一本護照時，這份證件只為他自己申請（儘管後來修改為有兒子同行），因為海德莉在那不久前發現他與紅顏知己寶琳・瑪麗・菲佛的婚外情。儘管海德莉從海明威該階段的旅行證件檔案中消失，但甘迺迪圖書館還保存著菲佛女士的護照，該護照於一九二六年十二月十日簽發，就在她成為海明威第二任夫人的幾個月前。

幾年後，藉由一個相當逗趣的文書錯誤，海明威自己會發現他的護照是如何受到限制、歪曲，甚至剝奪他的權威。在一九三一年填寫申請表時，他顯然寫得太快、筆跡太潦草，以至於處理表格的職員沒有認出屆時已十分知名的「作家」（writer）海明威，誤以為他的職業是「侍者」（waiter）。寫下《太陽依舊升起》（一九二六）和《戰地春夢》（一九二九）的自豪作者認為非得糾正錯誤：他寫信到護照辦公室，抗議他若被標註為不起眼的餐廳雇員，將會「為他的旅程帶來嚴重的不便」。他敏銳地意識到自己的公眾形象（以及護照在確定其持有人身分方面所發揮的強大作用），他崇高地肯定：「我真正的職業是作家或作者。」[15]

費茲傑羅於一九二四年結婚後沒多久，就舉家搬到法國，追求自己的文學榮耀，並且得以在禁酒時代開懷暢飲。更新後的美國護照格式需要全家的照片：照片頁從上到下依序可以看到有著亂髮和狂野眼神的費茲傑羅；賽爾妲，一頭飄逸的頭髮，略帶驚愕的表情；還有兩歲的女

* 希土戰爭（Greco-Turkish War），一九一九年至一九二二年爆發於希臘王國和土耳其國民運動間的戰爭。

兒法蘭西絲・史考特（暱稱「史考蒂」），有著荷蘭男孩鮑伯頭*和詫異的微笑。由於早期小說《塵世樂園》（一九二〇）和根據費茲羅傑夫婦一起在紐約咖啡館名流社群的生活而寫成的《美麗與毀滅》（一九二二）的成功，當他們到達法國時，已經成為爵士時代的年輕偶像。護照照片捕捉到他們在世界向他們敞開的那一刻，前景一片光明，繼續征服巴黎的咖啡館名流社群，他以「作者」（如護照「職業」欄所寫）和棲息在家族圖騰柱頂端一家之主的身分，準備譜寫人生的新篇章。當然，費茲傑羅在歐洲各地活躍和狂歡時，會想辦法維持英姿颯爽的公眾形象。但僅僅幾年後，當「咆哮的二〇年代」†接近令人失望的終結時，他的下一本護照顯示的是一個成熟的男人，假使說不上老練的話。他的臉上更清楚地寫滿這段時期的考驗和磨難——眼神更加平靜，雙唇緊抿。在他下方的另一張照片中，賽爾妲和史考蒂臉上帶著輕鬆的微笑。但就在幾年後，這些照片上被墨水筆打上叉，表明母女兩人現在使用屬於自己的證件，不再被迫在費茲傑羅先生的陪同下才能旅行。

這並不完全是種解放。一九三〇年夏天，賽爾妲的婚姻和心理健康都遇到危機時，她從法國前往瑞士，入住日內瓦附近的普朗金斯診所，接受為期一年多的精神病治療。在這段期間的大部分時間裡，費茲傑羅無法探望她，多數時間都在附近的城鎮裡閒逛，並寫下（經常帶著操控意味的）懇求信給妻子和她的醫生。賽爾妲為他留下了令人心酸的紀念品，可能來自她新的個人旅行證件，而費茲傑羅當時在一封信中描述了這一點：

> 當我從那張護照照片看到妳臉上的悲傷時，妳可以想見我的感受。但是在經歷了那股感受之後，我看了又看，發現那是我認識和深愛的臉，有別於我們在法國最後兩年的槁木死灰。照片就是我所擁有的一切：從早上因為發狂似地夢到妳而醒來，到夜裡當我想起妳和死亡而入睡。[16]

這個賽爾妲的形象，他無法在小說中製作或重鑄——就像他後來在《夜未央》（一九三二）中試圖做的，只能透過他的信件來理解。這張照片提醒他們緊張的關係，它為他們雙方帶來的痛苦，以及她新獲得的自主權，無論當時可能十分脆弱。費茲傑羅緊抓它，從黎明到黃昏不離身，試圖以一種他在他們一起的生活中再也無法做到的方式擁抱她。

因此，儘管護照照片具備官僚功能和日益標準化的形式，卻也既具有無以倫比的親密感，

* 荷蘭男孩（Dutch-boy）為當時的油漆品牌，平面代言圖像為一留著齊耳髮型的小男孩，類似台灣髮禁年代女孩的學生頭。

† 咆哮的二〇年代（Roaring Twenties），為西方近代史一個經濟持續繁榮的時期，也帶動社會、藝術、文化活力，出現許多重要的作家和藝術家，此十年亦被稱為「瘋狂年月」（Années folles）。

又誇大個人的重要性。小說家薇拉．凱瑟極注重隱私，她銷毀過許多個人證件和照片，因此現在她已知的照片只剩下一張和她近四十年的伴侶伊迪絲．路易斯的合照。然而，他們的護照證件提供了他們長期伴侶關係感人的紀錄。一九二〇年春天，凱瑟的名聲隨著其著作《我的安東尼亞》（一九一八）受到的好評不斷擴大，她計畫與路易斯一起在歐洲長途旅行：這位作家完成一戰小說《我們的一員》（一九二二），將參觀西線戰場（以及她在那過世的表親G．P．凱瑟的墓地）。一週之內，凱瑟和路易斯就在自一九一二年秋天就一起居住的紐約市申請護照。兩位女士都標明相同的目的地和原因：「法國（國家名稱），雜誌工作（造訪原因），義大利（國家名稱），雜誌工作（造訪原因）。」凱瑟的申請附有路易斯簽名的宣誓書，證明她「認識薇拉．西伯特．凱瑟達二十年」，而那位作家「由居住於維吉尼亞州溫徹斯特附近的美國籍父母所生」。在審核過程中，一名文員（從筆跡判斷是同一名文員）在每份證件頂部潦草地寫下「單身」，表示女性申請人可以自行提交證件，無需在旅行證件上識別為「某某人的妻子」。

更引人注目的，在護照照片的官方標準仍相當寬鬆的當時，凱瑟和路易斯各自檔案裡的照片默契確認了她們之間的緊密關係：兩人的照片光源都來自左邊，因此臉部的右側投下明顯的陰影；兩人都從領口下方使用了暈影的效果，這樣照片的邊緣就會在橢圓形影像周圍逐漸變成白色。也就是說，這兩張肖像顯然是同一攝影工作室的作品，很可能是同一天拍攝。這些照片的總體效果幾近經典，就像大理石半身像，它們的共同特徵讓兩人看起來像是一對含蓄的伴侶攝像，只是分開拍攝。也許這種連結，連同燈光和邊框討人喜歡的效果，與一件事實有關，那就是隨著宣傳需求的增長，凱瑟印出許多她的護照照片以供分發。史坦、海明威、費茲傑羅的護照照片都到去世後才廣為流傳，才開始出現在書籍封面上，甚至後來出現在各種網站上，讓我們得以一窺現代主義代表人物如何任由官僚的目光所擺布。然而，奇怪的是，凱瑟非常滿意護照上的肖像，甚至告訴她的侄女海倫·路易斯·凱瑟，這是她最喜歡的自己的照片。事實上，凱瑟喜歡這張照片到不顧官方的期望，在一九二三年三月申請下一本護照時，再次使用同一張照片，這次的行程是去巴黎郊外拜訪音樂家朋友伊莎貝爾和揚·漢堡夫婦。

◆ ◆ ◆

如果護照對旅人以及那些覺得離開祖國相對安全的僑民，引發有關個人身分的難題，那麼該證件可能更會讓人們懷疑這種共有的聯繫感。對於那些被社會邊緣化的人來說，甚至可能認為，國家的認同問題沒有任何時刻比他們在遠離故土的移動中更顯壓迫。一九二〇年七月，年僅十八歲的蘭斯頓·休斯*申請了他的第一本護照，以探望為了逃避美國嚴重的種族歧視而搬到墨西哥的父親。在道格拉斯被達拉斯拒發護照數十年後，在種族隔離主義的美國，黑人男性

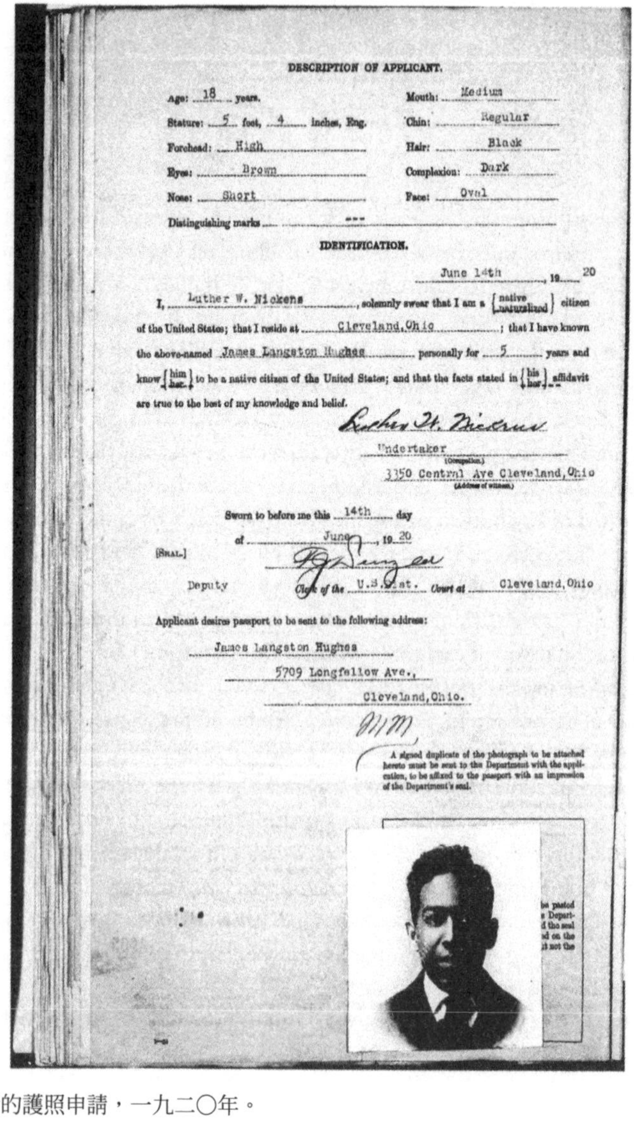

DESCRIPTION OF APPLICANT.

Age: 18 years.
Mouth: Medium
Stature: 5 feet, 4 inches, Eng.
Chin: Regular
Forehead: High
Hair: Black
Eyes: Brown
Complexion: Dark
Nose: Short
Face: Oval
Distinguishing marks ---

IDENTIFICATION.

June 14th, 1920

I, Luther W. Nickens, solemnly swear that I am a {native / naturalized} citizen of the United States; that I reside at Cleveland, Ohio; that I have known the above-named James Langston Hughes personally for 5 years and know {him / her} to be a native citizen of the United States; and that the facts stated in {his / her} affidavit are true to the best of my knowledge and belief.

Luther W. Nickens

Undertaker
(Occupation.)
3350 Central Ave Cleveland, Ohio
(Address of witness.)

Sworn to before me this 14th day
of June, 1920

[Seal.]

Deputy Clerk of the U.S. Dist. Court at Cleveland, Ohio

Applicant desires passport to be sent to the following address:

James Langston Hughes
5709 Longfellow Ave.,
Cleveland, Ohio.

A signed duplicate of the photograph to be attached hereto must be sent to the Department with the application, to be affixed to the passport with an impression of the Department's seal.

休斯的護照申請，一九二〇年。

圖片由美國國家檔案和記錄管理局（National Archives and Records Administration）提供。

女性仍然不容易獲得。休斯的申請需要兩份宣誓書，其中一份由他母親親筆簽名，發誓她的兒子是美國「土生土長的公民」，出生在密蘇里州的喬普林。（常見的情況是，當年的主治醫生沒有提供出生證明，而且黑人小孩在城市記錄中也沒有相關文件。）護照申請中還包含一張年輕休斯的出眾照片。自信的正面姿勢，身著深色西裝和領帶，暗示著他返回美國後進入哥倫比亞大學的雄心壯志。然而，在那之前，休斯創作了第一首重要的詩作〈黑人談河流〉，靈感來自那年夏天他在南方旅行時從火車車廂看到的景色。

墨西哥的旅程激起他的旅行欲望，之後，休斯為了逃避教院和同學的種族歧視，從大學休學，在商船上找到船員的工作。最終，他與一艘名為「馬龍號」的舊貨輪簽約受聘，在桑迪胡克附近海域毫不留戀地丟棄大部分藏書後，啟程沿非洲西海岸上上下下航行了六個月。然後，在一九二四年春天，他經歷了從紐約到鹿特丹的悲慘旅程，在鹿特丹跳船乘火車前往巴黎，實現他長期以來遊歷這座城市的夢想。很快地，他在蒙馬特夜總會找到工作，儘管在異鄉缺乏金錢或人脈的日子不易，但他開始享受在戰爭破壞後文化重新萌發的魅力。

許多其他有前途的年輕非裔美國作家和藝術家，其中包括克勞德・麥凱和格溫多林・班

* 蘭斯頓・休斯（Langston Hughes, 1901-1967），美國詩人、小說家、劇作家、專欄作家，是哈萊姆文藝復興代表人物之一。

尼特*，在此期間開始抵達巴黎。休斯將在這座城市有幸與阿蘭・洛克相遇，後者當時正準備出版耀眼的非裔美國人作品選集《新黑人：解讀》（一九二五），從而開啟哈林文藝復興。該運動兩位主要人物的第一次會面在巴黎，而非哈林，表明其國際化的野心。洛克是首位在牛津大學就讀並獲得羅德獎學金的非裔美國人，也曾在柏林唸書，當時他人則在歐洲，從霍華德大學的職位上休假，進行研究，聯絡一些過去的人脈和認識新朋友。他的旅行護照象徵著他的國際化氣息，照片中這位文雅的學者身著三件式西裝，搭配領結和翼領，彷彿準備聆賞交響樂表演或參加畫廊開幕式。在與休斯通信將近一年之後，洛克來到巴黎拜訪這位年輕詩人，以便討論他的選集計畫，或許還有望建立一段親密關係。這位人脈廣博的教授邀請年輕的詩人觀賞喜歌劇《瑪儂》，引介他與富有的藝術收藏家阿爾伯特・C・巴恩斯會面，並安排參觀保羅・吉拉姆擁有的非洲雕塑收藏品。洛克後來創造「有色護照」的隱喻概念，透過黑皮膚和棕膚色的共同生命經驗，將世界各地的人們連結起來。一九二四年夏末，他與休斯在義大利北部會合，像前幾代壯遊的旅人一樣參觀維洛納和威尼斯的景點，這位年長的學者與他早慧的同伴分享他對文藝復興時期藝術和建築的豐富知識。

即使在這些跨國文化背景下，休斯和他的護照的故事也強調出，在戰後那些年，這些證件在確認國家認同和維持民族感情方面，扮演著愈來愈重要的角色。如果喬伊斯的護照記錄了他對愛爾蘭社會和文化生活所感到的限制而產生的四海為家的超然，以及在國家獨立前夕幾乎悲慘地切斷社群關係，那麼休斯的證件可以說產生更複雜的混合情緒、更加緊張的矛盾感。

休斯在他的自傳《大海》（一九四〇）中做出解釋，幾年前的那個九月，他和洛克一起乘火車穿越義大利北部，他像小時候祖母教的那樣，把貴重物品固定在外套口袋裡。但這位疲憊的旅人在擁擠的三等車廂裡睡著後，醒來發現錢和護照都被偷走。沒有旅行證件，他無法再進入法國，於是他在熱那亞下車，去拜訪美國領事，領事和藹但過於隨便地告訴這位年輕人，他無能為力。所以休斯只能被困在探險家哥倫布的出生地。他變得飢餓和絕望，認為唯一的選擇就是不斷前往繁忙的熱那亞港口，直到可以受雇於返回美國的船。但隨著時間過去，休斯目睹白人水手輕鬆地被聘用，而他卻一再被拒於門外或受到忽視。

正是在這種遠離家鄉、失去護照、因膚色而不得其門而入的情況下，休斯寫下他最經久不衰的一首詩〈我也〉。簡短的詩句抱怨他被排除在美國富足的盛宴之外，遠離美國夢的陷阱，

* 克勞德．麥凱（Claude McKay, 1890-1948），牙買加裔美國作家、詩人，哈萊姆文藝復興重要人物。格溫多林．班尼特（Gwendolyn Bennett, 1902-1981）為美國藝術家、作家、記者。下文的阿蘭．洛克（Alain Locke, 1885-1954）為美國作家、哲學家、教育家、藝術贊助人。保羅．吉拉姆（Paul Guillaume, 1891-1934）為法國藝術品經銷商，也是最早舉辦非洲藝術展的一批人。

但仍對他面對種族隔離和歧視的美國身分，作出有力而痛苦的結語：

明天，當客人來訪
我將坐於席間。
到那時，
沒人敢
對我講，
「去廚房吃飯。」
此外，
他們將看到我是多麼美
從而感到羞慚——
我，也是美國。

PART 3

我們所知道的護照

THE PASSPORT AS WE KNOW IT

CHAPTER 5

被驅逐和無國籍
Expelled and Stateless

馬克．夏卡爾黑白蝕刻版畫作品的標題：《一個沒有護照的人站在鄉村警察隊長面前》（一九二三）清楚地描述了主題：前景中，警察隊長背對著我們，雙手交握在軍裝外套後腰處（這是他對另一個人表達權威的象徵），我們看不到他的頭，只能看到帽子後面。在他前面站著一個沒有護照的人，穿著不合身的束腰外衣（用一根舊繩子笨拙地綁在腰上），肩膀沉重地下垂，他的目光向下，但還是能看到他茫然的眼神和嘴巴的深色汙漬，微張的嘴好像在對警長呢喃著什麼。夏卡爾以其標誌性的手法完整表達出這種侷促，與其粗俗的主題背道而馳。事實上，該場景源自作家尼古拉．果戈里對俄羅斯鄉土生活的流浪諷刺作品《死靈魂》*（一八四二），儘管

* 果戈里巧妙在書名上使用俄語中「靈魂」和「農奴」二詞同音同形的雙關語。小說背景為十九世紀三、四〇年代的俄國，逢資本主義發展，莊園地主面臨變動破產危機，主人公契契可夫鑽法律漏洞，打通政府關係，向地主收買尚未註銷身分的已死農奴，充作活農奴抵押給監管會，騙取大筆押金。

它不是故事情節的一部分；相反地，它來自書中主人公帕維爾・伊凡諾維契・契契可夫以滑稽曲折方式描述的假設場景，他試圖讓一群逃跑的農奴感到恐懼。果戈里敘事中帶著引導意味的奇想是，由於俄羅斯稅法的突然轉變，農奴（或「靈魂」）對於像契契可夫這樣詭計多端的人來說，死去和活著一樣有價值：他對於他們的虐待象徵一八六一年農奴制度改革法令頒布之前俄羅斯社會的缺失。

國內護照系統在這種情況下發揮重要作用。像美國奴隸一樣，俄羅斯農奴實際上是他們所耕種田地之地主的私有財產，也同樣可以像動產一樣被買賣或抵押，被排除在政治參與之外，甚至連生產和生殖能力都受到剝削。與同時期在美國使用的奴隸通行證和自由民證類似，在俄羅斯使用的國內護照也用於驗明持有人的個人身分和所在地：俄羅斯勞工若是沒有列出姓名、種族、婚姻狀況、地址、犯罪紀錄的官方證件，就沒有合法身分。因此，逃跑的農奴就類似於逃跑的奴隸或非法移民，不斷面臨被捕和虐待的危險。正如契契可夫殘酷地提醒那些逃犯聽眾，只要離開地主的領地，農奴就必須配合要求向警察出示證件。事實上，即使在解放之後，沙皇俄國仍繼續對農民實行內部護照制度，以規範他們的行動，並限制季節性遷移。任何被發現沒有必要證件的人都被視為逃犯或流浪者，並會受到嚴厲的懲罰，包括被迫流放到西伯利亞，或在右前臂上痛苦地烙上字母B——代表「逃亡者」（бродяга，或brodyaga）和俄語中的「流

夏卡爾作品：《一個沒有護照的人站在鄉村警察隊長面前》，一九二三年。

圖片由Wikiart.org提供。

浪漢」（беглец，或 beglets）。他們的身分因此在皮膚上變得不可磨滅。

一九二三年，夏卡爾在創作他那插圖版「死靈魂」時，（再次）面臨著沒有護照的危險。一八八七年，原名莫依希．夏加爾的夏卡爾出生於白俄羅斯的一個猶太商人家庭，他擺脫鄉下的出身背景，先後在維捷布斯克和聖彼得堡學習藝術。因為除非擁有國內護照——夏卡爾在回憶錄《我的人生》（一九二三）中所說的「那著名的許可證」——否則猶太人不能進入俄羅斯首都。他向維捷布斯克的朋友借了護照，才得以參加享有盛譽的帝國美術保護協會。[1]一九一〇年，為了在更自由的環境中追求藝術生涯，他搬到巴黎，與野獸派和立體派的名畫家交好，儘管他繼續在畫作中探索東歐猶太主題。夏卡爾在法國首都改了名字，並發展出他的標誌性風格：藍色的牛、紅色的馬、空中的人物、屋頂上的綠色小提琴手，一再讓人想起他成長背景中的民間傳統。經過幾年大展鴻圖，夏卡爾於一九一四年回到維捷布斯克與心上人貝拉．羅森菲爾德結婚，但這對夫婦隨後因第一次世界大戰的爆發和邊境的關閉而被困在俄羅斯。官員拒絕夏卡爾申請護照與他的新娘返回巴黎，這對夫婦被迫先後待在聖彼得堡和莫斯科，等待歐洲戰爭及隨後的俄羅斯革命和內戰的結束。最終，由於蘇聯藝術委員會並不欣賞夏卡爾的藝術作品中，猶太民間文化和現代主義創新的獨特融合，和這位畫家產生一系列在審美和意識形態上的糾紛。這對夫婦在經濟上愈來愈困難，也受到俄羅斯普遍糧食短缺的影響，以至於二十出頭那幾年，畫家和妻子幾乎一貧如洗。

夏卡爾迫切希望回到巴黎，以在不那麼痛苦的環境中再次追求藝術。但是因為蘇聯政權開始嚴格限制移民，他一直等到一九二二年，才在國民教育人民委員會委員阿納托利·盧納察爾斯基這等高階的盟友幫助下獲得護照。之後，夏卡爾於一九二三年經由柏林返回巴黎，發現他需要法國簽證，而法國駐該市的領事館最初拒絕批准簽證。直到這位畫家出示巴黎警察局出具的證明，可以追溯到戰前他住在法國首都後，才被承認為合法居民，並在護照上蓋章。這將是這位移民藝術家身為俄羅斯公民的最後一次旅行：因為返回法國，馬克、貝拉和他們的小女兒艾達實際上進入了無國籍狀態。

於是畫家及家人和超過一百五十萬在內戰和飢荒時期逃離該國，並在隨後幾年分散在歐洲和全球各地的其他俄羅斯人落入同樣處境。正如阿岡本所指出的，這一時期見證了世界歷史上「首次出現大規模難民的現象」。[2]在戰後幾年，隨著俄羅斯、奧匈帝國、鄂圖曼帝國的解體，數以百萬計的白俄羅斯人、亞美尼亞人、保加利亞人、希臘人、德國人、匈牙利人、羅馬尼亞人也自其祖國流離失所，其中許多人沒有有效護照。與此同時，對國家主權的要求導致對離境人士取消或剝奪國籍的新措施，有效地切斷長期以來被認為是理所當然的「出生與國籍」之間的連結。在新成立的俄羅斯蘇維埃共和國，正當布爾什維克政府限制移民之際，全俄中央執行委員會於一九二一年十二月頒布法令，剝奪流亡者和移民者的公民權，但在某些特殊情況下除外。隨著國際護照管制制度在戰後變得鞏固，也確認了無國籍人的狀態，即當他們的旅行證件遭到拒絕或作廢時，通常也不再擁有其母國的合法身分。

德國猶太哲學家漢娜・鄂蘭在長期經歷無國籍狀態後回顧這些事件，她主張（多多少少影響了阿岡本和其他當代政治思想家），人與出生國聯繫的破裂，代表著對人權的嚴重危機。因為無國籍者突然沒有了公認的法律或政治地位。所有人都屬於「國際大家庭」這個方便的虛構概念，不再能夠在個人的普遍權利和國家的主權要求之間保持不明言的平衡：「畢竟，人權被定義為『不可剝奪』。」鄂蘭後來寫道，「因為它們應該獨立於所有政府；但事實證明，當人類缺乏自己的政府，並且必須依靠最低限度的權利時，沒有任何權威可以保護他們，也沒有機構願意為他們提供保障。」[3]二十世紀中數百萬無國籍人士的命運，並非取決於他們做為主權個人的地位，而是取決於他們是否歸屬於某種能夠恢復其法律地位的政治共同體。擁有官方證件和證書、將它們妥善保管以主張個人的基本權利，從未如此重要。

國際社會中最先開始試圖解決這些問題，是以所謂「南森護照」的形式，也就是兩次世界大戰期間發給無國籍人士的一系列身分證和旅行證件。在戰時那些年間，近五十萬本護照是由五十三個認可這項努力的政府所簽發，每個政府都有自己的證件版本，而南森護照上加蓋的

「南森印章」才表示由官方核可。南森護照的名稱來自弗里喬夫・南森，他是挪威動物學家、海洋學家、探險家、歷史學家、大學教授，後來成為人道主義者和政治家，他於一九二一年在國際聯盟擔任難民事務高級專員後，不久就提出超國家護照的想法。愛好冒險的南森在一八九〇年代進行一系列極其挑戰的北極探險，後來參加北大西洋的幾次海洋航行，探索可能的貿易路線，使他與西伯利亞內陸的俄羅斯人民有了密切的接觸。他為無國籍的俄羅斯人和歐洲其他難民所做的努力，讓他於一九二二年獲頒諾貝爾和平獎。以他命名的旅行證件，為那些被戰後新興國家拋棄的人民提供一線生機；許多學者與記者認為，此護照所體現的政府間的合作形式促成國際難民法的出現。

多虧了南森計畫，許多移居國外的俄羅斯藝術家、作曲家、作家得以在兩次戰爭之間繼續其職涯，儘管無國籍狀態不斷受到考驗。和夏卡爾一樣，伊果・史特拉汶斯基在戰前就已經揚名於巴黎的藝術界，尤其是在一九一三年他激進前衛的芭蕾舞劇《春之祭》的首演之後。但與夏卡爾不同，這位作曲家來自極有人脈的藝術家庭，在聖彼得堡的文化圈中享有顯著地位；另一個不同點，他在國外等待戰爭結束，大部分時間都在瑞士的日內瓦湖附近度過，在那裡繼續發展他在不和諧音和節拍上複雜精細的風格。史特拉汶斯基不像夏卡爾，可以被歸類為疏遠的沙皇支持者，因此一九一七年俄國革命的爆發，意味著他既不能也不願意回到自己的祖國。隨著布爾什維克派的勝利，他可說是完全失去所愛的祖國。一九二二年，也就是史特拉汶斯基拿到南森護照的同一年，他堅信自己也應該放棄俄羅斯作曲家的身分，「打破我與生俱來受限的傳統」，脫離國家關係，轉而追求「只有音樂」的創作。[4]再次在法國生活時，他的新護照對此一階段的職涯至關重要，因為他開始首次巡迴音樂會，在比利時、丹麥、德國、義大利、波蘭、美國和其他地方指揮和彈奏鋼琴。對這位感情不認真的作曲家來說，帶著南森護照巡迴演出的生活也讓他能夠與情婦薇拉．德．博塞特保持長期關係，而他的妻子則留在比亞里茲與家人在一起。

並非所有南森護照持有人都認為這些證件非常有利。一九一七年秋天，早在因出版《蘿莉塔》（一九五五）而在國際間變得知名之前，年輕（且具有古老貴族血統）的弗拉基米爾．納博科夫和家人因為在聖彼得堡的生活受到革命動亂的蔓延侵害，於是前往克里米亞友人的莊園。一九一九年春天，納博科夫一家在前進的紅軍來臨之前再次啟程，移居英格蘭。弗拉基米爾和他的弟弟謝爾蓋在那裡就讀劍橋大學。隔年，其他家人再次移居，這次搬到柏林，成為俄羅斯移民大社區的一分子。正是在此一時期，蘇聯政府啟動程序，取消了包括納博科夫家在內大部分海外僑民的公民身分。弗拉基米爾會在學校放假期間探望在德國的家人，並最終在一九二二年完成學位後移居該處。在他後來稱之為「物質匱乏而智力奢華」的環境中，這位年輕作家開始發表第一首詩和故事，筆名為V．西林，以免與他有影響力的父親*混淆。[5]然而，他父親在試圖保護流亡的立憲民主黨領袖帕維爾．米留科夫時，遭到右翼人士暗殺，家庭狀況變得更加不明朗。

失去祖國和父親對納博科夫來說極具毀滅性。他在革命後與家人一起搬家時，「當必須獲得或延長某個無用的『簽證』、某張惡毒的『身分證』時，對於冷酷地給予我們政治避難的這個或那個國家的完全依賴，就令人痛苦地顯現出來。」一九二五年，這位作家與猶太裔俄羅斯移民薇拉．葉夫謝耶夫娜．斯洛寧結婚，這對無國籍夫婦藉由申請南森護照開始共同的生活，儘管他們有理由擔心情況不如預期，但仍希望這能讓他們擁有更美好的未來。在納博科夫的第一部小說《瑪麗》（一九二六）中，一個場景傳達出這種情感的痕跡：一位年長的俄羅斯詩人決定離開柏林，他認為到巴黎可以過得更好，他在排隊的官僚儀式、人群、難聞的氣味中奮力掙扎，以獲得所需的護照，卻在一天結束之前弄丟了。

對於這位年輕的俄羅斯小說家來說，擁有南森護照——他在自傳《說吧，記憶》（一九五一）中稱其為「非常低劣的病態綠色調證件」——幾乎不算好事。納博科夫回憶道：「它的持有者

* 納博科夫的父親弗拉基米爾．德米特里耶維奇．納博科夫（Vladimir Dmitrievich Nabokov）出生貴族家庭，為當時知名犯罪學家、記者、俄羅斯帝國晚期進步政治家。

比假釋的罪犯好不了多少，每次想從一個國家到另一個國家旅行時，都必須經歷最令人厭惡的折磨，而且國家愈小，愈容易小題大作。」因為護照不斷提醒這位小說家和任何檢查過護照的人，他是無國籍人：依賴於不情願的東道國有條件的款待，每當他必須交出護照時，都得受制「貪婪的官僚地獄」，向他靠近並包圍著他。[6]毫無疑問，這種對護照的焦慮理由充分。即使在國際聯盟及其所代表的國際社會試圖保護無國籍人的同時，他們也主張，在無國籍和公民身分的合法定義上、排斥和包容的決定上，以及對那些被視為國家體系之外的無國籍人的管理上，實行全球壟斷。

然而，除了有這些麻煩的限制，在希特勒一九三三年一月成為德國總理後，納博科夫夫婦的情況變得更糟。隨著這對夫婦在柏林共同生活，薇拉已成為納博科夫的繆思、可信賴的文書助手和私人文學評論家，更不用說是他多年來的主要經濟來源。然而，納粹政權的崛起讓她做為速記員和翻譯的生計變得愈來愈困難。

新政府迅速推出一系列反猶太措施，包括在三月建立第一個集中營，在四月成立組織抵制猶太企業，以及在六月進行特別人口普查以識別德國猶太人，並監測他們的行動。恐嚇和控制的複雜行政手段迅速擴展到被認為對德意志帝國構成威脅的其他德國人口：吉普賽人、黑人、同性戀者、身心障礙人士，以及許多藝術家、作家、知識分子，他們的作品被視為異議，或者更糟糕的，「墮落」。很快地，反猶太主義成為正式的國家政策，茨威格的書籍遭到燒毀，夏卡爾的畫作遭禁，年輕的鄂蘭學術生涯的前景遭到捻熄，成千上萬的人在外國領事館外排起長龍，希望獲得簽證和移民證件。

正是在這種背景下，納粹黨另外採取措施，邊緣化生活在德國的猶太人。至關重要的是，其中包括「關於撤銷歸化和取消承認德國公民身分的法律」，該法律使政府能夠剝奪任何自一戰結束以來取得德國公民身分者的公民身分。一九三五年九月，該黨就此事發布另外兩項惡名昭彰的法令，統稱為紐倫堡種族法，以保護「德國血統和德國榮譽」為名，將德國出生的猶太人排除在公民身分之外。正如鄂蘭後來所強調的，極權主義政權破壞主權原則至此，已經到了主張禁止其所謂「他者」進入「純」種族或國家的「權利」。在剝奪這些群體的公民身分的過程中，納粹政府制定的法律有效地切斷人與公民、出生與國籍之間的聯繫，並提供途徑，將前公民送入集中營，關押在「裸命」的範圍內，失去「正常」司法秩序提供的所有法律保護。例外狀態成了規定。

一九三六年，柏林日益惡劣的環境導致薇拉因種族原因而被吊銷工作許可證，並最終導致有了稚子迪米崔的納博科夫一家，於次年持南森護照搬到法國。這家人在坎城、蒙頓、穆利內、昂蒂布四處流離之後，在巴黎的俄羅斯移民社區安頓下來，至少在一段時間內找到一定程度的經濟保障和人身安全。事實上，此時期也有一波藝術家和知識分子為了躲避納粹政權的邪惡政策，湧入法國首都。

然而，當法國於一九三九年九月向德國宣戰時，一切都開始發生變化。經過八個月所謂的假戰*，德國的入侵和一九四〇年夏天維琪政府的成立，突然讓俄羅斯流亡者的地位轉變為服務提供者，即為國家服務並欠國家債務的人。在《弗拉基米爾．納博科夫的生命和藝術》一書中，作者安德魯．菲爾德如此解釋新情況：

> 沒有人能理解這項法令，儘管它的潛在危險眾所周知。南森護照一直非常惱人（必須在旅行前至少三週提出出國旅行申請，而且護照並未自動包含工作許可），但南森護照並未被取消，在一般情況下持有人也不會被驅逐出境。然而現在有人被譴責，有人遭到逮捕。俄羅斯人被傳喚到法西斯和反動派移民委員會面前，詢問是否有猶太人血統。[7]

納博科夫可以預見這樣的事態發展對妻兒意味著什麼，於是著急地安排在德國軍隊抵達之前逃離法國，儘管他們幾乎沒有旅費，只有麻煩的南森護照能夠確保出入境。幸運的是，一份在史丹福大學教授俄羅斯文學的教職，讓這位作家得為家人獲得美國入境簽證。納博科夫已故父親的友人經營的猶太救援組織介入，提供他們一家跨大西洋路線的航程——儘管他們仍然必須與頑固的法國官僚協商，以獲取出境簽證。在當時，沒有任何形式的證件比這更重要。經過幾個月在一個又一個政府辦公室的懇求之後，對「最後一個老鼠洞裡的最後一隻老鼠」的賄賂終於達到效果。[8]一九四〇年五月上旬，就在希特勒奪取巴黎的前幾天，納博科夫偕妻子及稚子航行到紐約。儘管在納粹政權下同性戀者面臨危險，他的弟弟謝爾蓋還是選擇與伴侶赫爾曼．蒂姆一起留在歐洲。謝爾蓋後來被捕，並被送往德國北部的諾因加默集中營，納粹科學家在那裡對囚犯進行可怕的醫學實驗。一九四五年一月，他在集中營裡離世。

◆ ◆ ◆

對於許多人來說，無國籍、逃亡中、權利遭到剝奪、依賴外國政府（可能一時興起）的接待，這類經驗是一九三、四〇年代的特色。也許沒有作家比茨威格更深刻表達出這一連串的酸楚，否則他也會在一九四〇年代來到紐約。和納博科夫一樣，他是二十世紀一位最傑出的作家。和納博科夫一樣，他的生活在某種意義上完全是那個時代的典型，至少就其所遭受的許多動盪

* 假戰（Phoney War），指該期間英法為納粹德國入侵波蘭一事表態而宣戰，法德雙方實際上只有極輕微的軍事衝突。

而言是如此。用他自己的話說，身為「奧地利人、猶太人、作家、人文主義者、和平主義者」，茨威格「總是站在地震最劇烈之處。」[9]一九三四年，他的書在柏林遭到燒毀後——「在愛國情緒高漲之下，在巨大的篝火中化為灰燼」——奧地利共和國變成法西斯主義領導的奧地利聯邦國（促成對他家的強行搜查），茨威格離開薩爾斯堡，在倫敦長期逗留。[10]有一段時間，他可以安適地居住在這座城市，因為政治感覺離這裡「很遙遠」。[11]但隨著納粹德國吞併奧地利以及他的護照在一九三八年即將到期，茨威格被迫向英國當局申請一份緊急「白皮書」，也就是另一份「無國籍人護照」。

起初，茨威格認為這種新的必要性只是一種形式，甚至值得慶祝，因為在他對「四海為家的幻想」中，他經常「想像如此會多麼美好，多麼真實符合我內心的想法，對任何一個國家都沒有義務，因此無差別地依附於所有國家。」[12]然而，當他在某個政府機關前廳的請願人長凳上，等待用他的護照換取外國人的證明時，他開始有不同的感覺：

奧地利護照是我權利的象徵。每位奧地利領事、官員或警察都有義務因為我是信譽良好的公民，依照要求核發護照給我。但我必須索取英國的證明。這是我不得不請求的協助，而且是可以隨時撤回的協助。一夜之間，我發現自己低了一級。就在昨天，我還是來自國外的訪客，可以說是在此地花費自己的國際收入並納稅的紳士，現在我已經成為移民，一個「難民」。

茨威格陷入無國籍者的困境，成為鄂蘭如此令人心碎地描述為「非人」*的人之一，沒有不可剝奪的法律權利或政治地位。此後，他將不得不為新旅行證件上的每一個外國簽證訴諸特別請求；身為「被放逐的人、沒有國家的人」，他處處受到懷疑和偏狹的對待——因為如果他逗留得過久，沒有辦法驅逐他到任何地方，也沒有祖國有義務接收他。在這種情況下，茨威格不斷回憶起多年前一位俄羅斯流亡者（如同夏卡爾、史特拉汶斯基或納博科夫等人）告訴他的話：「從前的人只有身體和靈魂。現在他也需要護照，因為沒有護照，他將不會被視而為人。」[13]當茨威格放棄公民身分並完全依賴東道國的好客時，也敏銳地意識到「人類如何讓他們覺得他們是客體而非主體，他們沒有什麼權利，一切都只是政府恩典下所施予的恩惠。」[14]

魏斯・安德森於二〇一四年所執導的電影《歡迎來到布達佩斯大飯店》就捕捉到這種悲愴，

* 漢娜鄂蘭於其第一本重要著作《極權主義的起源》首次提到「非人」的概念。非人（nonpersons），指被政治體系或政府視為非法或非人的人，可能是政治囚犯、濫權受害者、種族或宗教迫害的受害者等。她認為，這是對人的否定，也是對人類尊嚴的侵犯。

正如片尾字幕所呈現的，這部電影「受到史蒂芬・茨威格的著作啟發」。這部電影用令人心碎的絕望和令人震驚的暴力來緩和安德森慣常的奇思妙想，故事背景設定在一九三〇年代戰爭前夕的虛構中歐國家祖布羅卡共和國。設計精巧的祖布羅卡貨幣、警政表格、郵票、旅行證件都有助於建構電影幻象。與此同時，同名旅館建築取材於本世紀中葉的好萊塢電影和高山度假勝地的復古彩照印刷效果，提供一個從未存在過的文雅迷人世界的國際化幻想。然而，在布達佩斯大飯店的新藝術風格大廳之外，法西斯政權的崛起和即將發生的全球衝突所帶來的威脅迫在眉睫。

這些威脅在影片開始十五分鐘後變得明顯：飯店伶俐爽快的禮賓人員古斯塔夫先生（雷夫・范恩斯飾演）和他的「大廳男孩」季諾・穆斯塔法（東尼・雷佛羅里飾演）匆忙離開他們熟悉之地，登上火車，在車上被一群來自警察民兵的灰色制服士兵搭話。畫面字卡相當神祕地指出，「十月十九日，邊境關閉」。畫面再度聚焦在此刻的情境上，因為其中一名士兵弗朗茲要求查看兩名旅行者的證件。古斯塔夫在愉快而戲謔的氛圍下通過護照檢查，但士兵在季諾製作的破爛證件上花了很久的時間。古斯塔夫感覺到情況有些微妙，甚至危險，於是漫不經心地插話：「這是第三階段工人身分的移民簽證，親愛的弗朗茲。他和我一起的。」然而，衝突快速升級，幾位士兵粗暴地逮捕起這些旅行者，先前鎮定自若的古斯塔夫先生激烈驚呼：「你們這些骯髒、該死、滿臉麻子的法西斯混蛋！把你的手從我的大廳男孩身上拿開！」當指揮官漢寇（由愛德華．諾頓飾演）到達現場並認出古斯塔夫時，情況才得以挽救。多年前還是「寂寞小男孩」的漢寇住過布達佩斯大飯店，當時古斯塔夫對他很親切。在趕走士兵後，漢寇寫了一張允許季諾自由行動的臨時簽單，然後告訴古斯塔夫：「你的同事沒有國籍。他需要申請更新特別過境許可證，老實說，目前可能很難簽過。」對於這位彬彬有禮的門房來說，這種干預表明「在這個野蠻屠宰場中，仍然存有文明的微光，那就是人性。」，儘管他最後倉皇間難得地講了粗話：「哦，去他的。」——讓我們知道他不能完全相信他剛才所說的話。

隨著戰爭的到來（如字卡呈現的那樣：「盧茨閃電戰的開始」），這種脆弱的幻覺再也無法維持。如今，入侵部隊占領高山小鎮並直入飯店聖所，將飯店大廳變成敵人最高指揮部的擁擠聚會場所，並用納粹德國親衛隊的横幅裝飾牆壁。隨著故事走向結局，「在占領的第二十一天，祖布羅卡獨立國正式不復存在的那個早晨」，古斯塔夫和季諾（以及他的新娘阿加莎）再次登上火車，被來勢洶洶的士兵搭話，現在他們穿著更具有威脅性的親衛隊制服。和以前一樣，古斯塔夫試圖用一些可能有些黑色幽默但輕鬆愉快的話來化解緊張的局勢：「你們是我們正式碰到的第一批官方敢死隊。你們好嗎……*Plus ça change**，這樣說對嗎？」但是在這一次，當大廳男孩的證件引起懷疑，緊張局勢升級時，沒有「文明」的警探來解決問題。相反地，一名士兵在古斯塔夫與其他穿制服的人搏鬥時用步槍猛擊季諾的頭。後來成為布達佩斯大飯店老闆的季諾（由F・莫瑞・亞伯拉罕飾演）多年後回顧這些不幸的事件，以若有所思的旁白訴說：「在這個野蠻屠宰場中，仍然存有文明的微光……他就是其中之一。」但我們也從季諾那裡得知，古斯塔夫後來被占領軍槍殺，完全熄滅了那一絲微光。[15]

對於像納博科夫和茨威格這樣的人來說，安德森在他虛構的歐洲歷史版本中所描繪的困境變得太過真實，他們在二戰初期都因為恐慌而無法好好寫完小說。喬伊斯曾半開玩笑地感嘆，一九三九年三月德國入侵捷克斯洛伐克，極有可能分散世界對他即將出版的《芬尼根的守靈夜》（一九三九）的關注，這本小說花了他超過十七年（幾乎是兩次世界大戰的跨度）才完成。然而，隨著生活遭到殘酷的戰爭現實逐漸侵蝕，很快地，這位作家的新書不再是他最擔心的事。一九四〇年五月，德軍入侵法國，喬伊斯因仍持有英國護照而突然成為「敵國僑民」；與此同時，他的兒子喬治奧面臨著被德國人拘留或被法國人徵兵的風險，因為他剛到了服兵役的年齡。

前一年，這家人已經離開巴黎，前往聖熱朗勒皮的小村莊，因為人們對戰爭益發恐懼，他們的朋友一個接著一個放棄這座城市。現在，納粹士兵在愛爾蘭小說家曾經漫步的第七區街道上巡邏，喬伊斯急忙費盡心思，將家人送回中立的瑞士蘇黎世，希望可以像第一次世界大戰當時一樣，在那裡等待衝突結束。但穿越邊境進入阿爾卑斯山國家並不像二十五年前那麼容易。

而這一次，喬伊斯還得擔心他患有知覺思調症的女兒露西亞。他向瑞士駐里昂領事館申請簽證，但遭到拒絕，因為從朋友那裡得知，他被認定為猶太人——顯然，喬伊斯的文學名聲讓一些領事官員或其他人把他和《尤利西斯》的主角利奧波德·布魯姆搞混。但在這位小說家召集各式各樣的瑞士政要為他擔保，提供一筆可觀的保證金（由蘇黎世的一位友人支付），並寫了一篇雖然有點可疑但頗有說服力的文章申報額外資產之後，他的第二次申請終於被接受。

與此同時，喬伊斯還向法國的有力朋友尋求幫助——包括小說家讓·季洛杜、藝術史學家路易斯·吉萊和蘭蔻化妝品公司創始人、現為維琪政府官員的阿曼達·珀蒂讓——以確保家人獲得出境簽證。經過一番努力，他確實為自己、諾拉、露西亞獲得出境許可，但正值兵役年齡的喬治奧仍未能獲得。隨著取得出境簽證的期限愈發逼近，在一九四〇年十二月，這位年輕人在鄰近小鎮拉帕利斯瘋狂地騎了一天的自行車（儘管他若是被發現離開聖熱朗勒皮會遭到逮捕），終於得到一位通情達理的官員在護照上蓋章。而得如此大費周章，都是因為他的父親當下就回絕了中立國愛爾蘭祖國提供護照的提議，即便那能夠讓全家人輕易離境法國。這位小說家的理由，出於一種對他個人主權和藝術自主權的原則性主張（儘管幾乎反常），「他不應該在

* *plus ça change*，法文諺語，接近中文的「萬變不離其宗」。

戰時接受他在和平時期不想要的事物。」[16]

◆◆◆

喬伊斯家族堅守原則之際，其他人則在尋找任何可以離開法國的方法。正如接下來的故事一再證明的，一切都取決於擁有合適的旅行證件，唯有如此，才能應對戰時歐洲的挑戰，並在大西洋彼岸尋求安全。這也是克服無國籍的眾多險境，並獲得他國勉強接待的唯一手段。一九三九年九月，在法國向德國宣戰後不久，馬克思．恩斯特在巴黎遭到法國當局逮捕，因為他是「德意志帝國公民」（並持有一九三六年十月十七日在巴黎簽發的德意志帝國國家通行證，編號〇〇三一八五）。在衝突引發的緊急狀態下，法國政府以捍衛「國家安全」為由，設立拘留營，實質地暫停了法治狀態。這種威脅出現後，國家不再對客人表現好客之情：在東道國境內的行動自由立即遭到取消。恩斯特很快就被送到普羅旺斯地區的艾克斯，被關押在臭名昭著的米勒斯居留營，其前身是一家磁磚廠，他與數百名德國藝術家和知識分子一起住在狹窄的牢房裡。

一如二十年前那樣，保爾．艾呂雅再次對恩斯特伸出援手，這一次他代表藝術家寫了一封措辭優美的信給法國總理阿爾貝－皮耶．薩羅。但在獲得釋放證件之前，恩斯特就從監禁中逃脫並再次被捕，之後又再次逃脫。在逃亡期間，他竟得以開始創作他的傑作《雨後的歐洲》（一九四二)，這是一幅超現實主義的風景畫，讓人瞥見即將到來的末世。德國入侵法國後，整個國家的法治狀態已全面暫停，這位畫家的處境變得更加危險，被蓋世太保視為墮落的藝術家和第三帝國的叛徒而加以追捕。

因此，恩斯特不得不依靠另一個盟友的非凡功績。有時被稱為「美國辛德勒」的瓦里安・弗萊看來不像典型的英雄：他曾在哈佛學習古典文學，還創辦文學期刊《獵犬與號角》，後來擔任一家流行雜誌《生活時代》的駐外記者。一九三五年夏天，他在從事雜誌工作時，親眼目睹柏林的反猶太騷亂，因而決定為反納粹組織籌款。在德國進攻法國之後，他決心採取更直接的行動。一九四〇年六月下旬，弗萊和二百多名紐約知名文化人成立緊急救援委員會，並很快地在第一夫人愛蓮娜・羅斯福的幫助下獲得許多美國緊急入境簽證。到八月初，他開始祕密救援任務，帶著三千美元現金(為了安全綁在腿上)和一份知名逃亡者的名單抵達馬賽，這些逃亡者大多是猶太裔藝術家和知識分子，當時正面臨蓋世太保的追捕。

弗萊一落地法國就知道必須組建團隊，成立掩護的組織：縮寫為ARC的美國救濟中心，表面上基於人道主義從事「救濟」工作，實際任務是對處於險境者提供「救援」，幫助他們在歐洲擺脫納粹的威脅。除了與配合度不高的美國國務院協商提供簽證以外，弗萊也進行一連串祕密活動來幫助難民。在德國僑民(也是著名經濟學家)阿爾伯特・奧圖・赫緒曼的幫助下，他購買偽造的護照和其他證件，包括從外國領事館（智利、古巴、中國、巴拿馬等國家）獲得的海外簽證，以便讓逃亡者獲得關鍵的西班牙和葡萄牙過境簽證。最終，他自己聘請偽造者，一位名叫威廉·史匹拉的年輕猶太裔政治漫畫家，他逃離家鄉奧地利，並改名為比爾·佛萊爾。為了保護委託人，弗萊還租用位於馬賽郊外一座棄置的城堡艾爾貝爾莊園，為逃亡者提供臨時住所。美國人正在努力將人們帶離法國的消息迅速傳開，隨著歐洲局勢的持續惡化，數百名作家、藝術家、音樂家、入獄的政府官員和其他急於尋求庇護的人開始湧入他的辦公室，或寄信向他尋求幫助。

其中一位便是恩斯特，他在第二次逃離法國拘留營後不久，就帶著許多畫作前往艾爾貝爾莊園。恩斯特在城堡停留期間，美國女性繼承人和藝術贊助人佩姬·古根漢也來到馬賽，與弗萊討論美國救濟中心的活動。兩人因而展開戀情。與此同時，弗萊一面在幫助這位畫家獲得美國緊急訪問簽證。恩斯特在美國的人脈加快了進程，包括他在紐約現代藝術博物館工作的兒子吉米（原名為烏爾里希）也向老闆尋求幫助。但弗萊因恩斯特受到的指控無法為他獲得出境簽證。由於擔心永遠不會收到證件，他敦促恩斯特在沒有簽證的情況下，冒著相當風險前往里斯本，好與古根漢會合，一起搭船前往紐約。最驚恐的是當畫家試圖離開法國，來到監視嚴密且極端危險的西班牙邊境時，因為證件凌亂被一名檢查員攔下。但在恩斯特同意檢查員查看他攜帶的幾幅畫後，這位官員改變主意：在告訴恩斯特他必須返回法國的同時，檢查員指著去馬德里的火車，暗示畫家應該上車。幾週後，恩斯特安然無恙地與古根漢待在紐約。

擁有正確證件要賭上的風險從未如此之高，然而弗萊名單上的一些人並不明白這件事，直到幾乎為時已晚。在法國居住多年後，夏卡爾及其家人終於在一九三七年歸化為法國公民。然而，這位藝術家的護照仍然有問題，根據他在一封信中指出，因為多年來法國官方在他的身分證件中註明他的姓名為「馬克（又稱摩西）．夏卡爾」，但不知道什麼原因，後來省略了「馬克」。這意味著世界知名畫家馬克．夏卡爾不能再以這個名字旅行，並有可能失去與該身分相關的法律保護。當然，在納粹威脅和普遍的反猶太主義背景下，這也意味著他的證件現在令人擔憂地強調了他的猶太血統。他向當時剛幫他取得公民身分的法國朋友尋求更多協助：「如果你能與當局交涉，解決這個已經發展成偵探小說的小事，我將特別感謝你。」[17]

然而，即使在一九四〇年春末德國占領開始之後，夏卡爾和家人仍留在維琪法國，對正在制定的反猶太法律和蓋世太保特務圍捕法國猶太人的事實置若罔聞。就在這個時候，他的作品被人從德國博物館的牆壁上撕下來，並在公開儀式上燒毀。弗萊的組織一開始就將夏卡爾列入處於危險境地的藝術家和知識分子名單，清楚地意識到他面臨的危險，一再向他提出懇求。一九四〇年秋天，弗萊甚至為夏卡爾安排參觀現代藝術博物館展覽的邀請函（以及必要的美國入境簽證），但畫家仍猶豫著是否接受，顯然是因為他害怕失去新獲得的法國國籍。

無論如何，根據維琪法國新的反猶太法律，夏卡爾很快就會被剝奪公民身分。一九四一年三月，弗萊和美國駐馬賽總領事哈里・賓漢姆在夏卡爾位於戈爾代的工作室度週末，並成功說服這位畫家離開法國前往美國。夏卡爾和妻子住在馬賽的旅館房間正準備離開，卻在警察突襲該處時被捕，並遭到拘留。由於擔心發生最糟的情況，貝拉明智地向弗萊請求幫助，弗萊立即打電話給地方首長，並威脅要向《紐約時報》爆料這位知名藝術家被拘留的情況，使警察部隊和整個維琪政府難堪。這個策略成功奏效，夏卡爾獲得釋放，但不可否認當下的情況十分嚴重。四月初，維琪政府進一步立法，將法國猶太人從公共和學術職位上除名，然後開始剝奪其公民身分和財產權。夏卡爾和妻子正在尋找出路的時候，失去法國公民身分，人生中第二次成為無國籍人士，但是現在迫在眉睫的是，他們也面臨被送往集中營的危險。在這種日益嚴峻的情況下，弗萊無法為這對夫婦取得出境簽證，但為他們安排祕密交通，穿越西班牙邊境，並從葡萄牙橫越大西洋。夏卡爾一家於一九四一年五月抵達里斯本，一個多月後，他們終於從戰爭中安全抵達紐約。

◆ ◆ ◆

總而言之，弗萊和美國救濟中心從納粹政權手中拯救多達四千人。但面對全球戰爭、公民身分的突然撤銷以及無國籍的諸多危險，該組織最多只能做到如此。這種可能因一本小本子便加以克服或永久加劇的脆弱感，意味著出現一種完全不同的政治（不只是「人」和「公民」的概念瓦解），而鄂蘭就屬於第一批明確指出的人。在一九三三年二月國會大廈被燒毀*後，由於她對納粹黨直言不諱的批評，以及她與一個猶太復國主義團體的祕密合作，她感覺非離開德國不可。鄂蘭在沒有護照或其他旅行證件的情況下逃離該國；在接下來超過十年的時間裡，她都是無國籍人士，先待在布拉格和日內

* 該國會縱火案為德國建立納粹黨一黨專政獨裁政權的關鍵事件，當時的總理希特勒和戈林宣稱此事件為共產黨員組織策畫的，並抓住此機會宣布全國進入緊急狀態。

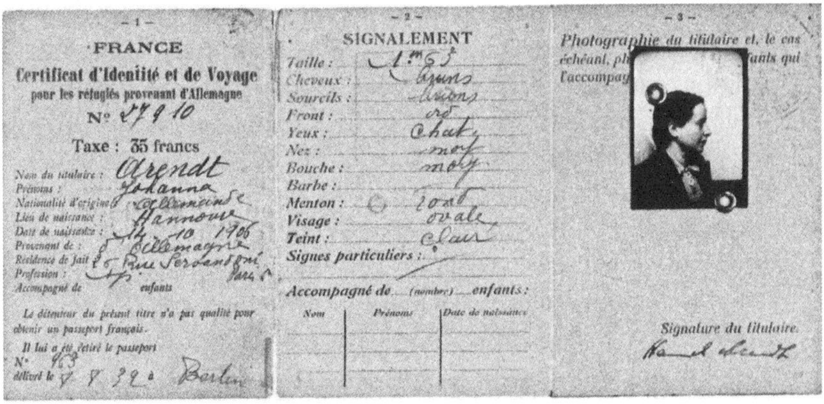
— 1 —
FRANCE
Certificat d'Identité et de Voyage
pour les refugiés provenant d'Allemagne
N° 27910
Taxe : 35 francs
Nom du titulaire : Arendt
Prénoms : Johanna
Nationalité d'origine : Allemande
Lieu de naissance : Hannover
Date de naissance : 14 10 1906
Provenant de : Allemagne
Résidence de fait : 5 Rue Servandoni Paris
Profession :
Accompagné de enfants
Le détenteur du présent titre n'a pas qualité pour obtenir un passeport français.
Il lui a été retiré le passeport
N°
délivré le

— 2 —
SIGNALEMENT
Taille : 1m65
Cheveux :
Sourcils :
Front :
Yeux :
Nez :
Bouche :
Barbe :
Menton : rond
Visage : ovale
Teint : clair
Signes particuliers :
Accompagné de (nombre) enfants :

Nom	Prénoms	Date de naissance

— 3 —
Photographie du titulaire et, le cas échéant, ph... enfants qui l'accompag...
Signature du titulaire.

一九三八年頒發給鄂蘭的德國難民身分和旅行證明。

圖片由美國國會圖書館（Library of Congress）提供。

瓦，然後在巴黎為幾個猶太難民組織工作。戰爭爆發後，她被當作「敵國人」被關押在法國南部的古爾斯集中營，但在法軍戰敗的混亂中，她設法逃到維琪地區。許多沒有逃離的人後來被轉移到德國的滅絕營。在這個動盪的時期，鄂蘭開始零碎地創作，最終完成她的第一部主要論文著作《極權主義的起源》，其中甚至反思當前形勢的諷刺：「我們是一種新的人類，」她在一九四三年寫道，「那種被敵人關進集中營、被朋友關進拘留營*的人。」[18]

像許多人一樣，鄂蘭和詩人丈夫海因里希·布呂歇前往馬賽尋求美國簽證。一九四〇年十月，他們找上弗萊尋求幫助，但當時他們還只是鮮為人知的作家，並未出現在美國人的重要人士名單上，該名單裡尚未被視為傑出或知名的名字不多。幸好暗中協助弗萊的赫緒曼加以干預——他和布呂歇相識，並證明鄂蘭是「有朝一日會成名的女性」，美國救濟中心無視國務院的指示，投入資源為這對夫婦獲取必要的證件：一份「代替護照的身分宣誓書」、一份法國的「身分和旅行證明」和一份美國緊急簽證。[19]一九四一年一月，維琪政府短暫放寬出境許可政策，允許鄂蘭和布呂歇乘火車前往里斯本；在希伯來移民援助協會的幫助下，他們後來得以登上前往紐約的遠洋郵輪。因此，鄂蘭從自己的悲慘經歷中了解到不知名的無國籍人多麼脆弱，並進而觀察到「公民身分的喪失不僅剝奪人們的保護，而且剝奪所有已確立的官方認可身分。」在這種情況下，「唯有名聲」——「能夠將一個人從無名人海中解救出來的辨識度」——可以協助恢復安全：「知名流亡者的機會提高，就像有名字的狗比流浪狗更有機會活下去一樣。」[20]

許多沒有名氣的流亡者並未像鄂蘭和布呂歇那樣成功逃離。華特・班雅明是傑出的作家和思想家，也是文化理論家、社會學家、哲學家、猶太神祕主義者，在過去的八十年裡，人文和社會科學的許多領域中都可見他的著作。他是劇作家貝爾托特・布雷西特的密友，也是法蘭克福學派的名譽會員，能與在一九三〇年代贊助他研究的狄奧多・阿多諾和馬克・霍克海默†匹敵。他也是鄂蘭在巴黎時親近的朋友，並和她一樣逃離納粹德國，並在蓋世太保的要求下被撤銷公民身分；班雅明和她一樣，在巴黎過著惶惶不安的生活，後來被關押在法國集中營一段時間。但他尚未成名，也沒有找到合適的人脈求助於弗萊。等到德國入侵時，他已經流亡七年，在歐洲一處遷過一處，地址變化不少於二十八次。所以不難想見他為何堅持留在巴黎，那裡對他個人或是職涯來說，都意義重大。他直到一九四〇年六月上旬，在德國軍隊進軍香榭麗舍大街的前一天才離開法國首都。經過一連串的耽擱，他也來到難民城市馬賽，在那裡與鄂蘭待上

* 拘留營（Internment camp），是將對國家安全構成潛在威脅的人暫時羈押的地方。集中營（Concentration camp），是對特定種族、宗教、政治觀點的人進行系統性的迫害、剝奪自由、酷刑、屠殺的地方。前文的滅絕營（extermination center），則為目的更明確的族群大規模屠殺中心。三者雖定義不同，然在納粹時期對猶太人而言，常為連續轉換的關押場所。

† 狄奧多・阿多諾（Theodor Adorno, 1903-1969），德國社會學家、音樂家、哲學家。馬克・霍克海默（Max Horkheimer, 1895-1973），德國哲學家。

很長時間，並交出他的「歷史哲學論文」的打字稿。她將把稿件轉給阿多諾和霍克海默，他們在幾年前已經離開歐洲，在紐約的社會研究新學院（其研究所最初被稱為流亡大學）繼續研究工作。

當然，為了人身安全，以及與在美國的同僚會合，班雅明需要一大堆官方證件：法國居留許可、法國出境簽證、從西班牙進入葡萄牙的過境簽證，當然還有進入美國的簽證。在朋友的幫助下，他也獲得美國領事館的緊急簽證，但和許多難民同胞一樣，他無法獲得幾乎遙不可及的出境簽證。沒有它，其他證件對他也沒什麼用處。但向法國當局申請這樣的簽證，會提醒他們他的德國難民身分，進而引起蓋世太保不必要的注意。

一九四〇年九月，由於擔心永遠拿不到出境簽證，班雅明做出決定命運性的決定，與一小群流亡者一起偷偷離開法國，他們將嘗試徒步穿越庇里牛斯山脈，前往西班牙的波特沃。這條路線走起來並不容易，因為途中包括一個五百五十公尺長的隘口和超過十六公里的崎嶇地形。許多在戰爭期間嘗試走這條路線的逃亡者都因為長期待在拘留營或躲避蓋世太保數月，沒有規律的進食和睡眠，導致健康狀況不佳。班雅明是個文人，不是行動家，成年後大部分年歲裡身體一直很虛弱，經過多年流亡，當時飽受哮喘和心悸所苦。儘管如此，在九月下旬，他還是試圖在另一位救援活動家麗莎・菲特科，以及在馬賽遇到的兩名流亡者的陪伴下越過邊境。他一路上都非常辛苦，旅程中幾次落後，而且他還堅持帶著一只沉重的黑色手提箱，裡面裝著自己的隨身檔案：美國外交部簽發的護照，六張用於補充證件的護照照片，還有一些額外的論文，根據菲特科的說法，其中包括一份班雅明似乎比自己的生命更加看重的不明手稿。

儘管過境困難重重，班雅明和其他人還是於九月二十六日成功抵達波特沃，卻得知已在一天前針對沒有法國出境簽證的人關閉邊境。艱辛的旅程讓班雅明筋疲力盡，如今更陷入極度的絕望，因為他認為，被送回法國很可能意味著落入德國人的手中。那天晚上稍晚，在法國那一側邊境的一個小旅館房間裡，這位作家吞下他數月前離開巴黎後一直隨身攜帶的一把嗎啡藥片結束生命。隨後的警方報告指出，裝有他護照和手稿的手提箱被留在房間裡，很快就遭到歷史遺忘。最殘酷諷刺的是，就在班雅明自殺後的隔天，西班牙當局重新向團隊的其他成員開放過境點，他們被允許繼續前往葡萄牙，確保了安全。

難民能夠擺脫戰時歐洲的危險，幾乎與他們的人權或仁慈政府的保護無關。相反地，一切往往只能寄託於偶然：變化無常的官員可能會揮手讓人搭上火車；一向對自己友善的恩人可能會負責監視，也可能又勉強提供了幫助。但是，政府機構或邊防衛隊的一時興起也可能阻止一個人逃跑。沒有了國家的保護，無國籍人士還剩哪些不可剝奪的權利？

十年後，在美國確保安全後，鄂蘭將發表她對導致這一切情勢的說明。在《極權主義的起源》其中一個核心章節中，她反思身為難民的經歷，讓她知道無國籍人士的地位，即不能再自稱是任何主權國家公民的新人類階級。令人遺憾的是，本應享有「不可剝奪的」人權的難民，反而體現出此一概念的根本危機。那些失去公民身分的人同時失去就業、教育、行動自由的權利——甚至是最基本的人權，即生存權。鄂蘭用精練但尖銳的表述總結這種情況：無國籍人士被剝奪「擁有權利的權利」。[21]這句話與納粹政權帶來的難民危機和第二次世界大戰的災難相呼應，也繼續回響於定義本世紀地緣政治的難民危機中。我們繼續遵守同樣可怕的邏輯。

克里斯汀．佩佐於二〇一八年執導的電影《過境情謎》，藉由巧妙的時代挪移，刻畫這些議題的持續存在。這部電影改編自安娜．西格斯於一九四四年出版的同名小說，講述一名德國難民蓋爾（法藍茲．羅戈斯基飾）在巴黎驚險逃脫，向南前往馬賽的故事。他如果想離開這個國家，就得冒充才剛去世的作家維德爾，此時他已經冒用他的證件。小說的許多細節都是基於西格斯在一九四〇年代初期的親身經歷，當時她和丈夫試圖透過港口城市逃離法國，就像上述許多難民一樣。但這部電影將這些細節轉化為當代的設定：二〇一〇年代後期的法國被德國士兵蹂躪，絕望的歐洲人試圖逃離戰爭的危險。為了把時代完整挪移，這部電影將典故轉化成當代的難民危機：抵達馬賽時，蓋爾遇到他其中一個已故友人的妻子梅麗莎（瑪麗安．札力飾）和其子德里斯（里里安．貝特曼飾），他們是非法居住在這座城市的中東移民。電影大部分情節都在鋪陳蓋爾使用已故作家的身分證件，努力在各個擁擠的領事館獲得出境簽證。一路上，他多次遇見與作家關係疏遠的遺孀，而她來到這座城市有著相同的目的。最終，蓋爾提供自己的簽證讓她離開法國，卻在她離開後不久得知她所搭乘的船被敵人的魚雷擊沉，船上無人生還。身分驗證的混亂、蓋爾的逃離機會、他慷慨大方的悲慘結果，在在說明了在逃亡的情勢下，以及護照和簽證所控制的世界裡，偶發意外所扮演的角色。同時，片中的當代設定以及梅麗莎和德里斯的角色提醒我們，這種情況在第二次世界大戰結束很久之後仍然存在。

CHAPTER

6

移民和馬克思主義者 Migrants and Marxists

在艾未未以全球難民危機為主題的一小時獲獎紀錄片《人流》（二〇一七）中，舉了一個護照管制儀式的非凡例子。到目前為止，這部電影中已經呈現出，緩慢地向勒斯博島海岸漂流的橡膠救生艇船隊，上面擠滿了乘客；以盤旋的無人機從高處拍攝伊拉克貧瘠沙漠中的難民營；大批難民湧入一艘開往歐洲大陸的巨大渡輪；無盡的移民隊伍往西跋涉橫跨匈牙利邊境的景觀；在敘利亞和約旦邊境荒無人煙的土地上建有一個巨大的難民營——所有這些影像都讓人感受到難民危機的巨大程度。在紀錄片拍攝時，這場危機已導致全世界超過六千五百萬人，因飢荒、氣候變遷、戰爭，被迫離開家園。這些影像提供超然、安靜的觀察，甚至是美學化，以記錄一場幾乎太大、太悲慘而無法恰當理解的危機。然而，這些廣闊的畫面與一些親密的場景交織剪接，包括採訪（通常由艾未未本人進行）聯合國工作人員、國際特赦組織觀察員、政府官員、約旦公主達娜．菲拉斯和一些移民，他們述說自己身為棄兒的狀態，在家鄉不安全，在別處不受歡迎。

影片進行到一半，這位中國異議藝術家以紀錄片製作人的身分，進入位於希臘與馬其頓邊境的伊多梅尼難民營，用鏡頭觀察著人們求生存的例行日常：男人從雨中躲進小尼龍帳篷裡；母親和孩子抱在一起取暖；營地的居民在臨時營火上做飯；其他人從圍欄線附近收集薪柴和野生的根莖蔬菜。他的麥克風捕捉到腳踩在泥濘中的聲音，混合著阿拉伯語的快速對話，以及那些在雨、霧、寒冷中受苦之人的刺耳咳嗽。艾未未在營地中閒逛，進行交談，並拍攝其他日常活動。然後鏡頭切到一張男性移民咧著嘴笑的臉，那人身邊也是一群以頭巾擋雨的移民，一些人笑得很開心，一些人就只是茫然。當鏡頭外的艾未未說話時，男人開始拉下厚重大衣的拉鍊：

艾未未：我給你看我的中國護照。我也有護照。

馬哈茂德：是的，我們現在來交換護照。

艾未未：我會變成敘利亞人，你變成中國人，對吧？

馬哈茂德：是的，我希望如此。

艾未未：我的護照呢？哦，這是我的護照。所以你去中國，我來……

馬哈茂德：到敘利亞。

艾未未：是的，是的，是的。（他們互相出示護照，然後對著鏡頭）你拿這個，我拿那個。

馬哈茂德：非常感謝！

艾未未：我的新名字是什麼？

馬哈茂德：馬哈茂德。

艾未未：馬哈茂德？

馬哈茂德：是的。

艾未未（閱讀護照的個人資料頁）：馬哈茂德。阿卜杜拉·馬哈茂德。

馬哈茂德：我會把我的帳篷給你。

艾未未：我叫艾未未。所以，下次你是艾未未。而我是……

馬哈茂德：馬哈茂德。很高興見到你。如果你想要我的帳篷，它……

艾未未：（假裝把護照放進口袋）也拿走你的帳篷？那你得去我在柏林的工作室。我在柏林有一個工作室。

馬哈茂德：（遞回護照）謝謝。真的很謝謝你。

艾未未：我尊敬你。我尊敬……

馬哈茂德：我們必須尊敬……

艾未未：護照，而且我尊敬你。

這種交流就像是對護照控制儀式挖苦的戲謔性模仿：在這段對話中，艾未未沒有檢查證明證件並審問持有人，以評估他對東道國是否造成威脅，而是以他自己的護照、身分和國家公民的身分型態來表達一種激進的好客姿態。當然，我們不能忽視這個戲仿場景發生的環境：難民營。正如阿岡本觀察到的，即使是人道組織所經營的設施，也可能與壓迫的國家權力共謀，因為他們將難民視為*homo sacer*（「受詛咒的人／神聖的人」）或「裸命」，提供他們衣食，而非承認他們的政治地位，為他們採取政治行動。從這個意義上說，難民營是一個例外狀態已成了永久安置的地方，這

微笑的馬哈茂德（左）在《人流》（二〇一七）中與艾未未交換護照。
Participant Media製作公司。

代表可能在其他地方提供保護的護照，在這裡既沒有意義，也沒有力量：馬哈茂德和其他移民處於被法律拋棄的空間裡。他們已經成為孤兒，被「由國家組成的大家庭」拋棄，現在似乎注定要在一個又一個的營地中住下，一天捱過一天，直到某個國家屈尊俯就，邀請他們入境，如果有那麼一天的話。

因此，難民營的環境為艾未未和馬哈茂德所上演的場景增添了一種憂愁、近乎悲慘的基調：如果一個人的身分、歸屬、在法律面前的地位，能夠如此輕易地從一個人的身上轉移到另一個人身上；要是世界知名的藝術家能代替絕望的移民；要是他們在中國或敘利亞出生的偶然能夠被扭轉、被撤銷；假使限制移民生活的邊界和國家的虛構事件可以重新塑造成另一個虛構事件——「所以，下次你是艾未未。而我是……馬哈茂德。」[1]我拿走你一文不值的護照；你則拿走一本能給予你認可、移動能力、走出遭拋棄移民和不受歡迎難民命運的護照。

從艾未未對鏡頭所做的小花招中很容易看到——甚至可說理所當然會看到——對該移民的狀況和其敘利亞護照狀態所展現的冷酷漠視。但如果這麼想，將是一種誤讀。可以肯定的是，此場景清楚凸顯出當前難民危機可能遇到的殘酷的偶然性：就像第二次世界大戰期間的歐洲一樣，一個人的命運與持有什麼樣的護照息息相關。它可能讓一個人進入希臘與馬其頓邊境的難民營，也可能讓另一個人身處柏林的一家大型藝術製作工作室。（事實上，難民營中許多居民都視德國為其目的地和庇護所，對照一九三〇年代和四〇年代出現過的人流方向，可以說是可怕的諷刺性反轉）。但艾未未在柏林有藝術基地此一事實，說明了另一段流離失所的歷史、國家控制的歷史，以及例外狀態如何普及化至主導現代性的歷史。在《人流》的新聞採訪中，當艾未未被問及他與他所記錄的移民和難民的關係時，他一再重申對他們的認同——且他身為知名藝術家，希望幫助他們在全球舞台上發聲；他一再呼籲觀眾和世界各國政府細思難民危機的道德風險：「將人類視為一體」，如此一來，當任何人的權利受到侵犯時，每個人的福利都會受到威脅。

在這些採訪中，艾未未還提到童年的政治流亡生活。一九五八年，在他剛滿一歲的時候，中國反右運動讓中國共產黨開除他的父親——知名詩人艾青——的黨籍，並將他們全家關押在黑龍江省勞教所的八五三國家農場。三年後，中共當局將這家人流放到遙遠新疆的一個沙漠小村，靠近哈薩克和蒙古邊境。艾青被蓋上「人民公敵」的烙印，被迫做苦工，日復一日、年復一年地清理村裡的公廁。艾未未曾形容，他的年少時期活在不斷受到歧視和屈辱的環境中。這位未來的藝術家和家人被迫在這種情況下生活近二十年，直到一九七六年主席毛澤東去世，共產黨才終於結束對他們的迫害，並允許他們返回北京。因此，艾未未在他的電影中與難民分享他在勞教所的經歷，在那裡，人類生存被簡化為裸命，被推到社會的邊緣，國家公民應享有的權利遭到剝奪。他能共感他們被驅逐到正常法律秩序之外的例外空間、被剝奪對自己生活任何自主感受的經歷。正因如此，他在拍攝《人流》時可以聲稱自己「很自然就能接近那些人，因為我也是他們的一分子，我非常了解他們，和他們想法相通，我們之間沒有隔閡。」[2]

艾未未的藝術生涯大部分的時間都在批評北京當前的政權，以這一世代最令人振奮的中國藝術家，贏得全世界的關注，同時因其不屈撓的坦率而受到中國政府不必要的審查。二〇〇九年，他以一件名為《記住》的裝置藝術作品引起此兩方的注意，該作品紀念了二〇〇八年汶川大地震中喪生的八萬多名中國人，其中包括五千多名因劣質校舍倒塌而喪生的兒童。這件在慕尼黑藝術館單人展展出的作品，使用了九千多個和地震後在建築物中所發現的同款書包，在藝術館的正面（以中文）拼貼出一句話：「她在這個世界上開心地生活過七年。」*在中國當局試圖壓制有關這場悲劇的資訊時，艾未未試圖確認失蹤兒童的姓名，然後在社群媒體和其他展覽中列出他們的名字。†另一件藝術品是一件重達三十八噸的雕塑，名為《直》（二〇一二），由從

* 出自汶川地震一位罹難孩童的母親之口。

† 艾未未於二〇一〇年的川震紀念日發表了聲音作品《念》，為由網友自發參與的創作，網友隨機選取遇難小學生的姓名、年級、就讀學校，念出錄成音檔寄給艾未未，最後統整出三小時四十分鐘長的作品。他並將地震調查過程拍成紀錄片《老媽蹄花》。

四川倒塌的建築物中回收的損壞鋼筋組成，在一組工匠的幫助下拉直，並在畫廊地板上以波浪形的行列呈現。還有另一幅作品，攻擊更為直接，但仍以俏皮的方式迴避，主要是一張艾未未裸體跳躍的照片，但有個羊駝毛絨玩具擋在生殖器前，羊駝在中國又稱「草泥馬」，照片的標題《草泥馬擋中央》，諧音即為「操你媽，黨中央」。

中國政府對這些藝術抗議作品做出嚴厲回應。二〇一一年春天，艾未未在北京首都國際機場準備登機飛往香港時，國家安全人員不但將他拘留，還用黑頭套蒙住他的頭，將他帶到一個位置不明的監獄。特工甚至沒收他的護照。中國媒體最初報導，這位藝術家之所以遭到拘留是因為「他的出境手續不完整」，但外交部後來聲稱他正在接受逃稅調查。儘管國家當局從未正式逮捕或起訴艾未未，並承認拘留他沒有「法律依據」，但他們也聲稱可以為所欲為。這包括將他一天二十四小時關在一個四平方公尺的牢房中，隨時有兩名制服軍警監視。艾未未後來創作了一系列令人驚歎的小型立體模型，描繪出他在祕密監獄中的情況。即使在他因「緩刑」被釋放八十一天後，中國政府仍藉由沒收護照繼續控制他，即使沒有任何法律依據，也未承諾返還。因此，儘管國際社會強烈抗議和他自己一再要求，艾未未仍然處於官僚主義地獄的狀態：被軟禁在他的北京工作室發課設計公司；不斷受到監視，並且無法前往國外參加展覽和其他活動。

在此期間，艾未未將日益增長的絕望轉化為另一場名為《花束》的抗議藝術：每天早上，他都會在工作室大門外的自行車籃子裡放上一束大花束，表達對監視他一舉一動的政府特工一種尖酸的款待態度。在他被監禁的每一天，他都用一束新鮮的花朵標記，並在Flickr上記錄這個儀式。*

最終，艾未未等了四年多才拿回護照。二〇一五年七月二十一日，他在Instagram上發布一張他舉著褐紅色護照的照片，圖說很簡單，「今天，我拿到了護照」。中國政府從未提供歸還護照的理由，但他的滿足感並未因此稍減。他告訴《衛報》：「當我拿回護照時，我覺得內心很平靜，我感到滿意。這是該做的事。」他補充道，「當我的旅行權被剝奪時，我感到非常沮喪，但現在我對自己的處境感覺較為正向了。」[3]

然而，與此同時，中國政府正在對中國人權律師和活動人士發起攻擊，他們在被警方拘留期間失蹤，某些人則繼續受到拘留。不久，艾未未搬到柏林，柏林最近已成為逃離家鄉戰爭的近五百萬名敘利亞人中許多人的目的地。他在那裡建立大型工作室，並開始藝術創作的新階段，更廣泛地關注人權問題和全球移民危機。在此過程中，艾未未也開始遠離他身為「中國」

* 丹麥導演安德烈亞斯約翰森（Andreas Johnsen）從二〇〇九年十一月開始，祕密貼身拍攝艾未未長達三年半，涵蓋他被軟禁時期的生活，最後剪輯出紀錄片《艾未未的假案》（*Ai Weiwei: The Fake Case*），於二〇一三年十一月發行公映。

藝術家的身分：「我為什麼要被貼標籤？我又不是賣車的。沒有什麼可以取代自由，這是一個挑戰，而我已經做好準備。」[4]

那麼，我們可能會從這樣的角度看待他與馬哈茂德鬧著玩的交流：那不是漠然或剝削，而更像是一個在監禁所和護照事務中有過痛苦經歷的人發自內心的表態。藝術家並沒有假裝出對難民的尊敬。當艾未未離開從年少起就限制他行動的中國，他的藝術變得更加國際化、全球化，也更具包容性，並且擁抱他為自己塑造的他稱為「無國籍之人」的身分挑戰。[5]

◆ ◆ ◆

艾未未的故事只是漫長歷史敘事中最近期的一個段落，將護照視為濫用國家權力和斷言個人和政治異議的工具。我們可以在列夫．戴維多維奇．布朗斯坦的故事中找到另一個值得注意的情節。如今世人稱他為列昂．托洛斯基，這個名字來自於他在一九〇二年逃離西伯利亞流放地時使用的英國假護照，當時他因為代表沙皇俄國的農民推動革命活動，而被關押在奧德薩監獄，這是裡頭一位獄友的名字。在隨後的幾年裡，這位俄羅斯政治異議人士真正成為沒有國家的人：他曾在倫敦、聖彼得堡（第二次流放西伯利亞之前）、維也納、日內瓦、慕尼黑、巴黎（被驅逐出境到西班牙之前）、馬德里（被驅逐出境到美國之前）、紐約市這些城市擔任作家和記者。

一九一七年初革命爆發後，他再次返回俄羅斯，地位迅速在布爾什維克的隊伍中竄升，並在內戰期間負責指揮紅軍。然而，列寧於一九二四年去世後，托洛斯基遭到政治局和共產黨開除，因為約瑟夫．史達林在謀略上略勝一籌，填補了前任領導人留下的空缺。他與史達林的競爭最終導致他於一九二八年被流放至哈薩克斯坦，然後在一九二九年被新成立的蘇聯驅逐出境。托洛斯基有生之年都未回到他的祖國。在一九三〇年代初期，托洛斯基先是在土耳其避難，然後到法國，出版了一些最重要的作品，包括他的自傳《我的人生》（一九三〇）和共計三卷的《俄國革命史》（一九三〇）。他甚至試圖建立一個新的馬克思主義第四國際*來推翻史達林主義和全球資本主義。

儘管如此，這位革命家仍將依賴東道國的收留。一九三五年春天，由於納粹黨認為他對德國共產黨人的影響是一種威脅，施加的壓力愈來愈大，法國政府於是將他驅逐出境。挪威隨後向托洛斯基和他的家人提供庇護，保護他免受政治迫害，然而蘇聯政府提出愈來愈多的要求，很快就迫使挪威政府在一九三六年夏天將他軟禁。托洛斯基在史達林精心策劃所謂的莫斯科

* 國際共產主義運動和社會主義運動相關的術語。第一國際（國際工人協會，一八六四－一八七六），由馬克思、恩格斯等人創始。第二國際（社會主義國際工人運動聯盟，一八六四－一九一六）。第三國際（共產國際，一九一九－一九四三），由列寧和布爾什維克黨組織創立。第四國際由托洛斯基成立於一九三八年，但在其遇刺後逐漸分裂並式微。

審判中被判定死刑，實際上成為現代版的 *homo sacer*（「受詛咒的人／神聖的人」），一個被國家社會保護制度所排除的人，可以被謀殺（但不能用於獻祭），而兇手不用承受任何懲罰或後果。

誰也沒有想到，知名壁畫家暨前墨西哥共產黨成員迪亞哥・里維拉成功說服墨西哥總統拉薩羅・卡德納斯，為這位惡名遠揚的俄羅斯流亡者提供庇護。為了讓托洛斯基離開挪威，墨西哥當局於一九三六年十二月十五日向托洛斯基及其妻子娜塔莉亞簽發護照。這份倉促安排的證件，將他的職業寫成「作家」，使用了這對夫婦各自拍下的兩張快照，手工修剪成適當大小的橢圓形，以便用作護照照片：照片中即將遠行的旅人都以

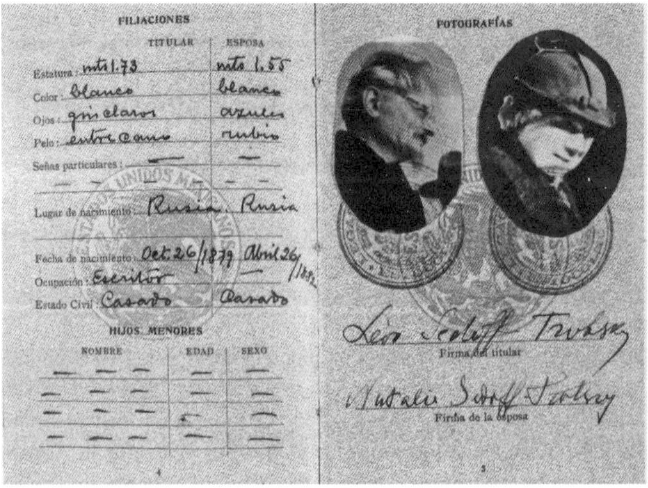

列昂和娜塔莉雅・托洛斯基的護照照片頁，一九三六年。

圖片由Bonhams提供。

隨意的近照姿勢出現，托洛斯基頭髮被風吹散，娜塔莉亞戴著一頂小帽子。這些照片一旦貼在證件上，就被蓋上官方印章以表明其真實性，但護照上沒有簽證印章，因為持有墨西哥護照的人前往墨西哥不需要任何簽證印章。這份證件最終將托洛斯基夫婦帶到墨西哥城的科約阿坎社區，里維拉和他的伴侶芙烈達・卡蘿在知名的藍屋接待他們。托洛斯基和芙烈達在彼此配偶的眼皮底下開啟婚外情，並被發現，於是托洛斯基夫婦搬到幾個街區外維埃納大道上的一幢房子裡，並逐漸將房子改建成某種城市堡壘——配有路障和砲塔，因為來自史達林主義支持者的威脅愈演愈烈。

這些防禦工事最終無法抵禦拉蒙・麥卡德。這位年輕的西班牙共產黨員和蘇聯特務抵達墨西哥，以比利時外交官之子也是花花公子的雅克・莫納德的身分，滲透到托洛斯基的核心圈子，拿的是偽造的加拿大護照。說來古怪，失竊或偽造的加拿大護照在參與間諜活動和暗殺活動方面，一直有著悠久而曲折的歷史，暗殺馬丁・路德・金的詹姆斯・厄爾・雷也是在犯案後以假護照逃到歐洲。麥卡德於一九四〇年八月二十日以冰錐從後腦勺擊倒托洛斯基。這位刺客立即遭到逮捕，並在墨西哥監獄中關押近二十年，出獄後經哈瓦那前往莫斯科，並於一九六一年獲得蘇聯授予「蘇聯英雄」的最高榮譽。

在冷戰年代，地緣政治利益也導致對西方公民行動上的新限制，尤其是在美國，方法包括拒絕、撤銷或不換發護照——可以追溯到威爾遜政府在第一次世界大戰後的策略。毫無疑問，這些政策最顯著的目標是傳奇歌手、演員、政治活動家暨全球民權領袖保羅．羅伯遜。身為羅格斯大學的全美美式足球運動員和哥倫比亞大學的法律專業畢業生，羅伯遜在一九二〇年代哈林文藝復興的鼎盛時期開始演藝生涯。不久之後，便在如《瓊斯皇》、《畫舫璇宮》、《奧賽羅》的舞台和銀幕上展現強大的影響力。但隨著他對美國的種族隔離和歧視愈來愈厭惡，這位奴隸之子在海外待的時間愈來愈長。在此期間，由於蘇聯明顯否定種族主義，羅伯遜也愈來愈迷戀蘇聯：「在這裡，我不是黑人。」他深思道：「而是一個人……在這裡，我有生以來第一次帶著完整的人格尊嚴昂首闊步。」[6]

羅伯遜在國外的經歷使他愈來愈堅定地為各地的「一般人」而戰，他開始運用其語言專長和低沉的男中音嗓子來倡導一系列志向：從南威爾斯煤礦工人的勞工改革，到對非洲國家獨立的政治支持。他的聲音將增強全世界數百萬人參與奮鬥的努力。一九三〇年代，羅伯遜用音樂會表演來支持蘇聯的社會主義實驗和西班牙內戰的共和事業，甚至為受傷的士兵唱歌，並參觀前線以鼓舞士氣。隨著第二次世界大戰的爆發，以及美俄結盟反對納粹政權，羅伯遜還自願為部署在全球各地的美軍表演。

戰後，他成為世界和平運動的核心人物，努力奔走避免美蘇之間的武裝衝突。一九四九年四月，隨著冷戰持續加劇，他在巴黎的第一屆國際和平會議*上發表演講，既談到美國黑人的困境，也談到為了避免另一場全球衝突，國際間相互理解的需求有多麼迫切。他的演講受到畢卡索、艾呂雅、路易・阿拉貢†這類人士的熱情響應，但是美聯社錯誤地引用羅伯遜的話，大意是非裔美國人若對蘇聯有任何敵意都是「無法想像的」。美國媒體立即將他貼上叛徒的標籤。

這個糟糕的報導很快讓他被列入黑名單，並導致他在美國的八十多場音樂會被迫取消，然而對這位歌手兼活動家來說，最具破壞性的影響是在隔年失去護照。儘管羅伯遜為在巴黎的演講承擔了後果，他仍繼續在採訪和其他公共論壇中就公民權利、殖民獨立、國際和平問題發表意見，包括一九五〇年六月下旬在麥迪遜廣場花園舉行的民權大會。在那裡，他譴責杜魯門總統不顧非裔美國人在國內的權利仍遭受剝奪之下，仍於不久前決定參加韓戰，也譴責他固執地阻止共產主義傳播。由於無法在美國本土演出，這位歌手活動家計畫在當年夏天稍晚，透過一系列音樂會和和平集會將訊息帶到海外，但美國政府對他有別的安排。七月，聯邦調查局局長約翰・埃德加・胡佛與國務院協調行動，派出特務在紐約市找到羅伯遜，並沒收他的護照。當

* 國際和平會議（World Congress of Partisans for Peace）隔年，一九五〇年，現在大家較為熟悉的世界和平理事會（World Peace Council, WPC）成立。

† 路易・阿拉貢（Louis Aragon, 1897-1982），法國詩人、小說家、法國共產黨成員、超現實主義學者。

這位歌手活動家拒絕交出護照時，國務院通知移民署和海關官員，護照已被撤消，無論以何種方式，他們將「努力阻止他離開美國」。

儘管羅伯遜的律師內森．威特寫信給國務卿迪安．艾奇遜要求解釋，卻只收到國務院最模糊的回應：允許他出國旅行將「違背美國的最大利益」。歌手及其律師立即抗議「這個理由不充分」，等於只提供一個結論。最終，在該年八月的一次會議上，國務院的護照官員告訴羅伯遜，「他對美國黑人待遇的頻繁批評不應該在國外播出」——因為這顯然是「家務事」。[7]這個事件和約莫六十年後在地球另一端發生在艾未未身上的故事有著驚人的相似之處。羅伯遜並未違反任何法律，並未遭到逮捕，並未被判有罪，但他的政府認為有必要阻止這個世界上最有名的黑人，出國表達他對世界和平與公民權利的看法。至少有段時間，他的行動自由基本上遭到撤銷，他洪亮的聲音確實被迫安靜下來。

羅伯遜案持續多年，為這位歌手社運家吸引相當多的國際支持，然而美國政府聯合起來，讓他無法出國，主流媒體也將他描述為「人民公敵」。在一九五〇年八月與護照官員令人沮喪的會面中，羅伯遜和他的律師還被告知，除非他簽署宣誓書，說明他並非共產黨員，並保證不會在海外發表任何演講，否則國務院將拒絕發給他新護照。由於羅伯遜不屈服於這些非同尋常的要求，唯一的辦法就是將此事告上法庭。十二月時，他的律師團隊針對國務卿艾奇遜以美國國務院負責人的「代表身分」，提起民事訴訟，以讓這位歌手兼活動家能夠重返他承諾過的國外活動。訴狀堅稱羅伯遜是「忠誠且土生土長的美國公民」，稱國務院的行為不僅阻止他從事自己的職業，還剝奪憲法所賦予他的言論、思想、集會、旅行自由的權利。與此同時，羅伯遜持續收到無數邀請他在世界各地演出，以及在和平會議和政治集會上發言的請求。隨著與他的護照相關的法庭案件一拖再拖，他也持續收到來自國外各方的鼓勵訊息，如烏拉圭、南非、伊拉克的和平組織，甚至擁有來自世界各地名人的崇拜，包括影星查理·卓別林、英國導演伊沃·蒙塔古、英國小說家希薇雅·湯森·華納，以及未來的諾貝爾獎得主巴勃羅·聶魯達。

這位知名的智利詩人是與羅伯遜旗鼓相當的藝術家暨激進分子，由於他對總統加布里埃爾·岡薩雷斯·維德拉的批評，也從政府那裡遭受類似的待遇。這位前激進黨總統候選人維德拉一九四六年當選後，轉而反對他自己的共產黨成員，包括前一年當選參議員的聶魯達。維德拉首先將以前的共產主義盟友逐出內閣，然後用他的「永久保衛民主法」禁止他們出境，這位詩人變得愈來愈不安。一九四七年十月，維德拉下令以武力鎮壓共產黨領導人組織的礦工罷工後，聶魯達在智利參議院對總統的行為提出嚴厲控訴。演講中列出被關押在皮沙瓜拘留營的礦工姓名，後來以左拉風格的標題「我控訴」*為人所知。由於他的擔憂引起更多關注，該演講還導致對聶魯達的報復威脅，迫使他躲藏到智利南部，之後於一九四九年三月越過安第斯山脈逃往阿根廷。

在不斷受到逮捕和引渡的威脅下，聶魯達迅速借用布宜諾斯艾利斯一位和他特別相像的老朋友、瓜地馬拉小說家米格爾·安赫爾·阿斯圖里亞斯的護照。這份護照讓聶魯達登上飛往巴黎的航班，並在那裡意外得到畢卡索的幫助。原來畢卡索久仰聶魯達，遂介入協助他應對複雜的法國官僚機構。然而最終證明，詩人自己的名聲更有用處。在智利大使的要求下，巴黎警察局長命令聶魯達交出他的外交護照，這意味著他將面臨立即被驅逐出境的危險。當詩人堅持他沒有外交護照，只有他認為是私人財產的標準護照時，這位承認很仰慕聶魯達的警官打電話給大使，拒絕沒收證件。掛斷電話後，他熱情好客地向詩人宣布：「您想在法國待多久，就待多久。」[8]

碰巧的是，聶魯達及時趕到巴黎參加世界和平會議，在那裡聽到羅伯遜針對世界和平和美國種族關係所發表的那場令他聲名狼藉演講。這位詩人後來在會議閉幕式上出人意料地露面：畢卡索將他介紹給與會的代表，現場眾人大感驚訝，許多人都以為他已經遭到維德拉的特務殺害。這位詩人仍然好好活著，但如今遭到流放，並在接下來的三年裡，用他的個人護照穿越歐洲、印度、中國、墨西哥、蘇聯。一九五二年八月，他終於回到家鄉，支持智利社會黨的總統候選人薩爾瓦多·阿葉德的競選。隨著維德拉的陣營失去權力控制，聶魯達在隨後的幾年中在智利的文化和政治生涯中重回重要地位。一九五五年夏天，這位詩人和政治家寫信給羅伯遜，告訴他：「我將在聖地亞哥這裡一場為公共自由舉行的大會上，談論你和你的案例，所有拉丁美洲國家的代表都將出席……我多次憶起你很久以前對我的承諾：你要為欽佩和愛你的智利人民唱歌」；「我們會準備好你的來回旅費，」他樂觀地結束這封信。[9]

不幸的是，儘管羅伯遜在國外的朋友和仰慕者以及他在國內敬業的律師團隊盡了最大的努力，他仍被困在美國。十年來，他的律師接連不斷地提出上訴，堅持認為護照的權利不應該取決於政治態度，而後者應該受到言論自由權的保護，國務院仍然堅持原本的立場。因為沒有護照，羅伯遜持續回絕來自世界各地演講和表演的邀請，包括倫敦、特拉維夫、布拉格、莫斯科等地。大約在聶魯達寫信給這位歌手兼活動家的同時，美國共產黨領袖約翰・威廉森（他於一九四九年遭到驅逐出境）在英國發起一場政治施壓運動，口號是「讓羅伯遜唱歌」。此番努力為這十年歲月帶來動能。但只要羅伯遜仍拒絕提供關於他與共產黨關係的宣誓證明，國務院就不可能考慮讓他申請新護照。這位美國檢察官還重申，希望壓制他對海外殖民地獨立和國內非裔美國人平權的發聲支持，這些在他的「外國巡迴演唱會」都中經常出現。與此同時，胡佛和

* 法國作家和知識分子左拉（Émile Zola）曾為著名的反猶太冤案「德雷福斯事件」（Dreyfus Affair）在報上發表一篇題為「我控訴」（"Yo acuso"）的長文，引起廣泛關注，成為該案逆轉平反的轉捩點。

聯邦調查局持續不停煩擾這位歌手社運家，主流媒體執意詆毀他的名聲，眾議院非美活動調查委員會要求他就其政治觀點和私人往來作證。

羅伯遜從不放棄原則。一九五六年，當眾議院委員會針對他拒絕提交「非共產黨員宣誓書」提出詢問時，他宣稱「在任何情況下，我都不會考慮簽署任何此類宣誓書……這完全違反美國公民的權利。」[10]兩年後，仍然沒有護照的羅伯遜發表回憶錄《我站在這裡》做為宣言，詳細地反思非裔美國人和行動自由相關的公民權利。他回憶，當法雷迪．道格拉斯因為出國在歐洲激起反奴隸制的情緒時，美國政府和報業的高層「嚴厲譴責」他為「油嘴滑舌的流氓」[11]。羅伯遜還提醒他的讀者，一九五一年，「偉大的人道主義者、教師、領袖」威廉．愛德華．伯格哈特．杜波依斯，因努力宣傳反核武的「斯德哥爾摩和平呼籲」，被指控為「外國代理人」，護照遭到沒收。羅伯遜問道，在這樣一位模範美國人恢復旅行權之前，我們怎麼能保持沉默？*一般公民，無論是黑人還是白人，都不是國務院的僕人，反而國務院才是美國人民的僕人。他提出論點，「因此，華盛頓的任何官員都沒有法律或道德權利，要求任何美國旅行者支持該官員的觀點以獲得護照。」[12]但儘管羅伯遜不動搖地堅持自己的信念，仍付出巨大的經濟和心理代價，因為上訴一再被拒，他再次出國旅行的希望也逐漸破滅。

直到一九五八年六月出現另一個法庭案件「肯特訴杜勒斯案」，正義最終得以伸張：美國最高法院以五票對四票的結果裁定，國務院因為畫家洛克威爾．肯特參與斯德哥爾摩呼籲和世界和平委員會，而撤銷他的護照，是侵犯其公民權利的行為。法院最終確認，美國政府無權以美國公民的政治信仰為由拒絕為其簽發護照（或者就此而言，要求申請人提供與政治團體關係的宣誓書）。國務院「立即同意不再」拒絕羅伯遜的護照申請，承認該裁決也適用於他的案件。這位歌手兼活動家很快就出國參加倫敦的活動，重返國際舞台，但個人和職業上的傷害已經造成：雖然他又表演了幾年，但在此期間，他持續受到憂鬱症和健康不佳所苦，最終於一九六三年退出公開活動。

◆ ◆ ◆

標記年分、月分、日期，期盼一份似乎永遠不會到來的證件：這已成為報導或虛構現代護照故事的共同主題。想想荷塔．慕勒的著作《護照》（英文版書名，為她一九八六年出版的中篇小說，德文版原書名直譯為《人是世界上的大野雞》），在這位德裔羅馬尼亞作家於二〇〇九年獲得諾貝爾文學獎後，該書即刻重新再版。這本書的開頭描述一位名叫芬德奇的磨坊主人，

* 杜波依斯亦為美國黑人民權運動重要推動者，前文提及的《黑人的靈魂》即為其著作。他因該案被美國政府扣留護照八年，羅勃遜發表此文之時，尚未取回。

每天早上在騎自行車去磨坊的路上都會經過一座戰爭紀念碑，上面擺放著慢慢枯萎的玫瑰；從他決定從羅馬尼亞移民到西德開始，他每天在騎車時都數算著日子。生活在尼古拉．西奧塞古掌權的羅馬尼亞，身為德國少數族裔的磨坊主人在這個小村莊的貧困和悲觀情緒中，似乎從未感到身心安頓。這個村子已經落入性欲缺缺、迷信猖獗、隨處暴力的泥淖裡。然而，由於沒有護照，他一直待在那裡。在慕勒簡潔的散文風格中，這個愚昧的世界呈現出卡夫卡式的特質，因為磨坊主人反覆嘗試用小額賄賂和其他誘因，說服市長和其他共產黨官員加快他旅行證件核發的速度。最終，只能犧牲女兒的童貞，在可憐的女孩同意為村裡的教士和一位當地民兵提供性服務，以換取珍貴的護照後，他的家人才終於得以逃脫。

一九八九年的革命導致中歐和東歐共產主義統治的終結，也讓人們對國家及其主權權威從根本上重新思考，特別是從威權和專制統治的脈絡。西奧塞古的警察國家建立的基礎，是一系列針對「國家公敵」的驅逐、拘禁甚至法外處決的清洗行動，在一九八九年十二月羅馬尼亞革命的暴力事件中遭到推翻。自一九八〇年五月共產黨領袖約瑟普．布羅茲．狄托去世以來，南斯拉夫社會主義聯邦共和國的西部邊界，政治緊張局勢一直在升級：例如，在幾年內，斯洛維尼亞領袖開始一項逐步自由化的計畫，在南斯拉夫共產主義聯盟內部產生愈來愈大的摩擦。另一個自由化的跡象，為政治藝術組織「新斯洛維尼亞藝術」，簡稱NSK（Neue Slowenische Kunst，此德文名喚起斯洛維尼亞和德國之間的複雜關係）於一九八四年成立。隨著對改革、民主化、獨立的呼聲愈來愈高，這個組織在一九八〇年代從極權主義和法西斯運動中重新利用符號，加上達達主義和庸俗美學的元素，尋求在斯洛維尼亞文化和社會的「多元化」中扮演重要角色。

在十日戰爭（斯洛維尼亞獨立戰爭）和一九九一年斯洛維尼亞宣布獨立後，該組織宣布成立「時間中的斯洛維尼亞城邦」（NSK State in Time）。這是一個藝術計畫，「以烏托邦形態來構思，沒有實際領土，也不能與任何現有的國家相提並論。」最初，該計畫是公然對新成立的斯洛維尼亞共和國意識形態的虛構反駁，後者主張狹隘的民族認同，建立在必須有「斯洛維尼亞」特徵的假設之上。時間中的斯洛維尼亞城邦為了確認其「世俗的空間」，很快開始發行自己的護照。該組織宣稱，護照授予「時間中的斯洛維尼亞城邦公民權……給全世界成千上萬的人，給不同宗教、種族、國籍、性別、信仰的人。」[13]有志成為該城邦的公民只需找到城邦網站*，列印出護照申請表，填寫並簽字，然後寄到位於盧比安納的城邦資訊中心，並支付三十二歐元的申請費即可。在模仿「真實」或「官方」旅行證件的設計時，這個幻想護照尋求的不是個人身分與國土或社區串聯，而是與此藝術團體及其想像的城邦公民社群串聯。藉由重新使用這種熟

* 網站 www.nskstate.com。二〇〇八年台北雙年展中曾設置台北ＮＳＫ護照辦公室，此中譯名「時間中的新斯洛維尼亞城邦」採自展覽網頁文字，文中並介紹此城邦「沒有實質的領土，唯一的版圖存在於時光裡」。

悉的國家權威工具，透過玩弄國籍、歸屬、流動性的標誌，護照可以激發人們反思對領土國家的依戀，更重要的是，反思重新構想甚至改造這些關係的可能性。

因此雖然間接，但是這些證件提供人們參與一種新形式的藝術活動，任何人都能成為這些大規模生產的藝術品的持有者，從而成為這個選擇的團體的「成員」。毫無疑問，時間中的斯洛維尼亞城邦最廣為人知的公民是斯拉維．紀傑克，他是多產的馬克思主義哲學家、拉岡理論評論家和全能的善辯者（以及前斯洛維尼亞總統候選人），他為「國家的神話」辯護，反對聲稱這種神話是「邪惡的原始來源，就像靠社會養活的活死人」。換句話說，紀傑克挑戰了像阿岡本這樣的思想家，後者尋求廢除國家（或其對社會的從屬性）做為打破其意識形態機器及其「監督和維持紀律的過程」的第一步。紀傑克目睹南斯拉夫解體，以及隨之而來波斯尼亞和塞爾維亞的漫無法紀之後，在反思時間中的斯洛維尼亞城邦時，提出另一種可能自相矛盾的立場：

今天，烏托邦的概念發生了翻天覆地的變化——烏托邦的能量不再指向沒有國家的團體，而是不屬於同一民族的國家，不再建立在民族共同體及其領土之上的國家，因此同時指向沒有領土的國家、由原則和權威所建立的純粹人為組織，這將切斷以種族為根源、具地緣性的、牢不可破的臍帶。[14]

時間中的斯洛維尼亞城邦可以被視為這樣一個計畫（或至少是對這樣一個計畫的藝術姿態），因為它的定義是「一個抽象的主體，其邊界處於不斷變化的狀態，取決於其物理和象徵性的主體，其領土位於『成員』的意識中。」[15]就此而言，烏托邦的概念不應阻止我們批評國家，而應排除一切改變其未來的國事或政治限制。為了使其抽象的主體有實體存在，時間中的斯洛維尼亞城邦在莫斯科、根特、柏林、佛羅倫斯、格拉茲、塞拉耶佛、紐約設立領事館——其中一些是臨時的，一些則更具有玩票性質，通常與在該城市舉辦的展覽有關。與此同時，時間中的斯洛維尼亞城邦發行超過一萬五千份夢幻護照，由製造斯洛維尼亞共和國「官方」護照的同一家印刷公司生產——另有消息指出，時間中的斯洛維尼亞城邦護照持有人曾經使用該護照成功跨越「真實」邊界。

不幸的是，該計畫的成功也讓想要進入歐洲的潛在移民感到困惑。從二〇〇四年開始，情況並加劇至二〇〇七年，該城邦位於盧比安納的總部收到數千份來自奈及利亞人的護照申請，他們認為時間中的斯洛維尼亞城邦是一個有領土且準備接受新公民的實際國家。也就是說，烏托邦計畫已被視為擺脫貧困、逃離種族暴力、在更好的環境中追求新生活的切實機會。隨著來自非洲的申請蜂擁而至，斯洛維尼亞政府注意到了，並要求該藝術組織在網站上發布免責聲明：「時間中的斯洛維尼亞城邦公民身分，不等於斯洛維尼亞公民身分」；「時間中的斯洛維尼亞城邦護照無法讓其持有人進入申根區。」[16]二〇一〇年，該組織的代表對依附在護照上的期望感到愈來愈不安，其中三人博魯特．沃格爾尼克、米蘭．莫哈爾、英克．阿恩斯甚至前往奈及利亞的拉哥斯參加當代藝術中心的活動，試圖澄清護照的意圖，並消除任何虛假的希望。因為這份夢幻證件，主要是為了促使人們反思全球化時代的國家和公民身分，在如此意料之外的情況下，它不再保有其具諷刺意味的功能。也許根本不能再被視為藝術品。

隨著歐洲移民危機在隨後十年中愈演愈烈，時間中的斯洛維尼亞城邦繼續提出國家公民身分應該代表什麼意義的問題，同時推廣新的集體主義的架構和新形式的群體認同。二〇一七年的威尼斯雙年展中，時間中的斯洛維尼亞城邦國家館與展覽中許多「實際」國家館並列，可以說將這個正在進行的計畫具體化了。該館展覽中展出包括拉梅詩．達哈和安娜．葉爾莫拉娃的裝置作品——「經驗、想法、希望的開放檔案」，包括來自全球南方國家*和前東方集團†的一百名移民寫下的對「歐洲」所給承諾的反思，以及一個臨時的時間中的斯洛維尼亞城邦護照辦公室。這並非唯一在雙年展上展示出質疑國家和依賴護照移動的傳統概念的作品：突尼西亞也展示了一個「散開的」裝置作品，三個展台由移民和難民負責，簽發「免費簽證」和幻想的「通用旅行證件」，惡作劇地聲稱授權「不會遭受國家任意制裁的行動自由」。因此，這兩個展覽都試圖引起人們關注當前世界秩序對「無檔案」和「無證件」人士的粗暴對待，剝奪了他們取得護照或適當簽證的合法性。到目前為止，這樣的邏輯大家都再熟悉也不過。

在幾個義大利非營利組織的協助下，時間中的斯洛維尼亞城邦國家館也由幾位尋求庇護者和無國籍移民擔任館員，引導參觀者穿過展廳，穿過幕簾進入護照辦公室。這個臨時辦公室戲仿移民在抵達歐洲時面臨的官僚障礙：將護照桌設置於高平台上，迫使參觀者要不將大型鋼製樓梯推到平台旁，要不就跳上彈跳床，將自己發射到必要的高度。辦公桌本身則由四名官員（剛自印度、迦納、奈及利亞抵達的難民）監督，由時間中的斯洛維尼亞城邦聘僱，負責處理展館訪客，並管理其護照申請。雖然移民的參與為該裝置增添不可否認的直接性，甚至緊迫性，但同時也引發人們對他們是否為藝術展覽受剝削的擔憂。然而與此同時，假護照辦公室的程序也讓雙年展的參觀民眾處於尷尬的境地，他們不得不經歷官僚程序，就像幾乎所有申請新護照的人都會遇到的：列出個人資訊，性別、血型、瞳色、髮色、身高、職業，並同意將這些資訊儲

* 全球南方國家（the Global South），學術語彙，用於取代沿用已久、但不無問題的「發展中國家」與「第三世界」等詞。

† 東方集團（Eastern Bloc）是指冷戰時期由蘇聯及其東歐盟國——如東德（即德意志民主共和國）、波蘭、捷克斯洛伐克、匈牙利、羅馬尼亞、保加利亞、阿爾巴尼亞和部分的南斯拉夫等——所組成的社會主義國家集團。東方集團的存在導致了當時歐洲的分裂，形成了一個以西方國家為主導的資本主義陣營和一個以蘇聯為主導的社會主義陣營。

存在國家紀錄中，同時承諾「盡其所能支持時間中的斯洛維尼亞城邦的完整性」。因此，這提出了如同本章開頭描述的艾未未《人流》中護照場景所引發的問題：這種對護照儀式的模仿是否有效地產生有用或具有政治意義的同理心，對移民危機（包括要求一個人屈服於國家具侵略性的程序）有著新的理解或至少更持續的關注——又或這僅僅只是一種公開展示。

從紀傑克為時間中的斯洛維尼亞城邦的辯護中可以得到對此事的一些見解，他在威尼斯雙年展（以及幾個月後在維也納的展覽）開幕式上發表主題演講，其中包括（以他獨特的離題風格）由藝術團體著手進行的更大計畫。正如他在演講前不久對BBC的記者班雅明．拉姆所說的，「時間中的斯洛維尼亞城邦的獨特之處在於這種『無國籍國家』的理念。這並不像一些左翼人士所認為的只是一種模仿。他們不是在嘲笑國家，且這種假設揭示一種典型的自由主義恐懼：如果有些人當真了並受到誘惑怎麼辦？但確實應該要認真對待！」[17]一年前，紀傑克出版專著《鄰居帶來的難民、恐怖和麻煩》（二〇一六），引起了爭議，該書既批評歐洲各地反移民民粹主義運動的興起，也批評主張開放邊界和多元文化和諧的自由主義理想。這位哲學家認為，左派人道主義中的一個棘手問題，是拒絕承認文化差異以及看似不可避免的因就業和資源競爭而產生的緊張局勢。光有同理心並不夠。但紀傑克否定「敞開心扉」的切入主張，並非來自關於政治權利的原因（也就是，出於對他人的恐懼或仇恨），而是因為，他聲稱，這種切入主張往往會分散人們對必須採取的政治行動的注意力，有那些行動才能打破造成移民逃離家園的新殖民主義關係和地緣政治陰謀的控制。

紀傑克於維也納展覽的開幕演講，後來發表在其著作《光天化日之下的小偷》（二〇一八）中。他透過提醒人們對吉恩－克洛德．米爾納的研究成果，及其讓鄂蘭曾經強調的人權與公民權利之間的區別「復活」，來挑戰他所謂的「資產階級的人權觀念」。對米爾納來說，人（human）無關乎什麼永恆的自然或普遍的本質，相反的，只有在被從特定的城邦或社區中「除去」時，才能被認為是自然的。在法國北部所謂加萊叢林的難民營中，紀傑克和米爾納的觀念得到例證，他們都認為，在那裡人們見證到那些不是公民的人權利受到徹底剝奪：「從二〇〇〇年開始集中在那裡的人沒有犯下任何罪行，沒有受到任何指控，沒有違反法律；他們就是在那裡，這樣活著；他們活著的證據就是有時會有人死去。」[18]難民營中的無國籍居民，沒有家，沒有賦予他們公民權利的證件，已經淪為裸命，身體的物質需求，包括水、食物、衛生、最小的隱私空間，都受到剝奪。這些需求成為這種狀態的提醒，當人的功能削弱到*homo sacer*（「神聖的人／受詛咒的人」），「以負面的方式使人們看見男性和女性的真實權利」。[19]有鑑於此，紀傑克認為，時間中的斯洛維尼亞城邦護照也是一種提醒，了解人權與公民權利之間不可避免的區別：該護照表達出對目前歐盟護照持有人所享有的特權的批判態度；讓我們知道，我們享有的權利取決於持有的護照；同時也是一種信號，告訴我們烏托邦式思維必須將國家的角色及其主權權威考慮進去，而非只是將之拋棄。

CHAPTER 7 外星人和當地人 Alien and Indigenous

正如我們所見，護照在人們最狂熱的幻想中占有一席之地。尼可拉斯・羅吉於一九七六年執導的電影《天外來客》，以太空旅行影像的蒙太奇開場：火箭推進器發動，廣闊的天際線布滿層積雲，火箭引擎驅動的太空船離開大氣層，另一條天際線與遙遠的台地相遇，太空艙進入大氣層，緊接著一個主觀鏡頭，墜入美國西南部高地沙漠中的一個湖泊，而最後的鏡頭是湖水巨大的飛濺。（這些最後的鏡頭在赫美茲山脈的芬頓湖拍攝，是普韋布洛印第安部落的家園，遠早於來此定居的歐洲人抵達這個現在被稱為新墨西哥州的地區。）接著，一個襯著山坡的剪影出現，穿著連帽長外套的孤獨身影，小心翼翼地經過廢棄的礦場。我們剛剛目睹了一次星際旅行，沒有常見麻煩事的一趟飛行——沒有海關和移民檢查站，也沒有邊防警衛或移民官——但是當那位旅人到達礦場下方的山谷時，一名穿著深色西裝、一臉嚴肅的男人正仔細觀察他。最終，就像好萊塢西部片中的荒野浪子一樣，孤獨的身影漫步到一個小鎮的郊區，看到上面寫著「哈尼維爾，界線村，海拔高度二八五〇」的路標。他鬱悶地把帽兜往後一甩，露出一頭不自然的紅髮和蒼白、瘦削、似鷹一般的臉。

是的，現在可以清楚地看到，這位出現新墨西哥州哈尼維爾的星際旅人是大衛・鮑伊，幾乎就像來自外太空的真正外星人一樣格格不入。然而，這個地方本身確實很奇怪。電影很快就切到一個出人意料的畫面，一間小丑臉外觀的彈跳屋，綁著的繩索因為風勢就快要斷了，附近的遊樂場工作人員大聲打嗝，然後向主角招手：「小伙子，過來，來這裡！」這位太空旅人顯然已經厭倦漫長的旅程，不加以理會，而是穿過街道，在一家「買賣收購」商店前的木凳上癱坐休息片刻。觀眾很快就會發現，儘管如此明顯地格格不入，但這個在陌生土地上的陌生人非常清楚如何在新環境中生存。當年邁的老闆娘前來開門營業時，旅人甦醒過來，跟著她進了屋。老闆娘顯然很在意他在旁邊，用猜疑的聲音問道：「有什麼事嗎？」；他的回答帶有柔和的南倫敦口音：「是的，不好意思。我想賣掉這個。」他輕輕地遞給她一個小金戒。經驗豐富的老闆娘更疑惑地問道：「這枚戒指是哪裡來的？」他只稍稍遲疑了一下，答道：「這是我的……我妻子給我的——看，裡面刻有我的名字的縮寫。」她借助放大鏡讀出字母：「T……J……N」緊接著問下一個問題：「你帶了證件嗎？」這位陌生人把手伸向黑色連身服的胸前口袋，一邊答道：「我是英國人，我有護照。」然後把證件交給她。她拿起護照，翻開封面凝視著，大聲念出證件上的名字，

「湯瑪斯・傑洛米・牛頓」，而他無聲地跟著複述這些音節，彷彿為了好好記住這個他在地球上的身分而再次練習。

接著是證件的特寫鏡頭：當老闆娘翻開護照時，鏡頭拉近到照片頁，出現一張鮑伊嚴肅而平靜的黑白照片，他的頭髮蓬鬆，穿著寬領上衣。如果把畫面定格得恰到好處，可以在個人資料頁上看清詳細資訊——職業：推銷員；出生地：蘇塞克斯郡亨菲爾德；出生日期：一九四六年一月八日；居住國：英格蘭；身高：五英尺十英寸——但是鏡頭中使用的淺景深模糊了最有趣的細節，比如瞳色、髮色、特徵。值得注意的是，這位離開家人遠遊的孤獨旅人，描述妻子和孩子的欄位卻空白。畫面切回飾演牛頓的鮑伊的特寫鏡頭，他迅速將自己較

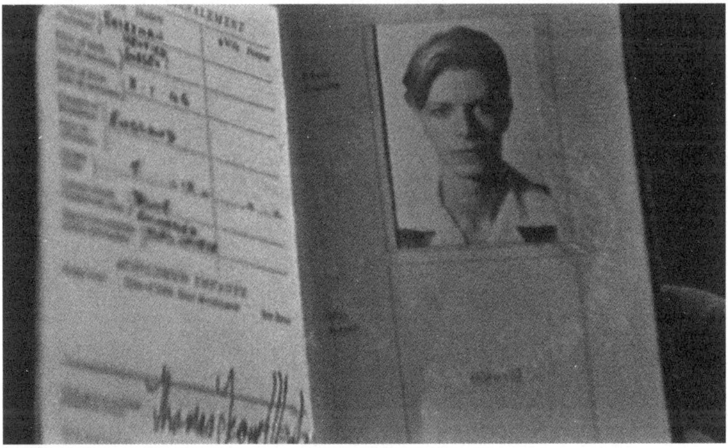

湯瑪斯・傑洛米・牛頓的護照照片頁，取自《天外來客》(一九七六年)。British Lion Films電影公司。

長、較黑的頭髮撥到臉的一側，試圖讓自己看起來更像護照上的照片。老闆娘顯然相信了這本證件，敷衍地喃喃道：「這裡不是當鋪……如果我現在收購這枚戒指，你之後就不能贖回去了，懂嗎？」[1]

鮑伊在去新墨西哥高地濺起水花之前，就已經有些異類。牛頓可能是他在劇情片中的第一個角色，但這位由搖滾明星轉為電影明星的人物，十年來已一變再變，從出生於布里克斯頓平凡的大衛・瓊斯，到表演舞台上的大衛・鮑伊（源於鮑伊刀及其美國先驅發明者）*，再進而成為一九七〇年代初「齊格星塵」†的雌雄同體科幻極端角色。一九七二年秋天，鮑伊帶著他的另一個自我和他的樂隊「火星蜘蛛」在美國巡迴演唱，精心製作的舞台表演在美國各地穿梭六個多月，最大的特色是受太空旅行激發靈感所創作的歌曲，如〈太空怪談〉、〈火星生活〉、〈星人〉，當然還有〈齊格星塵〉。這一切的中心是他瘦削的身材，搭配炫目的歌舞伎般妝容、一頭驚人的紅髮，以及凸顯他超凡脫俗外貌的古怪服飾。鮑伊在《天外來客》中飾演牛頓的時期，已經轉變到一個不那麼奢華的新角色，瘦白公爵，梳理整齊的髮型和卡巴萊風格的服裝與電影中的護照照片十分相似。然而，鮑伊在羅吉的電影中扮演的角色，是這位搖滾明星超凡脫俗的舞台角色的延伸，強調他消瘦的四肢、乳白色的皮膚、略感弱不禁風的舉止，以及冷漠、分心的凝視。

在這種偽裝下，當鮑伊以牛頓的身分到達新墨西哥州的粗暴小鎮，他體現了一種之於當地完全陌生特質。當任何形式的身分證明都能為人所接受的境況下，他的護照有助於解釋他的怪異：他是口音有趣和盛氣凌人的英國人（這裡有一點狡猾的幽默）。大衛．鮑伊、齊格星塵或瘦白公爵，以及他們與前衛搖滾音樂和全球化流行文化的關係，在這個小鎮上，幾乎就和來自火星的人一樣出人意料（因此，這個隱微的笑話又多了一層）。然而，儘管這份證件很怪，仍為他的出現提供某種合法性：他帶著可用的證件來到這裡（即使我們知道其實不然，證件不可能是真的）。

一九六〇年代，在流行音樂和名人界興起的古怪的新文化運動中，扮演牛頓的鮑伊就是持護照的特使；從某層重要的意義上來說，《天外來客》訴說了人們對鮑伊及其眾多角色的看法。從根本上說，這部電影也表達出人們對「外星人」的看法，甚至可能超越鮑伊或羅吉當時所意識到的程度。牛頓在片中只被稱為「外星人」一次，但緊隨其後的是一個緊迫的問題：「你知道如果他們發現你的簽證過期會怎麼樣嗎？」（當然是另一個心照不宣的笑話）。外星人一詞的

* 鮑伊刀是一種特殊風格的美國匕首（類似藍波刀但沒有鋸齒），十九世紀由德州傳奇英雄詹姆士．鮑伊（James Bowie）設計。

† 齊格星塵（Ziggy Stardust）為鮑伊當時概念專輯裡的虛構人物，表現出一種舞台人格——雙性、華麗、詭譎、風華絕代。

英文alien有多個意義，在以下的意義：外星人「屬於或與來自另一個星球的（智能）生物有關；表明這樣的存在；是地球外的」，其源自科幻小說的術語，最早出現於一九二〇年代後期。[2]電影中，alien也可以解釋為「出生或效忠於外國；尤其是代表不是他或她所居住國家歸化公民的外國人」，這樣的用法可以追溯到十四世紀的法國，而其詞源可以追溯到古羅馬關於公民身分極其細微的概念。[3]然而，「非法外國人」的現代意義於一九二〇年代後期也在美國流行起來，當時開始第一次大規模驅逐墨西哥人和墨裔美國人。到了一九七〇年代，該詞的使用甚至大幅增加，因為移民社區的人口成長到占了美國人口的更大比例。新移民不再被視為準公民。相反地，「非法外國人」（illegal alien）一詞也流行起來，因為政治右翼人士認為，以美國這樣一個獨立的國家，受憲法約束並受法治管轄，違反移民法可說是對於美國主權的存在威脅。

然而，當時美國已經居住著至少一個土生土長的「外星人」：桑．拉（又名勒．索尼．拉，本名為赫爾曼．普爾．布朗特，出生於阿拉巴馬州伯明罕）比鮑伊更加大膽地活出外星人的角色。身為一九三〇年代的大學生，拉有一段想像的經驗，影響了他的餘生：「我降落在一個我認為是土星的星球上……他們傳送了我，我和他們一起落在平台上。他們想和我談談。他們的每隻耳朵上都有一根小天線。他們告訴我……我會透過音樂說話，而全世界都會傾聽。」[4]毫無疑問，這些來自另一個星球的生物，比在吉姆．克勞*時代阿拉巴馬州主導經濟和政治生活的南方白人提供了更有吸引力的命運。拉在伯明罕以才華橫溢的年輕鋼琴演奏家身分開始職業生涯，後來成為一個「星際」樂團的團長，該樂團在一九九〇年代產出大量的實驗爵士樂作品。在漫長的職涯中，他將年輕的願景發展成宇宙旅行的個人神話和非洲未來主義†的早期版本，從根本上重新想像黑人文化在本世紀中葉美國社會中的地位。一九五二年，他正式在法律上改名為勒・索尼・拉，最終變成桑・拉，（兩次）召喚了埃及太陽神‡；不久之後，他成立一個名為阿克斯特拉（Arkestra）的樂團（又名神話科學阿克斯特拉〔Myth Science Arkestra〕，兩個名字都以管弦樂團的英文orchestra和約櫃§的英文ark of the covenant合體而來），其演場會以華麗的服裝為特色，結合古埃及華服和太空旅行風格的時尚元素。一九六〇年，拉和他的阿克斯特拉樂團錄製具有里程碑意義的〈我們在太空旅行〉這首刺耳嘈雜的爵士輓歌，包括貼切的副歌「星際

* 吉姆・克勞（Jim Crow），黑人喜劇作家托馬斯・德・賴斯〔Thomas D.Rice〕創造並普及的戲劇角色，後來就演變成為對黑人的蔑稱。吉姆・克勞法（Jim Crow laws）便用來指稱一八七六年至一九六五年間美國南部以及邊境各州對有色人種實行種族隔離制度的法律。

† 非洲未來主義（Afrofuturism），六〇年代起源於美國的一場藝術、文化、哲學運動，融合了非洲傳統、科幻、科技和奇幻元素，主要探索三大主題：非洲的未來、非洲傳統和現代科技的結合、超越殖民主義。

‡ 桑・拉（Sun Ra），除了Sun是太陽之意，Ra也是古埃及太陽神的名字。

§ 約櫃，契約之櫃，又稱法櫃，是古代以色列民族的聖物。

音樂」。他們很快就開始在外星的背景幕前表演。

但「桑．拉」不僅僅是一個舞台角色。這位音樂家為了準備一九七〇年的第一次歐洲巡演，前往紐約市的護照辦事處第一次申請旅行證件。他在確認身分時，在申請表上註明自己是來自土星的桑．拉。正如約翰．F．司瓦德在他為拉所寫的傳記中講述的，這位超凡脫俗的音樂家穿著仍然相當「奇特」的「平日衣著」，完成必要的表格，並交給護照工作人員，卻被告知：「先生，你得提供比這更正確的資訊。我們需要你父母的姓名、你的出生日期……」拉堅持立場，反駁道：「這是正確的資訊。」面對這種不尋常的情況，困惑的辦事員請求主管協助，而主管在與拉進行簡短的交談後，建議他在幾個小時後回來重新開始申請程序。當音樂家當天稍晚回來時，他遇到護照辦事處的另一名職員，他顯然比同事更不關心標準程序：「我們馬上就給你護照。」他迅速表明。誠然，不能指望一個單純的政府官員能抗拒星際巨星出現幻覺的激情。護照成為桑．拉這個角色的關鍵組成部分：官方承認他為自己創造的身分，而非美國種族政治惱人的歷史強加給他的身分。眾所周知，旅行證件長期以來總方便後者。

在隨後的幾年裡，正如司瓦德的傳記所報導，這本護照在拉的音樂家同僚中獲得「護身符」的重要意義，正因為它是正式證件，表明他否定美國主流社會和文化生活，以及其無處不在的（和主要都是白人的）政府官僚機構。更何況，護照給予他對宇宙身分的狂野幻想一種權威的體現和實質基礎。正如倫敦的製作人、作曲家、DJ、塔布拉鼓手塔爾文·西恩後來所評論的：「他的理念是，人要不就成為社會的一部分，要不就不是。而他不是。他創造了自己的社會。我的意思是，我真的看過他的護照，上面有一些奇怪的東西，一些不同的資訊。」[5]其中一項是，上面確認他的出生地是「土星」，但沒有指明出生日期。

然而，並不是每個人都滿意那本護照。一九七〇年十二月，當拉與阿克斯特拉樂團在哥本哈根的歐洲巡迴演唱會接近尾聲時，他們在沒有事先安排交通或住宿的情況下，衝動地決定飛往埃及。當這些音樂家在開羅機場被海關和移民官攔下時，即興之旅很快就遇到障礙。如果整個爵士樂隊只是為了觀光來到埃及很可疑，那麼其團長的護照上有著古埃及神靈的名字就更令人懷疑。但拉對此做出回應：官員應該打電話給埃及古物博物館的館長，以便在埃及學的背景下評估他的名字。遭遇拉的反擊，官員的態度很快就變得溫和，然而他們扣押了樂團的大部分樂器，顯然是為了確保他們會及時返回機場並離境。幸運的是，一位埃及粉絲很快就向拉和他的樂團伸出援手：薩拉赫·拉加布是一位爵士鼓手，也恰好是埃及軍隊的準將和樂隊隊長，他設法為樂團找到備用樂器。儘管拉加布後來因干預而受到紀律處分，但他與拉及阿克斯特拉樂團一起錄製了幾張唱片，並且在樂團成員取回自己的樂器，飛回美國之前，共同完成一次全國巡迴演唱會。這場埃及之旅，就像樂團佩戴的古埃及風格王冠一樣，將成為他們非洲未來主義願景的重要元素，讓他們彷彿置身於輝煌的非洲過去和未來壯麗星際的希望之間。

桑・拉於一九七四年主演的劇情片《就是太空那裡》為此神話做出最充分的表達，正如片名所暗示，它為美國黑人設想新的機會，不是返回非洲，而是離開地球，這是一段不需護照的旅程。電影的結果是一種黑人剝削電影*式的科幻幻想：試想《黑街神探》遇到《二〇〇一太空漫遊》。電影是拉穿著精心製作的埃及風格服裝，哼著一首曲子，然後進入一段獨白，顯然是針對一個遙遠叢林星球上戴著帽兜、長相完全相同的居民所說：

> 這裡的音樂不一樣，震動不一樣。不像地球。行星地球……只有槍聲、憤怒、沮喪之聲。沒辦法和地球人說話，他們聽不懂。我們在這裡為黑人建立一個殖民地。看看他們在這個沒有任何白人且完全屬於他們自己的星球上能做些什麼。他們可以享受這個星球的美麗。這會影響他們的震動，當然是往好的方向……我們將透過同位素遠距離即時傳送、分子轉化作用將他們帶到這裡，或者更好的是，透過音樂將整個星球傳送到這裡。

然後，我們開始了一項宏偉的計畫，將非洲僑民擴展到銀河系的遙遠區域，並建立一個和諧的反殖民殖民地，超脫困擾這個世界的暴力、唯物主義、種族主義的掌控。隨後的情節，穿插著拉和阿克斯特拉樂團的複節奏自由爵士樂，有時幾乎不連貫。但在很大程度上，配樂跟隨音樂家試圖完成這一星際任務，即使他必須與一個被稱為監督者（雷蒙．強生飾演）的邪惡壞人競爭，以他對未來的願景「贏得」非裔美國人社區。

很快地，這位航行者抵達奧克蘭，在那裡向一群「地球上的黑人青年」自我介紹，稱自己為「來自外太空委員會的星際區域大使桑．拉」。在離開地球多年後返回，他現在是外星人，一個局外人，但也是潛在的救世主。如果年輕人認知到自己在美國被視為外星人，他會為他們提供一個逃往遙遠未來的機會。不可避免地，他試圖召募旅行者到他的烏托邦太空社區時，遭遇懷疑甚至嘲笑。為了宣傳訊息，拉很快與監督者的一名代理人達成協議，該代理人聲稱「他掌握著這個國家整個通信網絡的脈動，每台電視、廣播、電影院、報紙、雜誌，只要你說得出名字的都包括在內。」隨著任務的消息開始傳播，拉也引起美國太空總署一群惡毒的種族主義科學家的注意。他們威脅，如果他不透露分子轉化和其他技術的祕密，他們會逮捕並傷害他。與其他「非法」訪客一樣，「外星人」棲身於美國社會暴力與權利之間的臨界空間裡。拉及時逃脫，在奧克蘭舉行一場音樂會。然後，當政府特工和監督者靠近他時，他開始在空中揮動雙手，並

* 黑人剝削電影（Blaxploitation）出現於美國一九七〇年代初，為剝削電影的分支，不同於主流電影，此類電影中黑人角色常能扮演英雄，而廣受粉絲歡迎。但也因角色常表現出不合理的動機或犯罪行徑而備受影評人批評。

將黑人青年從城市的另一頭傳送到他的太空船上。影片的結尾是行星爆炸的殘骸在太空中墜落，太空船飛馳而去——這是對於使非裔美國人「與世界格格不入」的種族不公義的審判。[6]

《就是太空那裡》與《天外來客》中的願景形成鮮明對比。牛頓來到地球，並非為了拯救其居民或任何特定的社區，而是為了獲得足夠的水，以拯救自己遭受乾旱的星球同胞。在一系列的倒敘中，我們看到牛頓和家人在遙遠的地方，徘徊在垂死世界某個廣闊的沙漠，而他準備離開去執行救援任務。因此，他體現一種與科幻幻想和對非法外國人的恐懼密切相關的威脅：這位訪客將利用新國家，消耗其資源，而這些資源將被送回他的家鄉，而不去考慮代價。但外星人也有一些擔心：他將被困在這個新世界，受到其文化腐化，益發被美國的物質主義、過度的性和酒精以及充斥的媒體環境所吸引。影片中最引人注目的幾個場景是，牛頓坐在一排電視機前，接受完全不協調的混亂圖像和訊息的轟炸。

羅吉的電影受到的好評也來自於另一個在美國尤其常出現的移民故事：牛頓透過為一系列新技術申請專利，建立一個商業帝國，創造出可以與任何土生土長的企業家相媲美的個人財富。他以其怪異的方式體現了美國夢。此外，他的成功使他在媒體上引起轟動，而這種新的名聲意味著很快就會受到媒體的追捧，就像搖滾明星鮑伊一樣。牛頓打算累積足夠的財富來建造新的太空船，把拯救星球所需的水載回家。但在過程中，就像桑・拉在《就是太空那裡》中一樣，他引起政府特務不必要的注意，他們抓住他，並在他瘦削的身體上進行一系列實驗。無論有沒有護照，他突然淪為裸命；無論有沒有護照，他都注定回不了家。

◆◆◆

當進入二十一世紀，如果將《天外來客》解釋為某種（誠然，相當奇怪又難以理解的）移民敘事顯得愈來愈合理，甚至不可避免，這是因為在過去的半個世紀裡，在與美國相關的想像中，這類故事的特定角色受到強化。我們甚至可以將其指向圍繞在美國移民伊隆．馬斯克發展起來的神話。這個外來者帶著超凡脫俗的才能來到這個國家，憑藉自己的技術實力成就巨額財富，現在他只想乘坐自己設計的火箭船離開地球，目標是將生命帶上一個看似不宜人居的星球。《辛普森家庭》的製片人發現這些驚人的相似之處，將它們轉化為二〇一五年的一集節目，取名為〈天外飛來的馬斯克〉。這一集開場時，一枚火箭降落在這家人位於春田市的後院，門打開，出現了馬斯克（由聲音如機器人般單調的億萬富翁本人配音）這位「最偉大的在世發明家」。這位訪客不斷將荷馬笨拙的人類沉思，轉化為一系列旨在改善城鎮而令人眼花撩亂的新發明，並在此過程中展示「地球如何自救」（儘管馬斯克在此過程中還使春田市破產，導致荷馬感嘆，「宇宙的所有行星中，他為什麼要來到這裡！」）[7]

馬斯克的真實故事，就像許多移民故事一樣，取決於護照。他成長於一九七〇及一九八〇年代的南非，喜歡閱讀漫畫書和科技雜誌，並開始相信另一個神話：「當有很酷的技術或事情發生時，似乎總是在美國。所以，我小時候的目標就是去美國。」[8]這位年輕人在閱讀道格拉斯·亞當斯的《銀河便車指南》（一九七九）時，又另外獲得靈感。這部喜劇科幻小說讓他特別了解「很重要的一點，很多時候問題比答案更難……所以，要道我們更加理解宇宙，才更知道要問什麼問題。」[9]正是在這些童年的遐想中，馬斯克開始夢想殖民火星。

然而，首先他必須到美國。多年來，馬斯克一直試圖說服父母移居美國，但無法如願；這位年幼的南非人也不能獨自且在未通知的情況下出現在這個國家。他在十七歲時發現另一個辦法：他的母親梅伊在加拿大出生，儘管她幾乎一生都在南非度過，仍舊可以申請加拿大護照。透過她，伊隆也可以申請。在收到新護照僅僅三週後，馬斯克就坐上飛往北美的飛機。加拿大公民身分幫助這名年輕人進入安大略省京斯敦的皇后大學就讀，隨後憑藉美國學生簽證轉入賓州大學的華頓商學院。馬斯克之後進入史丹福大學攻讀能源物理學和材料科學博士學位，研究用於電動汽車的超級電容，但第一個學期開始沒幾天就休學，跑去經營他的新創公司，一家名為Zip2的網路軟體公司。因為他已有學士學位，因此仍能以從事「專業工作」的外籍工作者身分，以H－1B簽證留在美國。在接下來的二十年裡，這位企業家持續創辦超過六家公司。

二〇二〇年六月，在新冠肺炎大流行期間，同為華頓商學院畢業生的川普總統暫停發放短期工作簽證，包括H－1B，馬斯克在推特上發文回應這個新聞：「非常不同意這項措施。在我的經驗中，這些專業人士可以創造工作。簽證改革有其道理，但這項太過廣泛。」[10]早先在二〇一六年總統大選期間，這位億萬富翁企業家的一則迷因在社交媒體上廣為流傳，聲稱：「我是伊隆·馬斯克。我是非法移民，如果川普先生和你們當中的一些人照著己意行事，我早就被趕出美國，並且永遠不會創立Zip2、PayPal、特斯拉汽車、SpaceX、Solar City。我不會改變世界，也無法僱用成千上萬的美國人，發展你們的經濟。」[11]事實上，馬斯克並沒有寫下這些話，而且他從來都不是非法移民，但他身為外籍居民的經歷促成他一再批評川普政府制定的限制性移民政策。二〇一七年一月，在川普宣誓就職一週後，簽署了臭名昭著的行政命令，限制來自以穆斯林為主的七個國家的移民，該命令的根據是《移民和國籍法》第二一二(f)條。該法案允許總統「暫停所有外國人或任何類別的外國人身為移民或非移民的入境，或對外國人的入境施加任何適當的限制」，只要總統發現此類入境「不利」於美國的利益。簡而言之，這是主權權威的粗魯行使。馬斯克很快就譴責這項禁令，強調它將影響那些沒有做錯任何事情並且「不應該遭到拒絕」的人（他隨後刪除了推特中更嚴厲的批評）。就像那些在美國各地機場抗議的人一樣，這位和他們不太像的人權倡導者正在為一個無論國籍如何，每個人都可以主張合法的行動自由權的世界發聲。[12]

馬斯克還談到阻止他僱用外國員工設計火箭的限制，同時也讓太空探索公司無法僱用許多優秀的工程師。川普政府暫停發放H－1B簽證，只會讓這家想殖民火星的大膽公司原本要解決的問題變得更加複雜，他們的目標是讓人類可以在生態災難或核浩劫中得以倖存。但人們必須假設太空旅行者有一天需要護照和特殊簽證，才能登陸那顆紅色星球。

殖民火星的未來主義幻想也許比全球無國界的世界性夢想更可行。無國界就沒有「非法」外國人，也沒有可能需要行星逃生計畫的國際衝突。想想從前叫摩斯．戴夫（也曾叫做但特．貝澤、弗拉科、埃爾貝伊．摩爾、布蘭特．丹特）的藝術家亞辛．貝的護照故事。他本名為丹特．特里爾．史密斯，出生於紐約布魯克林，擔任過說唱歌手、演員、企業家、活動家，有著不拘一格的驚人職業生涯：從（與泰利巴．奎力）創立有影響力的饒舌二人組合黑星（以馬庫斯．加維建立的航運公司命名，該航線促進非裔美國人移民到利比亞）；在二〇〇五年由《銀河便車指南》一書改編而成的電影《星際大奇航》中扮演古怪但親切的外星田野調查員福特．派法，「來自參宿四附近某個小行星」；在四十三歲宣布退休（在肯伊．威斯特的網站上宣布），跑去南布朗克斯開設一家將美術展覽與嘻哈音樂相結合的Compound藝術畫廊，並開始與奎力和戴夫．查普爾一起主持名為《午夜奇蹟》的Podcast。貝也是人權活動家，不止一次被譽為二十一世紀的羅伯遜。二〇一三年（在從戴夫這個名字退休後不久），這位藝術家和其年輕家人彷彿與馬斯克交換地點，在南非開普敦定居，享受這座城市充滿活力的藝術和音樂場景，而且，像之前的桑．拉一樣，將美國的系統性種族主義和警察暴力拋在腦後——貝在當時的一次採訪中說：「對於像我這樣，五、六代都住在美國，而且一直住在一個小鎮的人，會想離開美國，表示美國的情況肯定不是那麼好。」[13]

做為抗議國家狀況的一種手段，貝在搬到開普敦後不久就停止使用他的美國護照。二〇一六年一月，在前往衣索比亞參加音樂節的途中，他試圖使用所謂的「世界護照」從南非登機，該護照不是由任何國家簽發，而是由華盛頓特區一個名為「世界服務機構」（成立目的為創造「一個沒有國界的世界」）的非營利組織簽發。但由於南非不承認世界護照是有效的旅行證件，貝在開普敦國際機場遭到逮捕及拘留，並被指控違反一九九四年《南非護照和旅行證件法》第四號法例的規定和二〇〇二年第十三號移民法。全球只有六個國家正式承認世界護照，儘管包括南非在內有數十個國家至少曾接受並在其上蓋章過一次。被捕後不久，貝勉強承認「南非可能認為世界護照是虛構的」，但他隨後就主張，國家本身也不過是奠基於集體協議：「南非其實是虛構的。」[14]

在這方面，貝呼應了致力於推動世界護照的和平活動家蓋瑞．戴維斯的想法。一九四八年，戴維斯放棄美國公民身分，並宣布自己是「世界公民」，儘管這麼做會讓他立即成為沒有國家的人，對所有公認的國家都是外來者。他曾經是嶄露頭角的百老匯明星，二戰期間在美國陸軍服役，在德國上空執行了數十次轟炸任務，其中在布蘭登堡上空的那一次導致數千平民死亡。戰爭結束後，戴維斯逐漸相信民族主義是其恐怖的根源，並得出結論認為，如果世界不被（多少是武斷地）劃分為不同的國家，將會變得更加美好。他嘗試將個人的幻想轉化為共同的現實。戴維斯在巴黎協和廣場的美國大使館放棄公民身分後，在附近的夏樂宮尋求庇護，在剛剛開始的聯合國大會期間，該宮被指定為「國際領土」。他在宮殿裡度過數週的外交困境，在庭院露營，在聯合國官方餐廳裡閒逛，在那裡引起記者、知識分子和其他活動人士的注意。他的故事很快成為全世界的頭條新聞，儘管這個理想主義的年輕人普遍被斥為天真得不可思議，甚至有點荒謬。

儘管有許多批評者，戴維斯還是引起幾位知名法國知識分子的注意，包括卡繆、布勒東、紀德這些長期批評護照的人，他們成立「蓋瑞．戴維斯團結委員會」來支持他的志業。這個新成立的委員會成員確信聯合國沒有採取任何行動來終止國家主權後，協助策劃在大會會議上的抗議行動。一九四八年十一月十九日，在會議進行當中，戴維斯衝上講台宣布，「主席和各位代表，我在此以這裡沒有代表的世界人民的名義打斷……把世界交給世人！一個世界一個政府。」[15]話還沒說完，保全官就出現，護送他離開大廳。

戴維斯很快就建立自己獨創（而且大多是無效的）與聯合國對應的世界公民的世界政府，以及其行政機構世界服務管理局，該機構很快就開始簽發「世界公民」證件，包括出生證明、結婚證明，當然還有護照。頗具諷刺意味的是，戴維斯的旅行證件授權來自聯合國大會一九四八年十二月十日第二一七A(III)號決議通過的「世界人權宣言」（第一三・二條）：「人人有權離開任何國家，包括其本國在內，並有權返回自己的國家。」鄂蘭則指出一個悖論，即宣言要求國家保護人類的「普世」權利，即使國家仍然繼續堅持自己的法律和領土主權。藉由創建世界護照，戴維斯尋求超越此一悖論的方法。到二〇二〇年，世界服務管理局聲稱，全球約有七十五萬名世界護照持有者，其中許多是難民和缺乏來自公認國家的官方旅行證件的無國籍人士。儘管這些護照持有者中有些人已經成功越過邊界或使用這些證件證明自己的身分，但世界護照在很大程度上仍然只有象徵性的功能：提醒國家的虛構地位及其所依賴的邊界。該證件主張，全人類屬於一個家庭，這個家庭被人為的界限和歷史環境所分割；此外，他們也堅持（即便不能給予保障）神聖和不可剝奪的人權，與國家公民的權利無關且有所區隔。

這種象徵性的特質一直是世界護照帶給人們最有意義的遺產。當數位媒體網站 *Okay Africa* 問及亞辛・貝為什麼選擇帶著這樣的證件從南非出發旅行時，他的官方發言人回答，這位藝術活動家「視自己為世界公民，並希望使用他的世界護照來支持世界人權宣言。」該發言人接著表示，在美國，「各州和地方執法機構已侵犯了最基本的人權——即好幾位手無寸鐵的年輕黑人的生命權。」[16]

亞辛・貝於二〇一三年移居開普敦前不久，對美國政府侵犯人權的行為進行更加激進的抗議：在非營利組織Reprieve（緩刑）製作的一部短片中，這位藝術家同意接受以橡皮管經由鼻子強行餵食，這是關塔那摩灣拘留營中用於絕食者身上的殘酷程序。讓人想起《天外來客》和《就是太空那裡》中的場景，該影片模擬被拘留者淪為裸命狀態的經歷，人被剝奪權利，只留下一副軀體承受著主權權力的暴力。透過這種方式，有助於提高人們對從前私刑的認識，聯合國人權委員會後來確定其為一種由國家支持的酷刑形式；事實上，這部影片也同樣引起人們對世界護照中所體現出國家的許多相同道德和政治問題的關注。他在南非被捕前拍攝的另一段短片，後來被收錄在一部關於戴維斯生平的紀錄片中。貝在該短片中總結他取得這份證件的動機：「我的國家稱為地球。它屬於所有居住於其中的人。如果我的職業生涯有什麼可以做的，那就是希望鼓勵我這一代和之後的幾代人擁有這種世界觀。」[17]

可以預見的是，南非當局不同意這種看法：法院裁定，「由於違反當地移民法」，貝須在十四天內離境——而且他將不再被允許與美國護照持有人享受同樣的南非免簽證旅行。

無論他們的國際志向或對人權的投入如何，這就是「世界公民」以及其他持有幻想旅行證件的人都期望從全球國家得到的認同。戴維斯在二〇一三年去世前不久，將世界護照寄給兩名因反國家主義活動而成為無國籍者的知名逃犯：澳洲的維基解密創始人朱利安·阿桑奇和美國國家安全局舉報人愛德華·史諾登。（相當不協調的是，據報導，美國前總統歐巴馬也拿到了世界護照。）在政府單位跑文件流程時，阿桑奇迅速進入倫敦市中心的厄瓜多爾大使館尋求庇護，而史諾登則在莫斯科謝列梅捷沃國際機場的F航廈中陷入外交困境。最終，在國務卿約翰·凱瑞和美國國務院吊銷他的護照後，這位孩子氣、戴著眼鏡的舉報人被關押在機場一個沒有窗戶的房間裡一個多月。看來，護照被撤銷時，史諾登正在香港和莫斯科的半空中（儘管其他報導聲稱，香港當局允許他登機時，他的護照已經被撤銷），因為他試圖經由古巴的哈瓦那和委內瑞拉的卡拉加斯逃離，前往厄瓜多爾的基多，希望在那裡獲得政治庇護。戴維斯在最後一次公開行動中發表關於史諾登事件的聲明：「這種前所未有的情況戲劇性地揭示個人的力量對上國家體系的境況，同時強調個人主權。史諾登受困於莫斯科機場過境休息室的事實進一步揭露出國家邊界的虛構。」[18]為了將舉報人繩之以法，一國的政府取消對其本國公民身分的保護，並將其監禁在異國他鄉，使之無路可逃。

史諾登在二〇一三年七月一日發表的聲明中聲稱，「雖然我未被判刑，但美國政府單方面撤銷我的護照，使我成為無國籍人士。現在政府又在沒有任何司法命令的情況下，試圖阻止我行使一項基本權利，屬於每個人的權利，尋求庇護的權利。」[19]在這種情況下，世界護照對他沒有幫助，因為國家的法律拒絕保護他；事實上，阿桑奇和史諾登都未曾使用這份證件，儘管阿桑奇確實試圖幫助史諾登逃離俄羅斯前往厄瓜多爾，但沒有成功。世界服務機構後來報告，他們已經向居住在世界各地難民營的難民發放「超過一萬份免費的世界護照」，然而事實已經證明，這些證件絕大多數沒有用處。[20]同時，美國國務院的《外交事務手冊》特別列出需要格外注意的證件：「世界服務機構的護照不能做為為了簽證目的而簽發的『護照』。世界服務機構是一個私人組織，而不是『合格的主管當局』……該證件是一份四十頁、護照尺寸的證件，封面為亮藍色，帶有金色字體。」[21]

在歐盟所發布的「已知幻想和偽裝護照之非完整清單」中也可找到世界護照，此清單根據歐盟成員國提供的資訊所編寫。整體來說，該清單包含「不得附上簽證」的證件，儘管上面將幻想護照具體定義為「由少數民族、教派和人口群體、私人組織和個人簽發的『護照』和身分證明等。」[22]可以見得，簽發這些證件是為了規避國家（及其境內各州）的主權權威，儘管它們存在於這份清單上（以及它們不被接受的地位）本身便已提供了建構該權威的基礎。它們被納入歐盟的司法管理，恰恰是因為它們與歐盟法律的不可通約性*。除世界護照和時間中的斯洛維尼亞城邦護照外，歐盟名單還包括一百多種具有此共同功能的不同旅行證件，例如來自國際人道主義協會、拜占庭帝國、美利堅聯盟國的護照，來自哈瑞奎師那教派、夏威夷王國、西蘭公國、聖克里斯托瓦爾共和國，以及加拿大所謂的行星護照。†

歐盟的「幻想」護照清單還包括一些在國際社會中強烈宣稱其合法性的證件，例如澳洲的「原住民護照」和美國的「豪丹諾蘇尼人‡護照」。一九八七年，塔斯馬尼亞律師暨活動家邁可・曼塞爾開始簽發澳洲原住民護照，代替澳洲護照，這也是一九九〇年「原住民臨時政府」成立的前奏。這些護照於一九八八年三月首次用於國際旅行，當時曼塞爾與一個原住民代表團應穆

* 原文使用 incommensurability 一詞，指因不同系統基準，而無法放在一起比較，好比當長度遇上重量，兩者無從比較起。

† 美利堅聯盟國為美國內戰時期短暫存在的南方聯邦政府。哈瑞奎師那教派為一印度宗教組織。夏威夷王國建於一七九五年，直到美國藉由協助當地親美派發動政變，於一八九八年正式將之併為美國第五十個州。西蘭公國為一微型國家，以距英國海岸約十公里的怒濤塔為該國領土。聖克里斯托瓦爾地理上為多明尼加境內一省。行星護照是一個概念，旨在超越國界和民族，強調人類作為地球居民的身分，此概念主要是在學術和社會討論中出現。

‡ 豪丹諾蘇尼人（Haudenosaunee），意思是「住在長屋的人們」，總共含六族（見後文），共通點之一是都居住於長屋，故另有一意譯為「長屋民族」，此採音譯。

安瑪爾・格達費上校的邀請前往利比亞，而上校在去年召開太平洋和平與革命會議裡認可這些證件。然而，當代表團成員返回澳洲時，移民當局拒絕在他們的原住民護照上蓋章，並在他們出示澳洲證件之前禁止他們入境。自這次試運行以來的幾十年裡，原住民臨時政府繼續發給「提供所有必要證件和詳細資訊」的任何原住民護照，儘管事實上他們可以預期，通過澳洲海關時會遭遇「官員某種形式的騷擾」。[23]

然而，這些證件近年來具有更為重要的意義。原住民社會正義協會等原住民激進組織，已向「未經國家授權抵達澳洲」的尋求庇護者和其他非原住民提供象徵性的原住民護照……做為對遭受國家不同形式排斥的人士表現歡迎和團結的舉動。」例如，二〇一二年九月，該協會在依奧拉族的卡地哥人和萬歌人的土地上（即我們現在熟知的雪梨，位於新南威爾士州）舉行一個簡短的儀式，為才在厄瓜多爾駐倫敦大使館尋求政治庇護的阿桑奇提供原住民護照（他的父親約翰・希普頓代替他領證）。在原住民社會正義協會與支持阿桑奇和維基解密聯盟共同發布的聯合聲明中，聲稱此舉動是為了回應「聯邦政府完全不支持協助朱利安……讓世界人民了解所有政府持續欺騙人民的大謊言。」原住民社會正義協會出示護照時表示，阿桑奇的澳洲護照在他尋求庇護期間「對他來說一文不值」，而他們的表態是要求澳洲政府官員承認原住民護照。[24]

原住民護照等證件已成為世界各地原住民維護主權，和拒絕定居殖民地國家領土和管轄權要求的一種手段。同時，正如澳洲法律學者莎拉・德姆所指出的，這些證件為原住民提供一個機會，規避這些國家壟斷現代世界「合法流動方式」所做的一切。[25]例如，原住民社運家卡盧姆・克萊頓－狄克森聲稱，他的族人有權使用原住民國家護照，而非澳洲護照（他稱之為「外國和殖民地旅行證件」），做為「原住民主權的行為」。[26]此後，原住民臨時政府在其網站上正式確立了此立場：

> 原住民護照是原住民臨時政府行使其主權政策所簽發的證件。在抵達其他國家和重新進入澳洲時出示原住民護照的行為，表明你堅守原住民民族與澳洲民族並不相同的原則。原住民擁有固有的獨立權利，包括擁有單獨的護照。[27]

聯合國再次被引為處理此事的權威機構，其聲明肯定「所有民族自決權的根本重要性，他們據此自由決定其政治地位，並自由追求其經濟、社會、文化發展。」[28]這種地位應該在美國和澳洲長期剝奪原住民公民權（前者直到一九二四年，後者直到一九七一年），甚至在授予他們公民身分後，仍繼續駁回他們特權的歷史背景下受到理解。

美國和澳洲的「殖民定居者（即最早期移民）計畫」，致力於使原住民「異族化」，讓定居者「本土化」，到定居者及其國籍要做到「歸化」的程度。儘管該計畫努力將原住民納入其領土和管轄權內，但它仍繼續主張這些原住民是住在「定居者國家的主權邊界」之內。美國學者暨理論家馬克．里夫金將這種情況比作阿岡本定義的例外狀態：以此來看，定居者國家的主權取決於原住民的存在，因為國家的建立恰恰是奠基於其界限所排除之事物。換言之，原住民是「透過他們的不可通約性而被包含在內」，以至於定居者國家可以援引國家主權，將他們視為與其政治秩序「正常」運作相關的例外、異常、異類。[29]相反的，原住民主權的計畫重申原住民在現代國家邊界內自治的固有權力：它們因此破壞「西發利亞領土主權*」的傳統，想像一個單一主權絕對控制一個特定的領土及相關人口，而非概念化為一個既不是外國、也不是國內的模糊空間。」[30]因此，原住民主權要求原住民團體擁有自己管理、制定立法、建立執法系統的全部權利和權力，儘管該權力擴展到簽發一直遭到其他國家拒絕的護照。

與原住民護照一樣，豪丹諾蘇尼護照提供一種身分證明形式和強調原住民主權的手段。又稱為易洛魁聯盟的六族豪丹諾蘇尼人（由莫霍克人、奧奈達人、奧農達加人、卡尤加斯人、塞內卡人、塔斯卡洛拉人組成）就是現在所知的北美原始居民。一九二三年，豪丹諾蘇尼政府在美國承認原住民公民身分之前，開始簽發護照，以便其中一位政治家帖斯卡黑（也稱為李維將軍）能夠前往日內瓦，為承認原住民國際聯盟總部的主權倡議。二〇一四年，克萊頓－狄克森和原住民臨時政府的代表團持原住民國家護照前往加拿大，會見易洛魁聯盟的代表，並讓其首領在他們的旅行證件上蓋章。原住民代表團在進入加拿大時被移民官短暫拘留，在返回澳洲時再次被拘留，直到他們的澳洲公民身分被另外確定才能通行。儘管該團隊成員否認他們的澳洲公民身分，並拒絕出示其他形式的身分證明，但澳洲政府仍製造一個漏洞，允許他們使用原住民護照重新入境。儘管如此，代表團「非常自豪」他們的原住民護照得到易洛魁聯盟的承認。

與此同時，正如我們所指出的，豪丹諾蘇尼護照已被歐盟以及（占領了六族部落曾經居住的大部分領土的）定居者國家視為「幻想護照」。包括奧農達加族酋長塔多達霍．希德．希爾在內的部落領袖堅持認為，根據一七九四年喬治．華盛頓本人簽署的《卡南代瓜條約》，美國應該承認他們的護照持有人是「一個被國家承認的主權國家」的公民，享有「國際法和外交規則賦予的全部權利」。六族公民不認為接受美國或加拿大護照是一種選擇，因為在歐洲定居者到來之前的數千年歷史中，他們的人民已經屬於他們的部落國家。

這些相互矛盾的觀點在二〇一〇年七月達到危機關頭，當時袋棍球的易洛魁國民隊試圖持

* 西發利亞領土主權（Westphalian territorial sovereignty），包含三大重點：每個主權國家對其領土和國內事務擁有主權；各國互相承認主權並互不干涉他國內政；每個國家無論大小強弱，主權平等。該學說以一六四八年歐洲幾國簽署的《西發里亞和約》命名，隨著歐洲的影響力傳遍全球，成為國際法和當前世界秩序的核心。

豪丹諾蘇尼護照前往英國曼徹斯特，參加世界袋棍球錦標賽。持該護照旅行意義重大，不僅是為了主張國家主權，也是確認二十三名隊員資格的一種手段，他們將穿著易洛魁國民隊的球衣上場，打他們認為的「創始者的球賽」（因為袋棍球起源於西元一一〇〇年的美洲原住民部落）。第一場比賽即將到來，球員、教練和經理安斯利．傑米森卻被困在甘迺迪機場無法登機，從而引發一場外交僵局。由於團隊滯留在附近的希爾頓飯店，部落領導人試圖緊急與美國國務院達成協議，希望能獲得英國的入境簽證。然而僵局持續，球隊被迫放棄第一場比賽，不過國務卿希拉蕊．柯林頓最終同意單次放棄管理他們的離境，並保證他們能夠重新進入美國。遺憾的是，英國當局繼續扣留必要的簽證，以至於球隊來不及參加比賽。正如希爾後來所說，「我們被禁止獲得自己所發明的球賽的冠軍，且這個球賽是我們文化的核心。」他還指出美國和英國官方行動的荒謬之處，「何況這個問題始於五個世紀前歐洲人來到這裡，占領我們的土地在先。」[31]

為強調原住民的主權地位，二〇一五年九月在易洛魁聯盟的土地（紐約錫拉丘茲附近的奧農達加保護區）舉行世界室內袋棍球錦標賽時，部落代表在來訪國家——包括美國和英國——的球員和教練的護照上，都蓋上了豪丹諾蘇尼的入境簽證章。

後記　好護照與壞護照
Epilogue: Good Passports Bad Passports

讓我們來認識彼此。
「是」在左手邊，
「否」在右手邊。
我說德語。
我是這個國家的居民。
我有一張信用卡。
我愛我的祖國。
……

如此繼續。這是編舞家海蓮娜．瓦德曼二〇一七年的舞蹈作品《好護照、壞護照：一場邊境體驗》的開場，一道男聲以緩慢而莊重的語調唸出旁白。隨著旁白繼續，大約三十名穿著黑衣的男女聚集在昏暗的舞台上，然後按照果斷的命令開始分裂成對立的陣營——「『是』在左手邊，『否』在右手邊。」[1]有時，其中一個人似乎改變主意，匆匆穿過舞台，彷彿她對這些陳述感到困惑，或擔心自己可能會被捲入謊言中。只有當每組中各出現一名男性向前——一個往右邊走下台，另一個往左邊走下台——執行一系列動作，並用自己的母語逐一唸出這些動作時，這種分類過程才被打斷。左邊的人物講德語，以新馬戲的方式表演令人印象深刻的雜技；右邊的人說英語，並以現代舞的風格進行優美的動作，似乎是為了嘲諷地模仿對手而編排。很快地，每個人都加入舞台一側的其他表演者，形成兩個敵對的團體：三個雜技演員和四個舞者。隨著表演的繼續，這些團體的動作暗示著不同但通常是對立的民族文化之間的相遇，包括一系列舞步，舞者積極捍衛舞台中央的一條線，以防止雜技演員侵入——即使雜技演員歡迎舞者來到他們的邊界時也一樣。在一系列戲劇性的場景中，小團體在舞台上不斷地散開和重新整隊，反覆喚起全球移民危機中邊境跨越、邊境巡邏、護照檢查，以及其他面向。最終，在舞者和雜技演員之間出現一次特別令人擔憂的交鋒後，其餘演員（來自不同種族社區的當地志願者）從舞台兩側重新出現，並交叉手臂，形成一堵人牆，將兩個敵對群體隔開。但當兩個團體都開始推動人牆時，人牆開始繞著舞台中央慢慢旋轉，逐漸加速，表演者隨之發出不和諧的吶喊聲，直到離心力將他們分散到整個表演空間，接著所有人陷入沉默。

瓦德曼描述這件作品的靈感來源時，認為只是單純了解到「好」護照為其持有人提供行動自由，而持有「壞」護照的人則無法獲得這種自由。與來自世界各地的舞者和演出人員一起旅行時，她經常目睹那些持有「壞」護照的人遭遇延誤，並受到激烈的質疑，而持有「好」德國護照的瓦德曼卻能夠輕鬆便捷地通過海關和移民程序。當然，在這樣的觀察中，她並不孤單。例如，魯西迪在《跨越這條線》中描述在希斯洛機場入境管制區度過的一天，他觀察檢查護照的移民官如何對待乘客：影響最大的一個因素看來是是否持有美國

舞者萊桑德・庫圖－蘇維（Lysandre Coutu-Sauvé）在《好護照、壞護照》中站在人牆的身後，手持護照。貝娜黛特・芬克（Bernadette Fink）攝。
圖片由瓦德曼提供。

護照，持有的旅行者能夠快速通過，無論他們的種族特徵或給人的聯想為何。他總結道：「對一些人來說，世界是封閉的，因此這種開放非常令人渴望。那些認為開放本來就是自身權利的人可能不那麼重視它。」好護照、壞護照提供了對這種基本二元性的高度認可。

這部舞蹈作品因此喚起護照指數的重要性，例如由全球居留權和公民身分顧問公司恒理（它們自稱「全球公民公司」）編製的護照指數，該指數「根據持有人無需事先取得簽證即可入境的目的地數量，對旅行證件進行排名」。[2]二〇一七年，恒理的全球護照指數將德國列為榜首，有能力免簽證前往一百七十六個國家，緊隨其後的是瑞典、丹麥、芬蘭、義大利、西班牙、美國。而阿富汗排名墊底，只有二十四個國家讓護照持有人免簽證通過邊境，僅多於索馬利亞、敘利亞、巴基斯坦、伊拉克。阿富汗或索馬利亞護照都主張持有人的個人和國家身分，但它以一種基本上將個人囚禁在其原籍國的方式瓦解這樣的身分。實際上，這份名單記錄魯西迪在其著作開頭表達的觀點：他的英國護照「有效而低調地完成工作」，然而他在一九五〇年代還是男孩時期所持有的印度護照「一無是處」。「它並未讓持有人能夠喊聲『芝麻開門』，就開啟通向世界任何地方的大門，而是用易怒的官僚語言聲明，它僅適用於前往指定的國家，而這份名單短得令人難受。」[3]「壞」護照下達命令，讓持有人在全球各地的機場檢查站和邊境管制處遭遇攔路、審訊、可能被拘留或遣返。在現行制度下，如果「好」護照是打開國際旅行大門、提供行動自由和不受限制的機會的鑰匙，「壞」護照就是把持有者當成來自「沒人要」國家或社群的囚犯關起來，不受大部分寬廣世界的歡迎。

《好護照、壞護照》的結尾提供了超越其名義二分法的未來圖像。旁白的陳述在結尾時又出現，提出一個新的選擇：「我相信有一天國界不會存在。」一件隨著這個提示，全體演出者走到舞台前面，第一次做出一致的手勢，他們雙臂交叉，凝視著觀眾。這個畫面相當引人注目。然而，與此同時，這部作品發自內心地提醒斯圖加特、波扎諾、貝魯特、特拉維夫和其他地方的觀眾，目前，「好」護照為人們提供安全、流動性、機會，但卻有另一群值得擁有優良旅行證件的人遭到拒絕。這部作品提醒人們護照的不同價值，那些享有具重要經濟和政治價值的證件的人經常忽略這件事，那些只是因為公民身分和出生國就必須在旅行和移民上面臨巨大障礙的人卻能夠敏銳地感受到。即便如此，隨著多種族、多世代的演員在舞台前排成一列，以全球社群的形式聚集在一起，也看到無國界世界的可能性，在這樣的世界裡，目前的國際隔離、阻撓、拘留的制度不再成立。我們看到魯西迪所謂的「後邊境」的跡象，即使只是暫時的，可能只是幫助我們想像一個移動不受限制的新時代。

然而，在地緣政治的現實中，無國界世界的願景可能太過烏托邦。目前，護照仍然是（並且愈發是）具有巨大政治、個人、經濟意義的物品，它創造出全球貧富階層，一切都受制於在過境點和機場檢查站出示的一本小護照。我們享有的權利比以往任何時候，都更不僅取決於我們的公民身分或擁有護照的事實，還取決於護照的顏色、封面上的徽章、簽發國在國際社會上的地位。護照定義了我們在地緣政治秩序中的身分，可以在哪裡旅行、居住、工作等等。目前，國際間極少致力於在整個主權國家體系中增加接納度，或尋求切實可行的方法來消除國際護照制度中的不公平現象。聯合國或許宣稱「人人有權離開任何國家，包括其本國在內，並有權返回自己的國家」，但事實是，並非所有護照都生而平等，或受到同等尊重。[4]

在這種情況下，隨著護照持有人尋求提高其在國際體系中的地位，第二本護照的市場出現，並在二十一世紀幾乎成倍數成長，就不足為奇了。恒理、主權人（Sovereign Man）、游牧資本家（Nomad Capitalist）等這類公司已經出現，為他們的客戶（通常是尋求新前景和稅收減免的高淨值商業人士和投資者）提供各種方法，以獲得新的公民身分和第二本護照。這些方法當然包括透過血統和歸化獲得公民身分，但也包括藉由投資獲得公民身分，有時甚至不必踏入簽發國。購買房產的價格（約二十五萬美元起）或政府收取的費用（約二萬五千美元起），或二者皆需，花費取決於證件有多「好」，以此個人可以從聖基茨和尼維斯、多米尼克、賽普勒斯、萬那杜、葛摩等小國獲得護照。因此，要獲得「全球公民身分」存在嚴重的財務障礙，正如「我擁有兩本不同的護照」這句話有明顯的影響力一樣。這些珍貴的小本子向投資者承諾更多的政治穩定性，或者是打開更多機會，儘管正如可以預料的，這些計畫經常出現和貪汙相關的指控。

◆◆◆

正如我們所觀察到的，在邊境和機場檢查站，即使是「好」護照也往往取決於其與身體和姓名的關係，而這些關係與針對證件的判斷和分類相同。艾哈邁德的學術研究是關於女權主義、酷兒、種族研究的交叉研究，她精闢地闡述所謂的「流動政治」，這樣的政治指的是，誰有能力毫無困難地穿越邊界，「誰會待在家裡，誰可以去到適合居住的地方。」[5]她首先觀察到，有些人比其他人更容易「受阻」，更經常受到包括警察、邊防警衛、海關官員等國家特務人員的審訊：「你是誰？你為什麼在這？你要做什麼？」[6]這些問題是與有條件的款待和國家主權相關的常見審訊方式，主要針對因膚色或姓氏而被認定為「可疑」或「不相稱」，間接表示「錯誤」（或「糟糕」）的民族血統，「錯誤」（或「糟糕」）的國家隸屬。也就是說，這些審訊是針對那些無法被安置進國家意識型態座標中，被視為認同和享受公民地位的人。這些審訊讓那些人停下來，剝奪他們的行動自由，同時表明他們不屬於這個國家的空間。此外，這些問題在這些人身上留下印記，在被「阻攔」的過程中，即使只是暫時的，也讓他們進入社會壓力嚴重和官方審查的場所。

艾哈邁德用她在九一一恐怖攻擊後不久在美國海關和移民檢查站的親身經歷說明此現象：

我持英國護照到達紐約。我交出護照。機場工作人員看了看我，又看了看我的護照。我知道接下來會有什麼問題。「妳來自哪裡？」我的護照上寫著我的出生地。「英國。」我說。我想補充一句，「你不識字嗎？我出生在索爾福德。」但我忍住沒說。他低頭看著我的護照，而不是看著我。「妳父親是哪裡人？」我上次來紐約時也是這樣。這是我現在總是被問到的問題，感覺可疑處似乎不在我身上，而是在家族傳承下來的血統裡，幾乎就像是不好的遺產。「巴基斯坦。」我慢慢地說。他問：「妳有巴基斯坦護照嗎？」「沒有。」我說。最後，他讓我通過。「艾哈邁德」這個穆斯林姓氏拖慢了我，阻擋我的前路，即使只是暫時的。我被卡住，然後繼續前進。[7]

正如艾哈邁德所強調，這並不是她經歷中的獨立事件。她繼承自父親的姓氏和膚色，一再引發這種審訊（即使她有一本「好」護照），因為它們將艾哈邁德與她的巴基斯坦血統（及其「壞」護照）加以連結。總之，這些個人與生俱來的權利已經被政治化。一週後，當她飛離紐約時，她得知自己的名字已被列入「禁飛」名單，她必須再次停下來，直到運輸安全管理局主管過來釐清，她寫道：「在西方繼承一個穆斯林姓氏，讓人無法跟隨在他人的隊伍之後，甚至讓人無法到遠方探索。」因為姓氏和外在特徵被認定為穆斯林，甚或只是潛在的穆斯林，讓她在這些空間中感到不適，她在那裡必須時刻警惕侵犯她「通行權」的新法規。

和瓦德曼一樣，艾哈邁德承認一個簡單的現實：護照允許「某些人」（"some bodies"）* 輕鬆跨境流動，但並非對所有人都如此。然而，對於艾哈邁德來說，這不僅僅是「好」護照和「壞」護照的問題：「如果你的身體（body）或名字不正確，擁有『正確』的護照並沒有什麼區別：而且，事實上，擁有『正確』護照的異鄉人可能會引起特別的麻煩，在入境或過境時可能會遭遇風險。」可以肯定的是，與魯西迪所觀察到的相反，艾哈邁德認為「好」護照搭配「可疑」身體這種分裂，會產生新形式的緊張和壓力：「如果護照的國籍似乎和姓名不符合，人便會運用歷史經驗的標準思維，進而認為身體可疑。」可疑的身體會產生許多疑問，好比「你來自哪裡？」、「你父母來自哪裡？」[8]。她以這種方式被「攔阻」的經歷，不僅是受到阻礙或不便的問題。相反地，被攔阻會讓護照持有人將注意力拉回到自己身上，因為她的身體不僅與她「同在」，而且還引起國家官員負面的注意。「有些身體」（"some bodies"）被歸在屬於陌生人、外國人，

* 此段作者多處使用 some body 與 somebody 的同音雙關，強調實質「身體」與抽象「身分」之間分合的意涵。此處的身體不僅指稱人的物理存在，也涵蓋種族、膚色、性別等生物條件。

而「有些身體」被歸在「屬於本地」(at home),因此他們的護照會增強或擴大其流動性,也同時增強其社會流動性、得以獲得機會和避風港。

各國並未表現出放棄護照做為身分識別和行動控制手段以支持其主權主張的跡象。相反地,隨著新技術和設計功能的實施,在英國脫歐、川普主義和其他民粹主義的時代,護照定義哪些身體「屬於本地」和哪些身體「格格不入」的作用變得更加突出。二〇一五年在倫敦環球劇院發表的英國護照新設計中,包含的圖像有劇作家莎士比亞、畫家約翰・康斯塔伯、數學家艾達・勒芙蕾絲等文化指標人物的圖像,也有如倫敦地鐵和黑便士郵票*等進步的技術,以及國會大廈、倫敦眼、愛丁堡城堡在內的文化地標。也許不協調的是,為展現對英國多元文化理念的明顯讓步,該證件還展示孟買出生的知名英國雕塑家安尼施・卡普爾幾件主要作品的圖像(但我們可能會注意到,莎士比亞在上面露出面容的同時,頁面中只能看到卡普爾的抽象雕塑作品,而非他的人)。據英國移民大臣詹姆斯・布羅肯希爾稱,這本新護照旨在讚頌過去五個世紀中大不列顛及北愛爾蘭為「創意勃發的聯合王國」,並以擁有最新的防偽技術使其成為世界上最安全的證件之一而感到自豪。

不久之後,英國護照的設計成為圍繞英國脫歐公投政治喧囂中的一個話題:二〇一六年八月,即將成為英國脫歐黨黨魁的奈傑・法拉吉在社群媒體上要求,「我們想要原本的護照。」[9]

對於法拉吉來說，意味著英國旅行證件封面應去掉歐盟的字樣，以象徵「收回」他的國家、國籍和他對英國的願景，同時也是對來自歐盟其他地區不受歡迎的移民關上大門。因此，對於英國脫歐的支持者和他的追隨者來說，護照是國家主權的重要象徵。二〇一九年八月，法拉吉再次利用社群媒體發布一張自己沾沾自喜微笑的照片，他拿著新的「無歐盟」護照，封面上簡單寫著「大不列顛暨北愛爾蘭聯合王國」。他為這張照片加上標題，「我們拿回了我們的護照！」[10]二〇二〇年三月，英國繼續從護照上去除所有歐盟標誌，開始逐步淘汰自一九八八年以來一直用於歐洲版的酒紅色封面，並採用一九二一年時首次使用的海軍藍封面，以恢復其「原始」顏色（儘管頗具諷刺意味的是，新護照是由荷蘭的金雅拓†公司在其位於波蘭特切夫的印刷廠所生產）。彷彿是為了加倍強調證件的象徵意義，新的英國護照不僅在封面上印有國徽，並且在背面凸印有英格蘭、蘇格蘭、威爾士、北愛爾蘭的國花（還有一棵三葉草）‡。同時，新設計從其蓋章頁面中刪除了卡普爾藝術的圖像。

* 黑便士郵票（Penny Black stamp）是世界上第一枚帶背膠郵票，一八五〇年於英國發行。

† 金雅拓（Gemalto）為一家國際數位安全公司，同時也是世界最大的ＳＩＭ卡製造商，已由法國收購。護照因成本而由他國廠商製造也引起大量嘲諷。

‡ 英格蘭國花為玫瑰，蘇格蘭為薊花，威爾士是水仙花，北愛爾蘭是三葉草。

這些設計上的變化可能會讓像法拉吉這樣高呼「讓英國再次偉大！」和「我們想要我們的國家回來！」的人感到高興，然而藍色的無歐盟護照持有者可能會因為得知他們的旅行證件不再像許多歐盟鄰國的那樣「好」而感到懊惱。二〇二〇年全球最好用護照排名根據免簽證和落地簽證目的地的「總機動性得分」，順序為德國、瑞典、芬蘭、盧森堡、西班牙、丹麥、葡萄牙、奧地利、義大利、挪威、瑞士，以及也許對英國來說最痛苦的愛爾蘭，這些護照封面帶有「歐盟」凸印的國家，排名都領先英國。[11]這種情況不太可能改善，因為愈來愈多的國家要求英國護照持有人獲得簽證才能跨境旅行，英國人在申根區學習、工作、退休的機會也持續減少。這並不是說，鑑於英國的相對經濟實力，它的護照會突然變「壞」。相反地，它提醒人們，民族主義的狂妄自大往往服務於更深層次的不安全感，有時會直接威脅到其公民在全球體系中的流動性和安全性。這也提醒人們，護照的歷史仍在發展中，儘管不一定以線性或目的論的方式產生最終的贏家和輸家名單。

這一點在穆斯林旅行禁令和美國護照的故事中可能最為明顯。正如在上一章提到的，二〇一七年一月，川普總統簽署題為「保護國家免受外國恐怖分子進入美國」的第一三七六九號行政命令。他在簽署的過程中聲稱，來自六個主要穆斯林國家——利比亞、敘利亞、伊朗、索馬利亞、葉門、蘇丹——的公民，若與美國國民沒有「真誠的」聯繫或「密切的家庭關係」，不得越境進入國家領土。這是對主權權力赤裸裸的斷言，因為總統聲稱有權決定法律如何適用以及適用於誰：他大筆一揮，立即讓某些護照成為「壞」護照。從行政命令中提到的所有國家中，沒有任何人與自二〇〇一年以來在美國發生的恐怖行為有關係這一事實，可以看出這種主權主張有多麼武斷。與此同時，命令中並未列出真正恐怖分子來自的國家。反覆無常地執行禁令導致家庭離散，長期居住在國外的美國居民遭到遺棄，旅客滯留在世界各地的機場航廈。突然間，護照上的國家印章可能會讓他們遭到驅逐、移除、攔阻；突然間，這些來自其他地方的公民的權利遭到中止，彷彿他們的生命沒有法律、政治甚至身而為人的價值。

制定此類禁令的人最好記住，敘事總是會發生變化——在地緣政治秩序的歷史上，總是種瓜得瓜，種豆得豆。二〇二〇年一月的最後一天，美國宣布進入公共緊急狀態，以應對新冠病毒的傳播，同時，美國公民直系親屬以外的外國人若曾於過去十四天入境中國，則不得入境美國。儘管大多數研究都認為旅行限制可能會減緩病毒傳播，但遏制的作用甚微，然而額外的旅行禁令也很快地再度實施：三月二日，政府將禁令擴大到去過伊朗的人，然後，三月十三日，過去十四天內去過申根區內任何國家的人也適用。笨拙地推出歐洲禁令時，並未明確說明美國公民或來自英國和愛爾蘭的旅客得以豁免，導致成千上萬的旅客擠在美國和歐洲的機場航廈，場面混亂。然而，很快地，川普政府對病毒傳播的無效對策，導致歐盟將美國從其歡迎遊客的國家名單中刪除。二〇二〇年七月，在恒理的全球護照指數更新的排名中可一窺聲望的急劇下降，表示美國護照持有人現在只能入境一百五十八個國家，比一月減少二十七個；事實上，美國護照在該指數中的排名已跌至第二十五位，與二〇一二年名列榜首時相比，下降的幅度十分劇烈。

全球媒體迅速報導，就其持有人的行動自由而言，美國護照現在實際上等同於墨西哥護照（即便只是暫時的）。恒理董事長克里斯蒂安・凱林說：「以流動性而言，一個新的全球階級制度出現，有效應對新冠肺炎大流行的國家處於領先地位，而處理不力的國家則落居於後。」[12]或許為時已晚，新冠肺炎大流行鮮明地讓美國護照持有人及其政府了解，離開自己的國家、自由旅行、最後暢通無阻的返國並非身而為人就有的權利，而是身為特定國家公民的權利——這些權利可能會在接到通知後立即被撤銷。

◆◆◆

為了回應在跨越邊境上具有差別對待的措施及被「攔阻」對人類的影響，馬耳他詩人安托萬・卡薩創作了名為《護照》（二〇〇九）的抗議詩歌、藝術書和表演計畫。這本書以小開本製作，裝訂的紅色卡紙封面模仿馬耳他護照，最初以馬耳他語出版，隨後以一系列多種語言版本（英文、西班牙文、斯洛維尼亞文、克羅埃西亞文——總共十二種語言）再版，每個版本封面都選自三種顏色中的一種（「海洋藍、紅褐、煤黑」，一如世界各國的護照封面顏色），並凸印著一隻在地球上盤旋的遷徙天鵝的圖像。《護照》內容沒有附上照片、個人資訊和國家的法律措辭，而是包含大約二百五十行詩句，表達對國際護照制度的傷害力及其經常殘酷的排斥和驅逐形式的異議。這首詩一開頭就致持有人，表達意識到護照及持有人的存在：

屬於你的，新朋友或老朋友，無論是心靈上或是表面上的，
用雙手握著我，強壯而親切，用溫暖而開放的臉容歡迎我……[13]

這是一份承諾所有人都可以移動的證件，無論國籍或膚色，在一種烏托邦式的幻想中，想像一個沒有過境壓力或害怕被「攔阻」的世界。《護照》沒有提出審訊，而是提供保證：

你的進出可以無所畏懼，無人阻攔，
沒有人插隊，也沒有人要你到後面，不必等候，
沒有人說「請出示護照！」用他蒼白的手指讓你心跳加速，

沒有人會因為你國家的人均國內生產毛額落後，就對你睥睨或怒視，
沒有人會為你貼上陌生人、外國人、罪犯、非法移民或「非歐盟」的標籤，沒有人是多餘的……[14]

這份證件不能加以拒絕，不能拿來針對其持有人，不能用來對其貼上「可疑」或「格格不入」的標籤：

屬於你的
這本護照
給所有人，為了所有風景，
你可以帶到任何地方，無需蓋章或簽證，你可以隨心所欲地離開或停留，它不會過期，
你可以放棄它，它不是政府、公爵或女王的財產，你甚至可能有好幾份……[15]

於是，《護照》更恰當地被理解為一種「反護照」，這種證件想像了一個世界，在這個世界中，護照將不再被貼上「好」或「壞」的標籤，讓一些人前行，同時攔住其他人。這是一個極

端烏托邦式的物品，以旅行證件的形式出現，消除了依附在護照上的所有假設，關於國家、邊界、外國人、移民、他者。正如卡薩所說，這份證件設想「一個沒有海關和檢查站的世界，沒有邊防警察出來奪走曙光，不需要表格、證件或生物辨識資料……這個世界不需赤腳穿越沙漠，也不需乘木筏漂流，不需面臨希望的旅程很快就被敲詐和剝削的現實擊垮。」[16]換句話說，這個珍貴的物品幫助我們設想了「後邊境」。

這位詩人在英格蘭、馬耳他、西班牙之間長大，隨後在歐洲其他幾個國家學習和工作，他周遊世界，導讀這首詩以傳播他的願景。在四大洲的節慶和會議上，他邀請觀眾將他們「真正的」護照帶到他的表演中，然

卡薩在新加坡導讀《護照》，二〇一六年。約翰．格雷辛（John Gresham）攝。
圖片由安東尼．卡薩爾（Antoine Cassar）提供。

後在導讀期間象徵性地「放棄」他們的國籍。卡薩還承諾，將這本小書的銷售收入捐贈給支持全球行動自由並幫助十四個不同國家地區難民的民間組織。

《護照》一書對護照的可能未來有何建議？這樣一個烏托邦式的證件如何幫助我們重新認識實際證件的功能？卡薩假設的無限好客對未來地緣政治的利益和潛力有何啟示？正如我們所見，護照以各種形式，已經伴隨我們三千多年，儘管在最近的表現形式中——用於強化邊界、禁令、國家主權——它們是非常現代的現象。因此，護照對於流動性、逃離和自由的承諾提醒脆弱的我們，人類受制於文書工作的現狀，而非人性的基本事實。

最近的事態發展沒有跡象表明這個歷史趨勢將很快減弱。除了藍色封面和國徽外，新版英國護照還引入一系列先進科技來確保證件的安全性，最引人注目的，是帶有嵌入式無線射頻識別晶片的雷射雕刻聚碳酸酯生物數據頁，可以複製生物數據以防止偽造。因此，護照成為辨識身分時更具侵略性、最終性、幾乎堅不可摧的證件。同時，透過使用指紋、虹膜甚至臉部掃描，護照檢查程序獲得「增強」。從加拿大到日本，從荷蘭到澳洲，許多國家已經開始收集更多的數據，不僅是本國公民的數據，還有經過本國機場的國際旅客的數據。當然，國家為了安全而使用身分證件的原因有很多，但這些增強的程序也引發無數的擔憂，包含人們可以接受政府收集多少數據，以及願意讓自己受到多大程度的監控。在新冠肺炎大流行期間，對附上疫苗接種證明或陰性檢測結果的健康護照的討論只會加劇這些擔憂。總的來說，這些新發展確保我們現在比以往任何時候都更貼近自己的證件：它們告訴世界我們是誰，來自哪裡，可以去哪裡——儘管我們的身體必須與證件相符，不是反過來，用以保證我們的身分，並確保我們的流動性和保護。這一切都相當反烏托邦。

展望未來，一些評論家認為旅行憑證最近的數位化轉型是一種跡象，表明我們所知道的護照即將終結。他們預見到有一天，智慧手機將取代護照本，就像它逐漸取代其他形式的印刷媒體一樣，從允許我們通過登機門的登機證，到飛行中閱讀的書籍和雜誌，再到曾經以現金購買的飲料和免稅商品。推動這些進步的人士承諾，數位化將提高身分證件的安全性和可靠性，提升邊境控制流程的效率，從而提升機場和其他檢查站的「乘客體驗」。但這個美麗新世界的大多數版本還需要增加「乘客相關資訊」的儲存和共享。例如，從杜拜國際機場出發的乘客可以在手機上使用一個名為「阿聯酋智慧錢包」的應用程式（並掃描指紋）來通過「智慧閘口」：在初始階段，錢包包含乘客的身分證件、護照詳細資訊、智慧登機證資料，並進一步計畫連接到「阿聯酋及居民的所有資料」。[17]近年來，透過單一國家和世界各地的國際倡議，出現類似的計畫。

與此同時，世界經濟論壇（座右銘：「致力於改善世界狀況」）和埃森哲*（座右銘：「兌現技術和人類創造力的承諾」）最近合作，使用生物認證、區塊鏈技術、識別資料庫，以「加強世界旅行的安全性」。這項雄心勃勃的計畫名為「已知旅行者數位身分」（KTDI），宣傳為「第一個端點對端點的介入方案，透過增強政府當局在需要時獲取所需資訊的能力，簡化整個旅行體驗。」[18]為了消除對大量數據儲存或集中式資料登記的擔憂，已知旅行者數位身分計畫強調其使用基於區塊鏈的資料共享系統，就不需要這樣的檔案。該系統的一種可能模型將基於所謂的「自我主權身分概念」運行，允許旅行者將個人資料儲存在手機上，而系統將僅持有該資料的憑證和有效證明。儘管已知旅行者數位身分計畫有諸多創新，但它仍然保留護照的基本模型，做為一種透過驗證個人身分和國籍來限制行動自由的證件，這或許讓人感到有些安慰。

在此明確說明：改善的「乘客體驗」與無限款待並非同一回事。《護照》一書其實是為了反護照，呼籲我們拿出勇氣質疑現代護照賴以建立的信仰條款，包括民族、政府、領土的三位一體。反護照促使我們始終保持警惕，尋找更加開放和包容的方式：它設想德希達所說的「純粹的好客」，即「在對新來者施加條件之前，在了解和詢問無論是名字還是身分『證件』此類資訊之前，就加以歡迎。」[19]這種款待要求盡一切可能滿足對方，給他們合適的名字，同時避免官方審訊、資訊登記、直接的邊界控制。但這位哲學家承認，如果純粹的好客不僅僅是烏托邦式的理想，那麼我們對它的渴望必須始終與好客的法則相關——主權的權利和保護必然受限制並附有條件。我們所知道的護照只有在國家背叛純粹好客的原則時才能發揮作用，以保護祖國免受對方的無限制訪問，同時也保護其客人脫離追捕他們到邊境的危險。沒有簡單的方法來解決這些款待方式之間的緊張關係。從這個意義上說，無論形式是紙本還是數位的護照，都仍然將是地緣政治的重要連結，我們在這裡協商（或許重新想像）有條件和無條件好客的平衡、公民權利和人權，國家主權的持續增強或最終衰落——以及我們在這些關係中的地位。

* 埃森哲（Accenture PLC），一家管理諮詢、訊息技術和業務流程外包的跨國公司。

estra
馬龍號 S.S. Malone
莫霍克人 Mohawk
游牧資本家 Nomad Capitalist
無雙畫廊 Galerie Au Sans Pareil
黑星 Black Star
塔斯卡洛拉人 Tuscarora
塞內卡人 Seneca
奧奈達人 Oneida
奧農達加人 Onondaga
聖克里斯托瓦爾共和國 Republic of San Cristóbal
聖克里斯賓節演說 St. Crispin's Day speech
萬歌人 Wangal
豪丹諾蘇尼人 Haudenosaunee
齊格星塵 Ziggy Stardust
瘦白公爵 Thin White Duke
賽特 Set
檸檬頭 Lemonheads
關塔那摩灣拘留營 Guantanamo Bay detention camp

《銀河便車指南》（*The Hitchhiker's Guide to the Galaxy*）
《摩西與一神教》（*Moses and Monotheism*）
《論共和國》（*De republica*）
《論義務》（*De officiis*）
《鄰居帶來的難民、恐怖和麻煩》（*Refugees, Terror, and the Trouble with Neighbors*）
《戰地春夢》（*A Farewell to Arms*）
《戰時措施法》（Wartime Measure Act）
《諧謔》（*Travesties*）
《獵犬與號角》（*Hound and Horn*）
《瓊斯皇》（*The Emperor Jones*）
《羅馬、那不勒斯和佛羅倫斯》（*Rome, Naples, and Florence*）
《蘇格蘭御璽登記冊》（*Secreti Sigilli Regum Scotorum*）
《護照》（Passaport）
《護照法》（Passport Act）
《護照的發明》（*The Invention of the Passport*）
《蘿莉塔》（*Lolita*）

其他——

D. W. 凱洛格公司 D. W. Kellogg and Co.
女王陛下護照署 Her Majesty's Passport Office
已知幻想和偽裝護照之非完整清單 Non-Exhaustive List of Known Fantasy and Camouflage Passports
已知旅行者數位身分 Know Traveller Digital Identity
火星蜘蛛 The Spiders from Mars
世界服務機構 World Service Authority
主權人 Sovereign Man
以斯拉－尼希米記 Ezra- Nehemiah
加拿大計畫 Canadian Caper
卡尤加斯人 Cayuga
卡地哥人 Gadigal
米勒斯居留營 Camp des Milles
西蘭公國 Principality of Sealand
依奧拉族 Eora
易洛魁聯盟 Iroquois
肯特訴杜勒斯案 Kent vs. Dulles
阿克斯特拉 Arkestra
阿哥拉 Agora
南森護照 Nansen passport
哈瑞奎師那教派 Hare Krishna Sect
威斯特法利亞條約 Treaty of Westphalia
後邊境 post-frontier
恒理 Henley & Partners
美國辛德勒 American Schindler
美國救濟中心 American Relief Center or ARC in French: Centre américain de secours
倫巴第威尼托王國 Kingdom of Lombardy-Venetia
原住民社會正義協會 Indigenous Social Justice Association
原住民臨時政府 Aboriginal Provisional Government
原住民護照 Aboriginal Nation's Passport
埃森哲 Accenture PLC
史都華・A・羅斯圖書館 Stuart A. Rose Library
夏樂宮 Palais de Chaillot
時間中的斯洛維尼亞城邦 NSK State in Time
神鳥西摩格 Simurgh
神話科學阿克斯特拉 Myth Science Ark-

《帝國主義是資本主義的最高階段》(*Imperialism, the Highest Stage of Capitalism*)
《拜倫和瑪麗安娜》(*Byron and Marianna*)
〈星人〉(Starman)
《星際大奇航》(*The Hitchhiker's Guide to the Galaxy*)
《春之祭》(*The Rite of Spring*)
《昨日世界》(*The World of Yesterday*)
《洛多爾》(*Lodore*)
《為詩道歉》(*An Apology for Poetry*)
《科學怪人》(*Frankenstein*)
《穿越法國和義大利的旅行》(*Travels through France and Italy*)
《約瑟夫・安東》(*Joseph Anton*)
《耶利米》(*Jeremiah*)
《胡鬧》(*Monkey Busines*)
《英格蘭、蘇格蘭和愛爾蘭編年史》(*Holinshed's Chroniclesof England, Scotland, and Ireland*)
《英國國籍和外國人地位法》(*British Nationality and Status of Aliens Act*)
《英語、拉丁語、法語的三語辭典》(*An aluearie or triple dictionarie, in Englishe, Latin, and French, 1574*)
《唐・璜》(*Don Juan*)
《展覽海報設計》(*Design for an Exhibition Poster*)
《旅行控制法》(Travel Control Act)
《航站情緣》(*The Terminal*)
《記住》(*Remembering*)
《逃脫奴役》(*My Escape from Slavery*)
《馬可波羅之書》(*The Book of Ser Marco Polo*)
《密使》(*The Confidential Agent*)
《理想國》(*The Republic*)
《移民和國籍法》(Immigration and Nationality Act)
《鳥》(*The Birds*)
《就是太空那裡》(*Space Is the Place*)
《畫舫璇宮》(*Showboat*)
《菲利普・西德尼爵士和英格蘭文藝復興時期》(*Sir Philip Sidney and the English Renaissance*)
《黑人的靈魂》(*The Souls of Black Folk*)
〈黑人談河流〉(*The Negro Speaks of Rivers*)
《黑街神探》(*Shaft*)
《奧賽羅》(*Othello*)
《愛星者與星》(*Astrophel and Stella*)
《愛麗絲・B・托克拉斯的自傳》(*The Autobiography of Alice Toklas*)
《感傷旅行》(*A Sentimental Journey through France and Italy*)
《新黑人:解讀》(*The New Negro: An Interpretation*)
《極權主義的起源》(*The Origins of Totalitarianism*)
〈當我們兩個分開時〉(When We Two Parted)
《葛萊賽斯特的詩韻版編年史》(*The Metrical Chronicle of Robert of Gloucester*)
《跨越這條線》(*Step across This Line*)
《過境情謎》(*Transit*)
《瑪儂》(*Manon*)
《瑪麗》(*Mary*)
《瑪麗・戴安娜・多茲:紳士與學者》(*Mary Diana Dods: A Gentleman and a Scholar*)
《綜藝》(*Variety*)
《說吧,記憶》(*Speak, Memory*)

《不朽的不幸》(*Les malheurs des immortels*)
〈化名司湯達〉(*Stendhal Pseudonyme*)
《午夜快車》(*Midnight Express*)
《午夜奇蹟》(*The Midnight Miracle*)
《天外來客》(*The Man Who Fell to Earth*)
〈天外飛來的馬斯克〉(The Musk Who Fell to Earth)
〈太空怪談〉(Space Oddity)
《太陽依舊升起》(*The Sun Also Rises*)
《尤利西斯》(*Ulysses*)
《巴塔哥尼亞高原上》(*In Patagonia*)
〈火星生活〉(Life on Mars?)
《世界報》(*Le Monde*)
《出國：英國文學在戰爭中旅行》(*Abroad: British Literary Traveling between the Wars*)
《卡南代瓜條約》(Treaty of Canandaigua)
《外交事務手冊》(*Foreign Affairs Manual*)
《弗拉基米爾・納博科夫的生命和藝術》(*VN: The Life and Art of Vladimir Nabokov*)
《生活時代》(*The Living Age*)
《白夾克》(*White-Jacket*)
《白鯨記》(*Moby-Dick*)
《光天化日之下的小偷》(*Like a Thief in Broad Daylight*
《全球靈魂》(*The Global Soul*)
《危機》(*Crisis*)
《多倫多星報》(*Toronto Star Weekly*)
《她走在美的光影裡〉(*She Walks in Beauty*)
《好護照、壞護照：一場邊境體驗》(*Good Passports Bad Passports: A Borderline Experience*)
《如何在圍城下生存》(*How to Survive under Siege*)
《死靈魂》(*Dead Souls*)
《老贛出洋記》(*The Innocents Abroad*)
《行業諷刺》(*The Satire of the Trades*)
〈你為我帶來了新的愛〉(*You Brought a New Kind of Love to Me*)
《妥拉》(*Torah*)
〈我也〉(*I, Too.*)
《我的人生》(*My Life*)
《我的安東尼亞》(*My Antonia*)
〈我們在太空旅行〉(*We Travel the Spaceways*)
《我們的一員》(*One of Ours*)
《我站在這裡》(*Here I Stand*)
《亞果出任務》(*Argo*)
《享受吧！一個人的旅行》(*Eat, Pray, Love*)
《夜未央》(*Tender Is the Night*)
《帕爾瑪修道院》(*The Charterhouse of Parma*)
《法雷克・道格拉斯：自由的先知》(*Frederick Douglass: Prophet of Freedom*)
《法雷克・道格拉斯的生平敘事》(*Narrative of the Life of Frederick Douglass*)
《法雷克・道格拉斯的生平與時代》(*The Life and Times of Frederick Douglass*)
《直》(*Straight*)
《芬尼根的守靈夜》(*Finnegans Wake*)
《花束》(*With Flowers*)
《雨後的歐洲》(*Europe after the Rain*)
《俄國革命史》(*History of the Russian Revolution*)
《前進阿姆河之鄉》(*The Road to Oxiana*)
《哈姆雷特》(*Hamlet*)

蓋瑞・戴維斯 Garry Davis
赫曼・梅爾維爾 Herman Melville
赫爾曼・普爾・布朗特 Herman Poole Blount
赫爾曼・蒂姆 Hermann Thieme
德希達 Jacques Derrida
摩西 Moïse
摩斯・戴夫 Mos Def
歐文 Owen
魯不魯乞 Willem van Ruysbroeck
魯斯蒂謙・達・比薩 Rustichello da Pisa
穆安瑪爾・格達費 Muammar Gaddafi
諾拉・喬伊斯 Nora Joyce
諾曼・道格拉斯 Norman Douglas
戴夫・查普爾 Dave Chappelle
薇拉・凱瑟 Willa Cather
薇拉・葉夫謝耶夫娜・斯洛寧 Vera Yevseyevna Slonim
薇拉・德・博塞特 Vera de Bosset
謝爾蓋 Sergei
賽爾妲 Zelda
邁可・曼塞爾 Michael Mansell
邁爾漢・卡里米・納賽里 Mehran Karimi Nasseri
薩利姆・賈西姆 Saleem Jassim
薩拉赫・拉加布 Salah Ragab
薩爾瓦多・阿葉德 Salvador Allende
薩爾曼・魯西迪 Salman Rushdie
魏斯・安德森 Wes Anderson
羅伊・哈里斯 Roy Harris
羅伯特・傑夫瑞斯 Robert Jeffress
羅勃・拜倫 Robert Byron
麗莎・菲特科 Lisa Fittko
龐貝 Pompey
寶琳・瑪麗・菲佛 Pauline Marie Pfeiffer
蘇珊・桑塔格 Susan Sontag
蘇珊・羅伯森 Susan Robeson
蘭斯頓・休斯 Langston Hughes
露西亞 Lucia
讓・史塔羅賓斯基 Jean Starobinski
讓－米歇爾・拉巴特 Jean-Michel Rabaté
讓・季洛杜 Jean Giraudoux

地名

卡薩爾馬喬雷 Casalmaggiore
米坦尼 Mitanni
克拉科齊亞 Krakozhia; Кракожия
昂蒂布 Cap d'Antibes
的里雅斯特 Trieste
肯彭 Kempen
哈珀斯渡口 Harper's Ferry
猶地亞 Judea
穆利內 Moulinet
羅曼地 Romandie

作品名法案名

《一個沒有護照的人站在鄉村警察隊長面前》（*L'homme sans passeport devant le Capitaine-Ispravnik*）
《二〇〇一太空漫遊》（*2001：A Space Odyssey*）
《人民和公民權利宣言》（*La Déclaration des droits de l' homme et du citoyen*）
《人是世界上的大野雞》（*Der Mensch ist ein großer Fasan auf der Welt*）
《人流》（*Human Flow*）
《大鐵路市集》（*The Great Railway Bazaar*）
《大海》（*The Big Sea*）
《不可兒戲》（*The Importance of Being Earnest*）

莎朗・柯希 Sharon Kirsch
莫里斯・馬格努斯 Maurice Magnus
莫里斯・雪佛萊 Maurice Chevalier
莫依希・夏加爾 Moishe Shagal
麥可・史坦克里夫 Michael Stancliff
麥特・西蒙頓 Matt Simonton
傑莉・理查森 Jeri Richardson
傑斯柏・古爾達爾 Jesper Gulddal
傑森・包恩 Jason Bourne
凱莉・欣茨 Carrie Hintz
勞倫斯・斯特恩 Laurence Sterne
博魯特・沃格爾尼克 Borut Vogelnik
喬治・M・達拉斯 George M. Dallas
喬治・戈登 George Gordon
喬治・佐貝爾 George Zobel
喬治・阿岡本 Giorgio Agamben
喬治・華盛頓 George Washington
喬治奧 Giorgio
揚・漢堡 Jan Hambourg
斯拉維・紀傑克 Slavoj Žižek
湯姆・史塔柏 Tom Stoppard
湯馬斯・摩爾 Thomas Moore
湯瑪斯・卡萊爾 Thomas Carlyle
舒瓦蘇爾公爵先生 Monsieur le Duc de Choiseul
華特・司各特 Walter Scott
華特・班雅明 Walter Benjamin
菲利斯・奧西尼 Felice Orsini
菲利普・西德尼 Philip Sidney
萊納・瑪利亞・里爾克 Rainer Maria Rilke
萊奧・梅勒 Leo Mellor
費迪南德・托克拉斯 Ferdinand Toklas
費格爾・惠蘭 Feargal Whelan
費茲傑羅 F. Scott Fitzgerald
雅克・莫納德 Jacques Mornard
雅兒・史坦赫爾 Yael A. Sternhell
塔爾文・西恩 Talvin Singh
塞夫爾 M. L. Sevre
奧古斯托・皮諾切特 Augusto Pinochet
奧斯卡・王爾德 Oscar Wilde
愛德華・史諾登 Edward Snowden
愛德華・諾頓 Edward Norton
愛蓮娜・羅斯福 Eleanor Roosevelt
愛麗絲・B・托克拉斯 Alice B. Toklas
愛麗絲・索尼埃－塞特 Alice Saunier-Seïté
瑞秋・德茲勒 Rachel Detzler
葛楚・史坦 Gertrude Stein
詹姆斯・厄爾・雷 James Earl Ray
詹姆斯・布羅肯希爾 James Brokenshire
詹姆斯・麥克諾頓 James McNaughton
詹姆斯・喬伊斯 James Joyce
路易・阿拉貢 Louis Aragon
路易斯・吉萊 Louis Gillet
道格拉斯・艾特金森 Douglas Atkinson
道格拉斯・亞當斯 Douglas Adams
達娜・菲拉斯 Dana Firas
雷夫・范恩斯 Ralph Fiennes
雷蒙・強生 Raymond Johnson
雷蒙・維斯布魯克 Raymond Westbrook
圖什拉塔 Tushratta
漢娜・鄂蘭 Hannah Arendt
爾托特・布雷西特 Bertolt Brecht
瑪麗・多茲 Mary Dods
瑪麗安・札力 Maryam Zaree
瑪麗安娜・塞加蒂 Marianna Segati
瑪麗・雪萊 Mary Shelley
瑪麗・戴安娜・多茲 Mary Diana Dods
福特・派法 Ford Prefect

約翰·F·司瓦德 John F. Szwed
約翰·H John H.
約翰·M·克萊頓 John M Clayton
約翰·巴克斯頓 John Buxton
約翰·巴雷特 John Baret
約翰·布朗 John Brown
約翰·托爾培 John Torpey
約翰·克羅爾 John H. Kroll
約翰·希普頓 John Shipton
約翰·威廉森 John Williamson
約翰·埃德加·胡佛 J. Edgar Hoover
約翰·朗肖·奧斯丁 J. L. Austin
約翰·康斯塔伯 John Constable
約翰·凱瑞 John Kerry
約翰·霍華德·佩恩 John Howard Payne
若望·柏郎嘉賓 Giovanni da Pian del Carpine
英克·阿恩斯 Inke Arns
迪安·艾奇遜 Dean Acheson
迪米崔 Dimitri
迪亞哥·里維拉 Diego Rivera
哥倫布 Christopher Columbus
唐納·川普 Donald J. Trump
埃涅阿斯 Aeneas Tacticus
娜迪亞·洛爾 Nadia Louar
娜雅·普利亞姆·柯林斯 Naja Pulliam Collins
娜塔莉亞 Natalia
朗斯頓·休斯 Langston Hughes
格里戈里·葉夫謝耶維奇·季諾維也夫 Grigory Yevseyevich Zinovyev
格溫多林·班尼特 Gwendolyn Bennett
格雷安·葛林 Graham Greene
桑·拉 Sun Ra
泰利巴·奎力 Talib Kweli
海因里希·布呂歇 Heinrich Blücher
海倫·皮茨 Helen Pitts
海倫·路易斯·凱瑟 Helen Louise Cather
海蓮娜·瓦德曼 Helena Waldmann
烏爾里希 Ulrich
特蕾莎·古喬利 Teresa Guiccioli
班·亞佛列克 Ben Affleck
班傑明·富蘭克林 Benjamin Franklin
班雅明·拉姆 Benjamin Ramm
紐頓·班尼迪克 Newton Benedict
馬丁·路德·金 Martin Luther King Jr.
馬克·B·薩爾特 Mark B. Salter
馬克·里夫金 Mark Rifkin
馬克·奎格利 Mark Quigley
馬克思兄弟 Marx Brothers
馬克·夏卡爾 Marc Chagall
馬克斯·恩斯特 Max Ernst
馬克·霍克海默 Max Horkheimer
馬利－亨利·貝爾 Marie-Henri Beyle
馬哈茂德 Mahmoud
馬庫斯·加維 Marcus Garvey
馬庫斯·圖利烏斯·西塞羅 Marcus Tullius Cicero
馬諦斯 Henri Matisse
勒·索尼·拉 Le Sony'r Ra
崔斯坦·查拉 Tristan Tzara
梅伊 Maye
梅詩·達哈 Ramesch Daha
理查·勒曼 Richard Lerman
理察·賴特 Richard Wright
荷西·法蘭西斯柯·費爾南德斯 José Francisco Fernández
荷塔·慕勒 Herta Müller
莎拉·德姆 Sara Dehm

伊迪絲・路易斯 Edith Lewis
伊莉莎白・吉兒伯特 Elizabeth Gilbert
伊莉莎白・韋斯特 Elizabeth West
伊莎貝爾・道格拉斯 Sholto Douglas
伊莎貝爾・漢堡 Isabelle Hambourg
伊莎貝爾・羅賓遜 Isabel Robinson
伊隆・馬斯克 Elon Musk
伊麗莎白・海德莉・海明威 Elizabeth Hadley Hemingway
伍德羅・威爾遜 Woodrow Wilson
列夫・戴維多維奇・布朗斯坦 Lev Davidovich Bronstein
列昂・托洛斯基 Leon Trotsky
吉米 Jimmy
吉姆・克勞 Jim Crow
吉恩－克洛德・米爾納 Jean-Claude Milner
多達霍・希德・希爾 Tadodaho Sid Hill
安尼施・卡普爾 Anish Kapoor
安瓦爾・沙達特 Anwar Sadat
安托萬・卡薩 Antoine Cassar
安妮卡・曼 Annika Mann
安妮・坎萊特 Anne Canright
安妮・柯爾賓 Anne Ní Choirbín
安娜・西格斯 Anna Seghers
安娜・葉爾莫拉娃 Anna Jermolaewa
安斯利・傑米森 Ansley Jemison
安德烈・布雷頓 André Breton
安德烈・紀德 André Gide
安德魯・菲爾德 Andrew Field
托比亞斯・司摩利特 Tobias Smollett
朱利安・阿桑奇 Julian Assange
米格爾・安赫爾・阿斯圖里亞斯 Miguel Ángel Asturias
米歇爾・傅柯 Michel Foucault
米蘭・莫哈爾 Miran Mohar
艾米特・史考特 Emmett Scott
艾倫 Allan
艾茲拉・龐德 Ezra Pound
艾瑞克・韋特海默 Eric Wertheimer
艾達・威爾斯－巴內特 Ida B. Wells-Barnett
艾達・勒芙蕾絲 Ada Lovelace
艾德蒙・普勞登 Edmund Plowden
西格蒙德・佛洛伊德 Sigmund Freud
亨利・尤爾 Henry Yule
但特・貝澤 Dante Beze
克里斯汀・佩佐 Christian Petzold
克里斯多夫・漢隆 Christopher Hanlon
克里斯多福・薛伯格 Christopher Schaberg
克里斯蒂安・凱林 Christian Kaelin
克洛迪烏斯 Clodius
克勞蒂亞・維勒加斯－席爾瓦 Claudia Villegas-Silva
克勞德・麥凱 Claude McKay
克萊兒 Claire
克萊爾・克萊爾蒙特 Percy Bysshe Shelley
克雷格・羅伯遜 Craig Robertson
希拉蕊・柯林頓 Hillary Clinton
希薇雅・湯森・華納 Sylvia Townsend Warner
李奧・貝爾薩尼 Leo Bersani
李察遜 Richardson
李維將軍 Levi General
沛爾希・畢西・雪萊 Percy Bysshe Shelley
狄奧多・阿多諾 Theodor Adorno
肖爾托・道格拉斯 Sholto Douglas
貝拉・羅森菲爾德 Bella Rosenfeld
貝瑞・夏巴卡・亨利 Barry Shabaka Hen-

名詞對照表

人名

DH・勞倫斯 D. H. Lawrence
F・莫瑞・亞伯拉罕 F. Murray Abraham
G・P・凱瑟 G. P. Cather
T・S・艾略特 T. S. Eliot
T・科瑞・布倫南 T. Corey Brennan
V・西林 V. Sirin
大衛・W・布萊特 David W. Blight
大衛・林賽 David Lyndsay
大衛・鮑伊 David Bowie
大衛・瓊斯 David Jones
山姆・傑拉奇 Sam Geraci
丹特・特里爾・史密斯 Dante Terrell Smith
內森・威特 Nathan Witt
內蒂霍爾 Nehtihôr
巴勃羅・聶魯達 Pablo Neruda
比利・海斯 Billy Hayes
比爾・佛萊爾 Bill Freier
以斯拉 Ezra
加布里埃爾・岡薩雷斯・維德拉 Gabriel González Videla
卡爾・漢斯・洛迪 Carl Hans Lody
卡盧姆・克萊頓－狄克森 Callum Clayton-Dixon
卡繆 Albert Camus
史考蒂 Scottie
史蒂文・貝施洛斯 Steven Beschloss
史蒂芬・茨威格 Stefan Zweig
司湯達 Stendhal
尼古拉・西奧塞古 Nicolae Ceaușescu
尼古拉・果戈里 Nikolai Gogol
尼可拉斯・羅吉 Nicolas Roeg
尼爾・阿姆斯壯 Neil Armstrong
尼爾斯・胡珀 Niels Hooper
布里・比爾 Bree Beal
布勒東 André Breton
布萊恩 Brian
布瑞德・戴維斯 Brad Davis
布魯斯・查特文 Bruce Chatwin
布麗奇特・查克 Bridgette Chalk
布蘭特・丹特 Blante Dante
弗里喬夫・南森 Fridtjof Nansen
弗里德里希・基特勒 Friedrich Kittler
弗拉科 Flaco
弗拉迪米爾・伊里奇・烏里揚諾夫 Vladimir Ilyich Ulyanov
弗拉迪米爾・列寧 Vladimir Lenin
弗拉基米爾・納博科夫 Vladimir Nabokov
弗林德斯・皮特里 Flinders Petrie
本特・尤爾－詹森 Ben Juel-Jensen
瓦里安・弗萊 Varian Fry
瓦萊里・季斯卡・德斯坦 Valéry Giscard d'Estaing
甘斯沃特 Gansevoort
皮可・艾爾 Pico Iyer
皮耶・布里安 Pierre Briant
伊沃・蒙塔古 Ivor Montagu
伊果・史特拉汶斯基 Igor Stravinsky

tion-haudenosaunee-passport-not-fantasydocument-indigenous-nations.

後記　好護照與壞護照

1. Helena Waldmann, "*Good Passports Bad Passports*—Official fulllength video," March 2, 2022, https://www.helenawaldmann.com/works/goodpassports-badpassports/.
2. "The Henley Passport Index," Henley & Partners, www.henleyglobal.com/passport-index.
3. Salman Rushdie, *Step across This Line* (New York: Modern Library,2003), 367.
4. United Nations, *The Universal Declaration of Human Rights,* 1948–1998 (New York: UNDPI, 1998), article 13(1); available at www.un.org/en/about-us/universal-declaration-of-human-rights.
5. Sara Ahmed, *Queer Phenomenology: Orientations, Objects, Others* (Durham, NC: Duke University Press, 2006), 142.
6. Ahmed, *Queer Phenomenology,* 139.
7. Ahmed, *Queer Phenomenology,* 140.
8. Ahmed, *Queer Phenomenology,* 142.
9. Nigel Farage, September 13, 2016, https://twitter.com/nigel_farage/status/775735864743829505.
10. Nigel Farage, August 19, 2019, https://twitter.com/nigel_farage/status/1163423674780856320.
11. "Passport Index by Rank," Passport Index, www.passportindex.org/byRank.php.
12. Quoted in Ollie Williams, "US Passports Are Now on Par with Mexico as Freedoms Are Cut," *Forbes,* July 7, 2020, www.forbes.com/sites/oliverwilliams1/2020/07/07/us-passports-are-now-on-par-with-mexico-asfreedoms-are-cut.
13. Antoine Cassar, *Passport,* trans. Albert Gatt and Antoine Cassar (n.p.: Passport Project, 2010), 5.
14. Cassar, *Passport,* 8.
15. Cassar, *Passport,* 16.
16. Antoine Cassar, "Passaport (2009)," https://antoinecassar.net/passport-2009.
17. Quoted in Ali Al Shouk, "Now, Smartphone Is Your Passport in Dubai" *Gulf News,* June 7, 2017, https://gulfnews.com/uae/now-smartphone-is-yourpassport-in-dubai-1.2040149.
18. "Accenture World Economic Forum Known Traveller," YouTube, August 9, 2018, www.youtube.com/watch?v=tThqjC2KWnM&t.
19. Jacques Derrida, *The Paper Machine,* trans. Rachel Bowlby (Palo Alto, CA: Stanford University Press, 2005), 67.

Passport.' Yes, That's a Real Thing," *Foreign Policy,* January 15, 2016, https://foreignpolicy.com/2016/01/15/mos-def-was-arrested-in-southafrica-for-using-a-world-passport-yes-thats-a-real-thing.

15. Quoted in Garry Davis, *My Country Is the World* (New York: Juniper Ledge, 1984), 54-55.
16. Quoted in "Yasiin Bey's (Mos Def) Official Representative Maintains South African Arrest Allegations Are False," *Okay Africa,* January 15, 2016, www.okayafrica.com/yasiin-bey-mos-def-representative-maintains-southafrican-arrest-allegations-false.
17. *The World Is My Country,* dir. Arthur Kanegis (Future Wave, 2014).
18. Garry Davis, "World Passport Issued to Snowden," World Service Authority, July 7, 2013, https://worldservice.org/roundup.html?s=4#11.
19. Edward Snowden, "Statement from Edward Snowden in Moscow," *Wikileaks,* July 1, 2013, https://wikileaks.org/Statement-from-Edward-Snowdenin.html.
20. "World Service Authority," https://worldcitnews.org/articles/wsaofs.html.
21. US Department of State, *Foreign Affairs Manual,* 9 FAM 403.9-3[A][1], https://fam.state/gov/fam/09FAM/09FAM040309.html.
22. *Information Concerning the Non- Exhaustive List of Known Fantasy and Camouflage Passports, as Stipulated by Article* 6 *Of Decision No* 1105/2011*/EU,* https://ec.europa.eu/home-affairs/system/files/2021-21/list_of_known_fantasy_and_camouflage_passports_en.pdf.
23. "Apply for an Aboriginal Passport," Aboriginal Provisional Government, July 13, 2017, http://apg.org.au/passports.php.
24. Jennifer Scherer, "Julian Assange Has Been Given an Aboriginal Passport," *Special Broadcasting Service,* June 13, 2019, www.sbs.com.au/nitv /article/2019/06/13/julian-assange-has-been-given-aboriginal-passport1.
25. Sara Dehm, "Passport," in *International Law's Objects,* ed. Jessie Hohmann and Daniel Joyce (Oxford: Oxford University Press, 2018), 354.
26. Joshua Robertson, "Tolerance of Travellers with Aboriginal Passports Amounts to Recognition, Says Activist," *Guardian,* April 20, 2015. www.theguardian.com/australia-news/2015/apr/20/tolerance-of-travellers-withaboriginal-passports-amounts-to-recognition-says-activist.
27. "Apply for an Aboriginal Passport."
28. *United Nations Declaration on the Rights of Indigenous Peoples* (A/RES/61/295) (United Nations, 2008), 3.
29. Mark Rifkin, "Indigenizing Agamben: Rethinking Sovereignty in Light of the 'Peculiar' State of Native Peoples," *Cultural Critique* 73 (Fall 2009): 89.
30. Leti Volpp, "The Indigenous as Alien," *UC Irvine Law Review* 289 (2015): abstract.
31. Sid Hill, "My Six Nation Haudenosaunee Passport Is Not a 'Fantasy Document,' " *Guardian,* October 30, 2015, https://www.theguardian.com/commentisfree/2015/oct/30/my-six-na-

13. "The NSK State," https://passport.nsk.si/en/about_us.
14. Slavoj Žižek, "Es gibt keinen Staat in Europa," in *Irwin: Retroprincep,* 1983–2003, ed. Inke Arns (Frankfurt: Revolver, 2003), 51.
15. Inke Arns, "The Nigerian Connection: On NSK Passports as Escape and Entry Vehicles," in *State in Time,* ed. IRWIN (London: Minor Compositions, 2014), 94.
16. Quoted in Arns, "Nigerian Connection," 91.
17. Benjamin Ramm, "A Passport from a Country That Doesn't Exist," *BBC,* May 16, 2017, www.bbc.com/culture/article/20170515-a-passport-from-acountry-that-doesnt-exist.
18. Quoted in Slavoj Žižek, *Like a Thief in Broad Daylight* (New York: Seven Stories, 2018), n.p.
19. Žižek, *Like a Thief.*

CHAPTER 7 ——外星人和當地人

1. *The Man Who Fell to Earth,* dir. Nicolas Roeg (British Lion Films, 1976).
2. "Alien," *OED Online,* www.oed.com/viewdictionaryentry/Entry/4988.
3. "Alien," *OED Online.*
4. Quoted in John Szwed, *Space Is the Place: The Lives and Times of Sun Ra* (New York: Pantheon, 1997), 29.
5. Szwed, *Space Is the Place,* 278.
6. *Space Is the Place,* dir. John Coney (North American Star System, 1974).
7. *The Simpsons,* season 26, episode 12, "The Musk Who Fell to Earth," dir. Matthew Nastuk, written by Neil Campbell, aired January 25, 2015 (Fox, 2015).
8. Quoted in Catherine Clifford, "Multi-Billionaire Elon Musk: 'I Arrived in North America at 17 with $2,000,' " *CNBC,* June 12, 2018, www.cnbc.com/2018/06/12/telsas-elon-musk-tweets-he-arrived-in-north-america-at-17-with-2000.html.
9. Quoted in Catherine Clifford, "Why a Science Fiction Writer Is Elon Musk's 'Favorite Philosopher,' " *CNBC,* July 23, 2019, www.cnbc.com/2019/07/23/why-hitchhikers-guide-author-is-elon-musks-favorite-philosopher.html.
10. Elon Musk, June 22, 2020, https://twitter.com/elonmusk/status/1275264504725528576.
11. Quoted in Dan Evon, "Was Elon Musk an Undocumented Immigrant?" *Snopes,* February 11, 2016, www.snopes.com/fact-check/elon-musk-illegalimmigrant.
12. Elon Musk, January 28, 2017, https://twitter.com/elonmusk/status/825502618680045568.
13. Quoted in PowlowNiber, "From Brooklyn to Bo-Kaap," *Rolling Stone,* December 6, 2018, www.rollingstone.co.za/musicrev/item/3171-from-brooklynto-bo-kaap.
14. Quoted in Siobhan O'Grady, "Mos Def Was Arrested in South Africa for Using a 'World

8. Quoted in Field, *VN,* 197.
9. Stefan Zweig, *The World of Yesterday* (London: Cassell, 1953), 4.
10. Zweig, *World of Yesterday,* 366.
11. Zweig, *World of Yesterday,* 315.
12. Zweig, *World of Yesterday,* 408.
13. Zweig, *World of Yesterday,* 409.
14. Zweig, *World of Yesterday,* 411.
15. *The Grand Budapest Hotel,* dir. Wes Anderson (Fox Searchlight Pictures, 2014).
16. Richard Ellmann, *James Joyce* (Oxford: Oxford University Press, 1982), 738.
17. Quoted in Benjamin Harshav, *Marc Chagall and His Times: A Documentary Narrative* (Palo Alto, CA: Stanford University Press, 2004), 467.
18. Hannah Arendt, "We Refugees," in *The Jewish Writings,* ed. Jerome Kohn and Ron H. Feldman (New York: Schocken, 2007), 265.
19. Quoted in Andy Marino, *A Quiet American: The Secret War of Varian Fry* (New York: St. Martin's, 1999), 143.
20. Arendt, *Origins of Totalitarianism,* 287.
21. Arendt, *Origins of Totalitarianism,* 298.

CHAPTER 6——移民和馬克思主義者

1. *Human Flow,* dir. Ai Weiwei (Participant Media, 2017).
2. Weiwei, *Human Flow.*
3. Quoted in Tom Phillips, "Ai Weiwei Free to Travel Overseas Again after China Returns His Passport," *Guardian,* July 12, 2015, www.theguardian.com/artanddesign/2015/jul/22/ai-weiwei-free-to-travel-overseas-again-after-china-returnshis-passport.
4. Quoted in Farah Nayeri, "A Departure for Ai Weiwei at the Royal Academy in London," *New York Times,* September 14, 2015, www.nytimes.com/2015/09/15/arts/international/a-departure-for-ai-weiwei-at-the-royal-academy-inlondon.html.
5. *Ai Weiwei Drifting: Art, Awareness, and the Refugee Crisis,* dir. Eva Mehland Bettina Kolb (DW Documentary, 2017), available at https://youtube/9MkcTI00_uw.
6. Quoted in Marie Seton, *Paul Robeson* (New York: Dobson, 1958), 95.
7. Quoted in Martin Duberman, *Paul Robeson: A Biography* (New York: Ballantine, 1990), 389.
8. Quoted in Adam Feinstein, *Pablo Neruda: A Passion for Life* (London: Bloomsbury, 2004), 239.
9. Quoted in Gerald Horne, *Robeson: The Artist as Revolutionary* (London: Pluto, 2016), 146.
10. Paul Robeson, *Paul Robeson Speaks,* ed. Philip Foner (New York: Citadel, 1978), 415.
11. Quoted in Paul Robeson, *Here I Stand* (London: Dennis Dobson, 1958), 77.
12. Robeson, *Here I Stand,* 74.

2. US Congress, *Statutes at Large of the United States of America from April* 1917 *to March* 1919, vol. 40, pt. 1 (Washington, DC: Government Printing Office, 1919), 559.
3. Mark Ellis, *Race, War, and Surveillance: African Americans and the United States Government during World War I* (Bloomington: Indiana University Press, 2001), 186.
4. Ellis, *Race, War, and Surveillance,* 188.
5. Rainer Maria Rilke and Andre Gide, *Correspondence,* 1909–1926, ed. Renee Lang (Ann Arbor: University of Michigan Press, 1952), 224.
6. Ezra Pound, *The Selected Letters of Ezra Pound to John Quinn,* 1915–1924, ed. Timothy Materer (Durham, NC: Duke University Press, 1999), 180–81.
7. Bridgette Chalk, *Modernism and Mobility: The Passport and Cosmopolitan Experience* (New York: Palgrave, 2014), 19.
8. Stefan Zweig, *The World Yesterday* (London: Cassell, 1953), 410.
9. Friedrich A. Kittler, *Literature, Media, Information Systems,* ed. John Johnston (New York: Routledge, 2012), 42.
10. Gertrude Stein, *The Autobiography of Alice B. Toklas* (New York: Harcourt, 1933), 145.
11. Stein, *The Autobiography,* 222.
12. Stein, *The Autobiography,* 206.
13. Stein, *The Autobiography,* 3.
14. Jace Gatzemeyer tells this story in detail in "How Hemingway's Joint Passport Ruined His Marriage," *The Writing Cooperative,* March 6, 2020, https://writingcooperative.com/how-hemingways-joint-passport-ruined-hismarriage-7fd023e44d6e.
15. Daniel Robinson, "My True Occupation Is That of a Writer," *Hemingway Review* 24, no. 2 (Spring 2005): 87–93; Hemingway's emphasis.
16. F. Scott Fitzgerald and Zelda Fitzgerald, *Dear Scott, Dearest Zelda,* ed. Jackson R. Bryer and Cathy W. Barks (New York: Scribner, 2019), 88.

CHAPTER 5——被驅逐和無國籍

1. Marc Chagall, *My Life,* trans. Elisabeth Abbott (New York: Orion, 1960), 83.
2. Giorgio Agamben, "We Refugees," *Symposium: A Quarterly Journal of Modern Literature* 49, no. 2 (1995): 114.
3. Hannah Arendt, *The Origins of Totalitarianism* (New York: Meridian, 1958), 291–92.
4. Quoted in Richard Taruskin, *Stravinsky and the Russian Traditions,* vol. 1 (Berkeley: University of California Press, 1996), 3.
5. Vladimir Nabokov, *Speak, Memory: An Autobiography Revisited* (New York: Knopf, 1999), 215.
6. Nabokov, *Speak, Memory,* 216.
7. Andrew Field, *VN: The Life and Art of Vladimir Nabokov* (New York: Crown, 1986), 196.

5. Byron, *Letters,* 157.
6. Stendhal, *Charterhouse,* 231.
7. Stendhal, *Charterhouse,* 247.
8. Stendhal, *Charterhouse,* 233.
9. Stendhal, *Charterhouse,* 235.
10. Stendhal, *Charterhouse,* 247.
11. Quoted in Betty T. Bennett, *Mary Diana Dods: A Gentleman and a Scholar* (New York: Morrow, 1991), 80.
12. Bennett, *Mary Diana Dods,* 81.
13. Bennett, *Mary Diana Dods,* 229.
14. Geraldine Friedman, "Pseudonymity, Passing, and Queer Biography: The Case of Mary Diana Dods," *Romanticism on the Net* 23 (August 2001): 5.
15. Bennett, *Mary Diana Dods,* 226.
16. Gulddal, "Paper Trails," 68.
17. Bennett, *Mary Diana Dods,* 273.
18. See Steven Olsen-Smith and Hershel Parker, "Three New Melville Letters: Procrastination and Passports," *Melville Society Extracts* 102 (September 1995): 8–12.
19. Frederick Douglass, "My Escape from Slavery," *Century Illustrated Magazine* 23, no. 1 (1881): 126.
20. Douglass, "My Escape from Slavery," 126–27.
21. David W. Blight, "Frederick Douglass, Refugee," *Atlantic,* February 7, 2017, www.theatlantic.com/politics/archive/2017/02/frederick-douglassrefugee/515853.
22. Quoted in David W. Blight, *Frederick Douglass: Prophet of Freedom* (New York: Simon & Schuster, 2020), 318.
23. Frederick Douglass, *Life and Times of Frederick Douglass* (Boston: De Wolfe, 1892), 393–94.
24. Yael A. Sternhell, "Papers, Please!," *New York Times,* August 8, 2014, https://opinionator.blogs.nytimes.com/2014/08/08/papers-please.
25. Sternhell, "Papers, Please!"
26. Mark Twain, *Innocents Abroad, or The New Pilgrims' Progress* (Hartford, CN: American Publishing Co., 1869), 382–83.
27. Douglass, *Life and Times,* 713.
28. Douglass, *Life and Times,* 712.
29. Douglass, *Life and Times,* 713.

CHAPTER 4——現代主義者和激進分子

1. Tom Stoppard, *Travesties* (New York: Grove, 1994), 45.

Salts, and Revenues (Leiden: Brill, 2013), 85.

5. Mark B. Salter, *Rights of Passage: The Passport in International Relations* (Boulder, CO: Lynne Rienner, 2003), 11.
6. "Conduct," *OED Online*, www.oed.com/viewdictionaryentry/Entry/38617.
7. Thomas Edlyne Tomlins and John Raithby, *The Safe Conducts Acts* 1414*: The Statutes at Large, of England and of Great Britain—From Magna Carta to the Union of the Kingdoms of Great Britain and Ireland* (London: George Eyre and Andrew Strahan, 1811), 2:320–26.
8. "Passport," *OED Online*, www.oed.com/viewdictionaryentry/Entry/138557.
9. See Ernst Hartwig Kantorowicz's landmark study *The King's Two Bodies: A Study in Mediaeval Political Theology* (Princeton: Princeton University Press, 1957), 7–23.
10. John Buxton and Bent Juel-Jensen, "Sir Philip Sidney's First Passport Rediscovered," *The Library,* 5th ser., 25, no. 1 (March 1970): 42.
11. Quoted in Buxton and Juel-Jensen, "Sidney's First Passport," 44.
12. John Buxton, *Sir Philip Sidney and the English Renaissance* (New York: Palgrave, 1988), 73.
13. "Passport," *OED Online.*
14. Laurence Sterne, *A Sentimental Journey* (New York: Penguin, 2002), 67.
15. Jesper Gulddal, "Porous Borders: The Passport as an Access Metaphor in Laurence Sterne's *A Sentimental Journey*," *Symploke* 25, nos. 1–2 (2017): 47.
16. Sterne, *Sentimental Journey,* 82.
17. Sterne, *Sentimental Journey,* 85.
18. Quoted in Craig Robertson, *The Passport in America* (Oxford: Oxford University Press, 2012), 27.
19. Quoted in John Torpey, *The Invention of the Passport: Surveillance, itizenship, and the State,* 2nd ed. (Cambridge: Cambridge University Press, 2018), 36.
20. Giorgio Agamben, "We Refugees," *Symposium: A Quarterly Journal of Modern Literature* 49, no. 2 (1995): 117.
21. Torpey, *Invention of the Passport,* 68.

CHAPTER 3 ——現代身體，現代公民

1. George Gordon Byron, *The Letters of Lord Byron,* ed. Mathilde Blind (London: W. Scott, 1887), 104.
2. George Gordon Byron, *Don Juan,* in *The Works of Lord Byron: Complete in One Volume* (London: J. Murray, 1837), 715 and 730.
3. Jesper Gulddal, "Paper Trails: The Austrian Passport System in Stendhal's *La Chartreuse de Parme*," *Arcadia* 49, no. 1 (2019): 58–73.
4. Stendhal, *The Charterhouse of Parma,* trans. C. K. Scott Moncrieff (New York: Boni, 1925), 260.

Monde, November 22, 1976, www.lemonde.fr/archives/article/1976/11/22/la-cure-de-rajeunissement-de-ramses-ii-pour-une-nouvelleeternite_3121881_1819218.html; translation by author.

4. "Ramesses II: The First (and Probably the Last) Mummy to Receive a Passport!" *Random Times,* February 5, 2020, https://random-times.com/2020/02/05/ramesses-ii-the-first-and-probably-the-last-mummy-to-receivea-passport.
5. A. Leo Oppenheim, *Letters from Mesopotamia* (Chicago: University of Chicago Press, 1967), 134.
6. Quoted in Mario Liverani, *International Relations in the Ancient Near East* (London: Palgrave, 2001), 73.
7. See, for instance, Judith Butler, "Performativity's Social Magic," in *Bourdieu: A Critical Reader,* ed. Richard Shusterman (Oxford: Blackwell, 1999), 113–28.
8. Raymond Westbrook, "International Law in the Amarna Age," in *Amarna Diplomacy: The Beginning of International Relations,* ed. Raymond Cohen and Raymond Westbrook (Baltimore: John Hopkins University Press, 2000), 30–31.
9. Pierre Briant, *From Cyrus to Alexander: A History of the Persian Empire,* trans. Peter T. Daniels (Winona Lake, IN: Eisenbrauns, 2002), 1197.
10. Quoted in Briant, *From Cyrus to Alexander,* 364–65.
11. "Read the Sermon Donald Trump Heard before Becoming President," *Time,* January 7, 2017, https://time.com/4641208/donald-trump-robertjeffress-st-john-episcopal-inauguration/.
12. John H. Kroll and Fordyce W. Mitchel, "Clay Tokens Stamped with the Names of Athenian Military Commanders," *Hesperia: The Journal of the American School of Classical Studies at Athens* 49, no. 1 (1980): 86–96.
13. Roy Harris, "Speech and Writing," in *The Cambridge Handbook of Literacy,* ed. David R. Olson and Nancy Torrance (Cambridge: Cambridge University Press, 2009), 50.
14. T. Corey Brennan and Hsing I-tien, "The Eternal City and the City of Eternal Peace," in *China's Early Empires: A Re-appraisal,* ed. Michael Nylan and Michael Loewe (Cambridge: Cambridge University Press, 2010), 202.
15. John Torpey, *The Invention of the Passport* (Cambridge: Cambridge University Press, 2018), 21.

CHAPTER 2——偉大的君主，偉大的旅客

1. Marco Polo, *The Travels of Marco Polo,* trans. Ronald Latham (New York: Penguin, 1974), 35.
2. Polo, *Travels of Marco Polo,* 44.
3. Polo, *Travels of Marco Polo,* 44–45.
4. Quoted in Hans Ulrich Vogel, *Marco Polo Was in China: New Evidence from Currencies,*

注釋
Notes

導論：「我所擁有最珍貴的書」

1. Salman Rushdie, *Step across This Line* (New York: Modern Library, 2003), 381.
2. Rushdie, *Step across This Line,* 368.
3. Salman Rushdie, *Joseph Anton: A Memoir* (New York: Random House,2012), 484.
4. Paul Fussell, *Abroad: British Literary Traveling between the Wars* (New York: Oxford University Press, 1980), 24.
5. Fussell, *Abroad,* 30.
6. Fussell, *Abroad,* 30.
7. Ernest Hemingway, *A Farewell to Arms* (London: Penguin, 1929),210.
8. Hemingway, *Farewell to Arms,* 217.
9. Hemingway, *Farewell to Arms,* 243–44.
10. Graham Greene, *The Confidential Agent* (London: Heinemann,1939), 13.
11. Greene, *Confidential Agent,* 14.
12. Leo Mellor, "Early Graham Greene," in *The Oxford Handbooks Online* (Oxford: Oxford University Press, 2018), n.p.
13. Rushdie, *Joseph Anton,* 122.
14. *The Terminal,* dir. Steven Spielberg (Amblin Entertainment,2004).
15. Giorgio Agamben, "No to Biopolitical Tattooing," *Communication and Critical/Cultural Studies* 5, no. 2 (June 2008): 201.
16. *The Terminal.*
17. Salman Rushdie, *The Satanic Verses* (New York: Viking, 1989), 4.

CHAPTER 1——古代身體，古代公民

1. "La momie de Ramses II ne sera pas exposee a Paris," *Le Monde,* May 10,1976, www.lemonde.fr/archives/article/1976/05/10/la-momie-de-ramses-ii-nesera-pas-exposee-a-paris_2942690_1819218.html; translation by author.
2. Boyce Rensberger, "Ramses' Illness Was Fabricated, Scientists Allege," *New York Times,* November 8, 1976, 7, www.nytimes.com/1976/11/08/archives/ramses-illness-was-fabricated-scientists-allege.html.
3. Yvonne Rebeyrol, "La cure de 'rajeunissement' de Ramses II pour une nouvelle eternite," *Le*

旅行許可證

人類何時需要批准才能移動？法老時代、中國漢朝到現代國家，一部關於護照的全球文化史

旅行許可證：人類何時需要批准才能移動？法老時代、中國漢朝到現代國家，一部關於護照的全球文化史／派屈克．畢克斯拜（Patrick Bixby）著；張毓如譯.
－初版.－臺北市：麥田出版：英屬蓋曼群島商家庭傳媒股份有限公司城邦分公司發行，2023.07
288面；14.8×21公分
譯自：License to travel : a cultural history of the passport
ISBN 978-626-310-472-3（平裝）
1.CST: 文化史 2.CST: 世界史 3.CST: 移民
713 112007406

封面設計 許晉維
內文排版 黃暐鵬
印　　刷 漾格科技股份有限公司
初版一刷 2023年7月

定　　價 新台幣420元
I S B N 978-626-310-472-3
e-ISBN 9786263104945（EPUB）

作　　者 派屈克．畢克斯拜（Patrick Bixby）
譯　　者 張毓如
責任編輯 翁仲琪
國際版權 吳玲緯
行　　銷 闕志勳　吳宇軒　余一霞
業　　務 李再星　陳美燕　李振東
副總編輯 何維民
編輯總監 劉麗真
總 經 理 陳逸瑛
發 行 人 涂玉雲

出　　版

麥田出版
台北市中山區104民生東路二段141號5樓
電話：(02)2500-7696　傳真：(02)2500-1967
網站：http://www.ryefield.com.tw

發　　行

英屬蓋曼群島商家庭傳媒股份有限公司城邦分公司
地址：10483台北市民生東路二段141號11樓
網址：http://www.cite.com.tw
客服專線：(02)2500-7718; 2500-7719
24小時傳真專線：(02)2500-1990; 2500-1991
服務時間：週一至週五09:30-12:00; 13:30-17:00
劃撥帳號：19863813　戶名：書虫股份有限公司
讀者服務信箱：service@readingclub.com.tw

香港發行所

城邦（香港）出版集團有限公司
地址：香港灣仔駱克道193號東超商業中心1樓
電話：+852-2508-6231　傳真：+852-2578-9337
電郵：hkcite@biznetvigator.com

馬新發行所

城邦（馬新）出版集團【Cite(M) Sdn. Bhd. (458372U)】
地址：41, Jalan Radin Anum, Bandar Baru Sri Petaling, 57000 Kuala Lumpur, Malaysia.
電話：+603-9057-8822　傳真：+603-9057-6622
電郵：cite@cite.com.my